基于严格语音对应的
苗瑶语历史比较研究

A Comparative Study of Miao-Yao Languages
Based on Rigorous Sound Correspondences

汪 锋 张 原 著

北京大学出版社
PEKING UNIVERSITY PRESS

图书在版编目（CIP）数据

基于严格语音对应的苗瑶语历史比较研究 / 汪锋，张原著 . —北京：北京大学出版社，2024.9

ISBN 978-7-301-34799-7

Ⅰ.① 基⋯　Ⅱ.① 汪⋯ ② 张⋯　Ⅲ.① 苗瑶语族 – 语音 – 对比研究　Ⅳ.① H43

中国国家版本馆 CIP 数据核字（2024）第 030818 号

书　　　名	基于严格语音对应的苗瑶语历史比较研究 JIYU YANGE YUYIN DUIYING DE MIAOYAOYU LISHI BIJIAO YANJIU
著作责任者	汪　锋　张　原　著
责 任 编 辑	杜若明
标 准 书 号	ISBN 978-7-301-34799-7
出 版 发 行	北京大学出版社
地　　　址	北京市海淀区成府路 205 号　100871
网　　　址	http://www.pup.cn　　新浪微博：@ 北京大学出版社
电 子 邮 箱	zpup@pup.cn
电　　　话	邮购部 010-62752015　　发行部 010-62750672 编辑部 010-62767349
印 刷 者	北京圣夫亚美印刷有限公司
经 销 者	新华书店 720 毫米 ×1020 毫米　16 开本　19.5 印张　340 千字 2024 年 9 月第 1 版　2024 年 9 月第 1 次印刷
定　　　价	68.00 元

未经许可，不得以任何方式复制或抄袭本书之部分或全部内容。
版权所有，侵权必究
举报电话：010-62752024　电子邮箱：fd@pup.cn
图书如有印装质量问题，请与出版部联系，电话：010-62756370

国家社科基金后期资助项目
出版说明

后期资助项目是国家社科基金设立的一类重要项目，旨在鼓励广大社科研究者潜心治学，支持基础研究多出优秀成果。它是经过严格评审，从接近完成的科研成果中遴选立项的。为扩大后期资助项目的影响，更好地推动学术发展，促进成果转化，全国哲学社会科学工作办公室按照"统一设计、统一标识、统一版式、形成系列"的总体要求，组织出版国家社科基金后期资助项目成果。

全国哲学社会科学工作办公室

本研究是国家社会科学基金后期资助项目"基于严格语音对应的苗瑶语历史比较研究"（项目号 16FYY016）结项成果。

同时得到教育部人文社会科学重点研究基地重大项目"面向语言生态学的语言接触知识库研究"（项目号 22JJD740002）和教育部人文社会科学重点研究基地重大项目"数字时代的统计学理论与方法研究"（22JJD110001）资助。

序一

树图、浪图和语言演化

王士元　香港理工大学

　　世界上的语言有几千种，该用什么标准来分类呢？在达尔文[①]的强力影响下，19世纪的施莱歇尔(A. Schleicher)是第一个清楚回答这个问题的人，他认为应该基于比较法用历史标准来分类。他的答案可以用他所画的第一张印欧语系树图来呈现，因此这个理论就被称为谱系树理论(Stammbaumtheorie, Tree Theory)。然而，他的学生施密特(J. Schmidt)注意到，我们不应忽略地理层面上的语言接触[②]：空间上越接近的人群，他们的语言间就越有可能共享更多特征，就像波浪上相邻的涟漪彼此影响，这就是波浪理论(Wellentheorie, Wave Theory)。这两种论点之间的对立，从布龙菲尔德(L. Bloomfield)经典著作[③]的第18、19章里可见一斑，这两章的标题分别是"比较法"和"方言地理学"，但他并没有详尽讨论这两种观点如何妥协。

　　如果说谱系树理论在20世纪的历史语言学界独领风骚，确是一点也不为过。尽管如此，仍有些值得注意的例外，论及了上述两种观点的矛盾，按时间顺序来看，这些研究包括：地理因素对密克罗尼西亚词汇影响的早

[①] Schleicher, August. 1863/1983. Die Darwinische Theorie und die Slprachwissenschaft. *Linguistics and Evolutionary Theory*, ed. by K. Koerner, 13-69. Amsterdam/Philadelphia: John Benjamins Publishing Company. 奥古斯特·施莱歇尔，2008. 达尔文理论与语言学. 姚小平译.《方言》. 373-383.

[②] Schmidt, Johannes. 1872. *Die Verwandtschaftsverhältnisse der indogermanischen Sprachen*. Weimar.

[③] Bloomfield, Leonard. 1933. *Language*. Henry Holt.

期研究①、探索南岛人定居台湾的调查②、客家方言的分析③、汉语和侗台语间语言接触的整合讨论④、以纵向传递及横向传递论述这两种观点的理论探讨⑤、汉语和若干藏缅语的接触的概述⑥等。

在此姑且不深入探究这些文献，但我们由此学到的重要一课是：(1) 任何语言特征都能经由接触而共享，即使其年代久远不易被察觉；(2) 树图本身就是容易误导的理想化呈现，太过专注于纵向传递而忽略了横向传递；(3) 由于语言是在不同时间、不同地点多元涌现的，几千年来语言间的诸多接触，导致所有现代语言都有严重的混合现象⑦。

目前有越来越多证据显示，早在两万多年前⑧，我们的老祖先就曾与其他古人类共同孕育过下一代，包括丹尼索瓦人、尼安德特人，因此我们体内 DNA 的混合情形，似乎和我们所说的语言一样广泛。当我们说某个人说某个语言时，那个人的基因组合全貌，可以用百分比——算出其源头。同理，那个人所说的语言的全貌，也应该可以用语言特征的百分比来标示其源头。但这样的完整描述即使哪一天真能实现，也可能过于纷杂而不切

---

① Cavalli-Sforza, L. L. & W. S-Y. Wang, 1986. Spatial distance and lexical replacement. *Language* 62(1): 38-55. Reprinted in Wang, W. S-Y. 1991. *Explorations in Language*. 143-161. *Chinese translation:* 2000. 空间距离与词汇替换. 熊宁宁译.《语言的探索：王士元语言学论文选译》. 24-48.

② Wang, W. S.-Y. 1989. The migrations of the Chinese people and the settlement of Taiwan. *Anthropological Studies of the Taiwan Area: Accomplishments and Prospects*. Department of Anthropology, Taiwan University. 15-36. 我在这篇论文里探索了一种增加旁支的方法，以减少传统树图所遗下的残留。

③ Hashimoto, Mantaro J. 1992. Hakka in Wellentheorie perspective. *Journal of Chinese Linguistics*. 20.1-48.

④ 陈保亚，1996.《论语言接触与语言联盟——汉越（侗台）语源关系的解释》. 北京：语文出版社。

⑤ Wang, W.S-Y. & J.W. Minett. 2005. Vertical and horizontal transmission in language evolution. *Transactions of the Philological Society*. 103.2.121-46.

⑥ Wang, Feng. 2015. Language contact between Tibeto-Burman languages and Chinese. *The Oxford Handbook of Chinese Linguistics*, ed. by W.S.-Y. Wang & C. Sun, 248-59. Oxford University Press.

⑦ Freedman, D. A. and W. S.-Y. Wang. 1996. Language polygenesis: a probabilistic model. Anthropological Science 104.2.131-138. 2000. 语言的多源性：一个概率论模型，石锋译,《语言的探索：王士元语言学论文选译》. 273-280.

⑧ Callaway, E. 2016. Evidence mounts for interbreeding bonanza in ancient human species. Nature News.

合实际的需要。

赵元任在研究汉语的歧义结构时曾说过："在语言学方面，就像在科学方面一样，我们总试图化繁为简，但事情永远不会像我们所想的那么简单。"① 对此，我们还可以再加上爱因斯坦说过的一句话："让每件事都尽可能地越简单越好，但不要过于简单。"

因此，我们所面临的关键问题是，在对人群和语言的最完善描述，以及语言学家最熟悉的简单树图之间，究竟要把那条恰到好处的简单的分界线画在哪里。

无疑地，这个关键问题的答案，最终一定来自多年沉浸在语言调查中的学者。汪锋教授自 2006 年出版了他的博士论文② 后，就一直在从空间分布和时间深度的视角深入考察藏缅语族中的白语和彝语③。他现在与张原教授合作，把注意力延伸至苗瑶语，可谓学术界一大幸事。希望借由两位教授和同事们所研发的方法，他们最终能解答关于中国境内的语言的一个古老却重要的争议。

李方桂 (1902—1987) 教授 1937 年的精简报道，是最早描绘中国众多语言复杂景观的尝试，他因此被誉为"非汉语语言学之父"。1973 年，他曾受邀在《中国语言学报》创刊号上，再次阐述和更新他的研究发现。用当时流行的术语来说，李先生把印中语系④ 分为四支：[1] 汉语，[2] 侗台语，[3] 苗瑶语⑤，[4] 藏缅语。有着谦谦君子风范的大学者李先生，用以下这段话概括了他的分类⑥："对那些没有文字且只有现存形式为人所知的语言来说，我们很难建立起其关系。中国的许多语言不仅欠缺文字记录，我们对其所知也是相当支离破碎的。因此这样的分类只是暂时性的。"

在李先生所提到的四个分支中，除了汉语以外，材料最丰富的莫过于藏缅语，缅文和藏文都很早就有文字记录传世，学者至今也发现了诸多同

---

① Chao, Y. R. 1976. *Aspects of Chinese sociolinguistics*. Stanford University Press, 305.

② Wang, F. 2006. Comparison of languages in contact: the Distillation Method and the case of Bai. Nangang: Institute of Linguistics, Academia Sinica.

③ 汪锋，2011. 语音对应的两种放宽模式及其后果——以彝白比较为例，《语言学论丛》44：1-39，北京：商务印书馆。汪锋，2012.《语言接触与语言比较——以白语为例》，北京：商务印书馆。汪锋，2013.《汉藏语言比较的方法与实践——汉、白、彝语比较研究》，北京：北京大学出版社。

④ "印中语系"这个说法目前已被"汉藏语系"所取代。

⑤ 英文文献中，苗瑶语除了用 Miao-Yao，也常作 Hmong-Mien。

⑥ Li, F.-k. 1973. Languages and dialects of China 中国的语言和方言. *Journal of Chinese Linguistics*. 1.1.1-13.

源词，如龚煌城 (1934—2010) 教授所列出的几百个词表①，因此汉语和藏缅语的亲属关系一直未受强烈质疑。至于侗台语，虽然经常有人挑战这种看法，但李先生在 1976 年曾为汉语和台语的关系辩护②。丁邦新教授曾以精辟的阐释，证实了这层关系③。

不过，苗瑶语的争议一直持续到今日。李先生 1973 年及后来的学者所观察到的相似性，究竟来自有着共同源头的纵向传递，还是来自横向传递的语言接触？如果苗瑶语在谱系上与汉语和藏缅语有关，那么这三角关系之间的内部结构为何？例如，有人主张与苗瑶语亲缘关系最近的是台语，而非汉语或藏缅语④。无论最后结果如何，在我看来这似乎是个多边 (multi-lateral) 关系，这种多边视野是由格林伯格 (Joseph Greenberg, 1915-2001) 所倡导的，很值得我们深究下去⑤，他当时就是以这套大胆前瞻的方法，为非洲错综复杂的语言做了成功的分类。简而言之，在为语言归类时，若每次只是一对对语言两两比较，很难宏观地看出语言间层层交织的关系，尤其是那些具有亲缘关系却彼此分布距离遥远的语言；但如果同时检视多个语言，往往能够因自上而下的统整策略而有崭新的发现。

既然汪、张两位教授对苗瑶语的历史语言学做了如此巨细靡遗的语音对应比较工作，我希望他们接着能更上一层楼，把目光再延伸至汉藏语，毕竟，在充分掌握了汉语、藏缅语和苗瑶语的历史脉络后，才能进一步厘清汉藏语千丝万缕的内部关系。期盼在解决汉藏语之间纵向和横向传递的长期谜团时，这样的历史比较研究，也有助于我们理解语言的群体演化发展，将概率辅助、计算机程序自动处理数据和历史比较的任务结合起来，汉藏语言、中国语言，乃至世界语言的谱系或许在不远的将来能精细而准确地绘制出来。若真有那么一天，也算是中国学者把格林伯格的多边关系发扬光大，对国际语言学界做出的卓越贡献。

---

① Gong, H.-C. 1995. The system of finals in Proto-Sino-Tibetan. The ancestry of the Chinese language, ed. by W. S.-Y. Wang. Journal of Chinese Linguistics Monograph. 8, 41-92.

② Li, F.-K. 1976. Sino-Tai. *Computational Analyses of Asian and African Lauguages.* 3.39-48.

③ 丁邦新，2020.《汉台语同源论》，北京：商务印书馆。

④ Kosaka, Ryuichi. 2002. On the affiliation of Miao-Yao and Kadai: Can we posit the Miao-Dai family. *Mon-Khmer Studies.* 32.71-100.

⑤ Greenberg, J. H. 2001. The methods and purposes of linguistic genetic classification. *Language and Linguistics.* 2.111-135.

序二

聚敛一致对应的概率基础

陈保亚　北京大学中国语言学研究中心/中文系

聚敛一致对应

我们曾经把 Swadesh 的 100 核心词作为高阶核心词（第 100 词），再从他的 200 核心词中减去 100 核心词，并做适当调整，形成低阶核心词（第 200 词）。我们认为，如果两个语言同一对应层次的高阶核心词比例高于低阶核心词比例，形成聚敛分布，两个语言就有同源关系，如果高阶核心词比例低于低阶核心词比例，形成发散分布，两个语言就有深度的接触，在接触之前是否有同源关系，还无法判定（陈保亚 1996，2015）。

但是，我们并不能仅仅根据两阶核心词（200 词）来建立语音对应，因为从概率统计上看，两阶核心词用来建立语音对应在样本上是远远不够的，对年代分化久远的语言尤其不够。建立语音对应需要对两个语言的全部词项进行核查，然后找出不同对应层的语素集合。如果其中某个对应层的语素集包含了核心词，并且核心词形成聚敛分布，则两个语言同源，该语素集就是核心一致对应层语素集，是重构原始语言的基础。

由此看来，建立语音对应是有阶分析的必要条件。建立语音对应首先需要建立完全对应，即语素的语音形式（语素音形）在各个成分中都能对应起来，这样才能最大可能地排除偶然对应，确定两个语言间的关系语素。比如下面的实例，如果只看语素音形的第一个辅音，似乎可以在汉语和英语之间建立 p 和 b 的对应，如表 1 所示。

表 1

语素	普通话	美国英语
本 book	*p*ən214	*b*ʊk
背 back	*p*ei51	*b*æk
被 by	*p*ei51	*b*aɪ

（续表）

语素	普通话	美国英语
把 bundle	**p**a214	**b**ʌndl
博（客）blog	**p**o35	**b**lɒg

但是，上述语素音形的其他部分难以建立对应，于是我们基本可以断定这里 p 和 b 的对应是偶然对应。

完全对应也是判定对应层次的必要条件，比如在汉语和德宏傣语之间有声母 s 和 s 的对应：

- 汉语　　傣语
- san55　　sa:m35　　三
- san55　　sa:n55　　三（tsa:i51 sa:n55，三哥）

如果我们建立了完全对应，再考虑韵母和声调，可以确定这两个 s 对应不在一个时间层次。也正是在声韵调都满足完全对应的基础上，可以看出汉语阴平字在台语（壮傣语）中至少有两种一致对应：

[汉台一致对应 1]

语素	汉语音类	武鸣	龙州	布依	西傣	德傣
	阴平	1	1	1	1	1
三	心谈开一平咸	sa:m1	ɬa:m1	sa:m1	sa:m1	sa:m1
（生）姜	见阳开三平宕	hiŋ1	khiŋ1	jiŋ1	xiŋ1	xiŋ1

[汉台一致对应 2]

语素	汉语音类	武鸣	龙州	布依	西傣	德傣
	阴平	6	1	5	6	6
光（明）	见唐合一平宕	kva:ŋ6	kva:ŋ1	kuaŋ5	kwa:ŋ6	kɔŋ6
宣（传）	心先合三平山	sen6	ɬen1	ɕian5	sɛn6	sɛn6

第一组包含了核心词"三"，可称之为核心一致对应层，这就为我们进一步展开核心词有阶分析，区分聚敛核心一致对应和发散核心一致对应提供了必要条件。

完全对应的概率基础

语言之间的形式对应无非两种，语序对应和语音对应。语序对应很容易偶合，比如傣语的偏正结构语序和述宾结构语序对应于日语的偏正结构语序和述宾结构语序：

	傣语	日语
偏正	正+偏	偏+正
述宾	述+宾	宾+述

傣语在前的，日语正好在后，形成一条对应规则，但是这种对应项目太少，只有两个项目，即使把偏正分成定中和状中，也只有三项，容易偶合，从概率上来说得到确认的难度很低。在语音（包括实词和语缀的语音）中建立起来的语音对应，会形成很多对应，如果满足完全对应，很难说是偶合的结果。

但是建立完全对应的难度很大，主要有两个方面的难关：

1. 需要充分调查并查核两个语言中语义对当的全部语素，建立这些语素在语音形式上的对应；

2. 如何计算这些对应不是偶然对应。

学界很多学者给出的同源词表，都很难突破第一个难关，通常只是列举一些实例，难以实证对应的可靠性，其中最重要的原因就是工作强度大。至于第二个难关，就更少有人问津了。正因为建立完全对应的难度大，接下来的一致对应、普遍对应等难以展开，最早时间层面的对应也难以确定，最后的历史比较研究结论和构拟也存在疑问。

汪锋教授和张原教授的《基于严格语音对应的苗瑶语历史比较研究》在解决上述两个难点问题上取得了突破，即在查核和计算两个方面都取得了突破。他们的研究程序是将完全对应、普遍对应等原则与计算程序的设计配合起来，加强比较材料处理上的自动化以及历史重构工作中的概率辅助。

具体地说，作者首先将《苗瑶语方言词汇集》提供的词汇材料电子化，为严格语音对应的建立设计了工作程序和计算机程序，从语言数据的格式化，到语素的自动提取，再到语音对应的自动建立。七个苗瑶语方言，每个方言涉及3000多词条，得以在较短的时间内处理完毕。概率辅助历史比较研究贯穿始终。亲缘语言之间的分化本质上是语音对应随时间的随机化过程，当语言之间的同源词失落到一定程度，语音对应就建立不起来；而语言接触造成的语音对应是反随机化的，也就是在亲缘关系的语言之间建立起对应的桥梁。历史比较研究就是要通过各种证据和材料来重建分化和接触的过程，其根本是确定非随机化的材料。

在各个层级（原始瑶语、原始苗语、原始苗瑶语）的比较中，在实际音类分布并不均匀的情况下，作者构建了一个算法：只要给出两个语言的语素集，可以通过 Matlab 程序很快算出给定置信度下某套匹配的随机分布上限数。由此，可以根据实际语言音类数目以及找到的匹配对数目来确定在特定置信水平下该匹配是否可以算作语音对应。

在严格考虑概率计算的基础上，结合完全对应和普遍对应的严格程度，在各个层次的苗瑶语比较上，得到不同的语素集，来重建各个层级的音系和语素，并观察词阶上的变化，进一步说明词阶法运用与语音对应要求宽严之间的关系，再一次验证了完全对应与是否随机有关，而普遍对应可以有效排除横向接触因素。

该项研究还分析了传统苗瑶语比较的经验基础与概率基础，展示了二者的结合或许更能促进对历史真实的逼近。

基于以上严格的操作程序，作者构拟了原始苗瑶语，通过有阶分析计算出汉语和原始苗瑶语有同源关系，结论可信，是目前苗瑶语历史比较研究中最具实证性的研究，在方法论和结论上都有实质性的突破。

不完全对应和聚敛分布的减法原则

汪-张对应算法程序不仅在研究完全对应方面取得突破，对不完全对应的材料处理也很有价值。如果两个同源语言分化年代久远，由于保留的同源词很少，完全对应难以建立，往往只有声母对应或韵母对应或声调对应，这时候很难完全排除偶然对应，不同时间层次的对应语素也会混在一起，借贷语素也离析不干净，这时如果使用汪-张对应算法程序得出聚敛分布，也可确定为同源关系，这是因为在我们的大量田野调查中，聚敛分布存在减法属性，如下图所示：

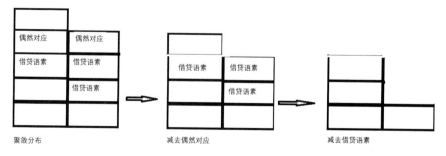

核心词呈现聚敛分布时，如果还存在偶然对应，由于偶然对应通常呈现无

阶分布，即高阶词和低阶词偶然对应语素的比例相当，因此聚敛分布减去偶然对应语素，仍然呈现聚敛分布。核心词呈现聚敛分布时，如果还存在借贷语素，由于借贷语素通常是呈发散分布的，即高阶核心词中的借贷语素比例低于低阶核心词中的借贷语素比例，因此聚敛分布减去借贷语素，聚敛分布趋势更显著。

正是基于聚敛分布的减法属性，我们可以概括出一个减法原则。根据减法原则，汪锋教授和张原教授关于汉语和苗瑶语核心语素的聚敛分布是有效的，即汉语和苗瑶语之间存在同源关系。

我们这个团队一直在致力于语言接触和语言演化的调查研究，通过有阶分析，我们认为汉语和藏语（陈保亚1993，2015）、白语（汪锋2006）、彝语（汪锋、陈保亚2010，汪锋2013）、纳西语（李子鹤2013）、缅语（余德江2014，余德江、陈保亚2015）有同源关系，加上汪锋和刘文的研究（Wang 2015, Wang and Liu 2017），以及这里汪锋教授和张原教授的研究，汉语和苗瑶语也有同源关系，而侗台语和南岛语有同源关系（Chen and Wang 2009，陈保亚等2011，陈保亚、田祥胜2017），我们基本上可以确定东亚和东南亚主要语言的谱系关系如下：

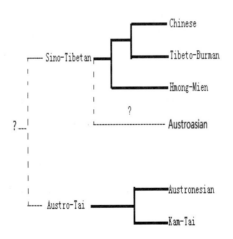

其中澳台语（Austro-Tai）的语源关系，汉语和南亚语的语源关系，还需要进一步研究。

汪锋教授主攻方向为语言学，张原教授主攻方向为数学，他们的结合是跨学科研究的一个成功范例，沿着作者的这一方向，将概率辅助、计算机程序自动处理数据和历史比较的任务结合起来，汉藏语言乃至世界语言的谱系或许在不远的将来能精细而准确地绘制出来。

2021年6月12日于北京大学

参考文献

陈保亚，1993，《羌夏—澳越语言文化联盟论》，《云南民族大学学报》第 3 期

陈保亚，1994，《论语言接触与语言联盟》，北京大学博士学位论文。

陈保亚，1996，《论语言接触与语言联盟》，语文出版社。

陈保亚，2015，《20 世纪中国语言学方法论研究》，商务印书馆。

陈保亚、田祥胜，2017，《语言接触与语言变化》，载汪锋、林幼菁主编《语言与人类复杂系统》，云南大学出版社。

陈保亚、汪锋、何方、陈泽浩，2011，《论澳越语的语源关系及其谱系分类》，载丁邦新、孙宏开《汉藏语同源词研究》（四），广西民族出版社。

李子鹤，2013，《原始纳西语及其历史地位研究》，北京大学博士论文。

汪锋，2013，《汉藏语言比较的方法与实践——汉、白、彝语比较研究》，北京大学出版社。

汪锋、陈保亚，2010，《原始彝语》，《茶马古道研究集刊》第一辑，云南大学出版社。

余德江，2014，《基于严格语音对应的汉缅语比较研究》，北京大学本科学位论文。

余德江、陈保亚，2015，《汉缅韵部关联对应》，《茶马古道研究集刊》第五辑，云南大学出版社。

Chen, Baoya and Wang, Feng. 2009, More evidence for the genetic relationship between Austronesian and Kam-Tai, *Journal of Chinese Linguistics*, Vol. 37.1.

Wang Feng, 2006, Language contact and language comparison-the case of Bai, Institute of Linguistics, Academia Sinica

Wang, Feng. 2015. Sound correspondence and the comparative study of Miao-Yao languages——From the perspective of the pervasiveness of sound correspondences. Bulletin of Chinese Linguistics 8.1:157-176.

Wang, Feng and Liu,Wen. 2017. Sound correspondence and the comparative study of the Miao-Yao languages——From the perspective of complete sound correspondence. Bulletin of Chinese Linguistics 10.1:95-119.

目 录

1 严格语音对应与苗瑶语比较研究 ·· 1
1.1 苗瑶语历史比较研究 ·· 1
1.2 普遍对应与苗瑶语比较研究 ·· 7
1.2.1 普遍对应与历史比较 ·· 7
1.2.2 从普遍对应看苗瑶语比较研究 ·································· 9
1.2.3 小结 ·· 12
1.3 完全对应与苗瑶语比较研究 ··· 13
1.3.1 完全对应与历史比较 ··· 13
1.3.2 完全对应与苗瑶语比较研究 ··································· 14
1.3.3 从完全对应看苗瑶语诸语言的关系 ····························· 15
1.4 普遍对应、完全对应与苗瑶语比较 ··································· 17

2 严格语音对应的建立与自动化实现 ·· 19
2.1 建立严格语音对应的原则及工作程序 ································· 19
2.2 以严格语音对应为基础的苗瑶语历史比较的自动化实现 ················· 21
2.2.1 语言数据的格式化 ··· 22
2.2.2 语言数据格式化的计算机程序 ································· 26
2.2.3 语素的自动提取 ··· 28
2.2.4 语素提取的计算机程序 ······································· 38
2.2.5 语音对应的自动建立 ··· 39
2.2.6 语音对应构建的计算机程序 ··································· 40

3 原始瑶语 ·· 46
3.1 瑶语方言的声调对应及重构 ··· 46
3.2 瑶语方言的声母对应及重构 ··· 82
3.2.1 瑶语方言声母对应及概率考量 ································· 82
3.2.2 唇塞音声母 ··· 84
3.2.3 舌尖塞音声母 ··· 89

  3.2.4 舌尖擦音声母 ·· 93
  3.2.5 舌根塞音声母 ·· 96
  3.2.6 舌根擦音声母 ··· 101
  3.2.7 鼻音声母 ··· 102
  3.2.8 边音声母 ··· 106
  3.2.9 舌尖塞擦音声母 ·· 109
  3.2.10 舌面塞擦音声母 ·· 115
  3.2.11 零声母 ·· 116
  3.2.12 瑶语声母对应及重构总表 ···························· 119
 3.3 瑶语方言的韵母对应及重构 ·································· 121
  3.3.1 韵腹 a ·· 123
  3.3.2 韵腹 ɛ ·· 136
  3.3.3 韵腹 e ·· 139
  3.3.4 韵腹 i ··· 143
  3.3.5 韵腹 ə ·· 146
  3.3.6 韵腹 ɔ ·· 149
  3.3.7 韵腹 o ·· 153
  3.3.8 韵腹 u ·· 153
  3.3.9 韵母对应及重构总表 ···································· 157
 3.4 瑶语完全对应表 ··· 159
 3.5 原始瑶语的语素 ··· 161

4 原始苗语 163
 4.1 苗语方言的声调对应及重构 ·································· 163
 4.2 苗语方言的声母对应及重构 ·································· 187
 4.3 苗语方言的韵母对应及重构 ·································· 194
 4.4 苗语完全对应表 ··· 200
 4.5 原始苗语的语素 ··· 201

5 原始苗瑶语 202
 5.1 苗瑶语方言的声调对应及重构 ······························· 202
 5.2 苗瑶语方言的声母对应及重构 ······························· 211
 5.3 苗瑶语方言的韵母对应及重构 ······························· 213
 5.4 苗瑶语完全对应表 ·· 214
 5.5 原始苗瑶语的检讨 ·· 215

6 中远程构拟再议 ·· **220**
  6.1 苗瑶语两方言的声调对应及重构 ····················· 220
  6.2 苗瑶语两方言的声母对应及重构 ····················· 241
  6.3 苗瑶语两方言的韵母对应及重构 ····················· 252
  6.4 中远程重构苗瑶语完全对应表 ························ 257
  6.5 苗瑶语中远程重构检讨 ································ 259

7 余论 ··· **261**

参考文献 ··· **263**

附录一 原始瑶语完全对应表 ································ **272**

附录二 放宽要求的原始苗语完全对应表 ·················· **283**

附录三 中远程重构的原始苗瑶语关系语素 ··············· **287**

1 严格语音对应与苗瑶语比较研究

1.1 苗瑶语历史比较研究

苗瑶语在中国主要分布在贵州、湖南、云南、广西、广东、四川等地，在越南、泰国以及老挝北部等地也有分布，也有一些苗瑶人因战争等原因迁到法国、美国、加拿大以及澳大利亚等地（马学良 2003：509；Strecker 1987）。

苗瑶语的系属问题，一直有争议。大多数中国学者认为苗瑶语是汉藏语系下一个独立的语族(Li 1937；王辅世 1986)，但很多国外学者并不这么认为，他们有的将苗瑶语和南岛语归为一支 (Benedict 1942, 1975)，也有的认为其应该与孟高棉语等南亚语系语言有亲缘关系 (Forrest 1973；Haudricourt 1966; Perios 1998)。有些学者把这些语系（汉藏语系、南岛语系和南亚语系）都包括在一起，构成一个超级语系华澳大语系 (Sagart 2005; Starosta 2005)。

苗瑶语历史比较及构拟工作的先驱是张琨，他首次构拟了苗瑶语的四声八调系统（张琨 1947；Chang 1953,1966,1972），还重构了原始苗语的声母系统 (Chang 1976)。Purnell(1970) 构拟了原始苗瑶语。王辅世(1994) 构拟了原始苗语。Downer(1982) 部分重构了原始苗瑶语的韵母。L-Thongkum(1993) 重构了原始勉语。王辅世、毛宗武（1995）《苗瑶语古音构拟》涵盖的苗瑶语最为广泛，基于 800 多同源词给出了语言间的语音对应；所构拟的声韵母系统很复杂，包括 260 个声母和 210 个韵母。Ratliff(2010) 在此基础上对原始苗瑶语系统做了一些调整。陈其光 (2013)《苗瑶语文》以 900 多页的篇幅，对苗瑶语做了全面的介绍，并重新构拟了原始苗瑶语。李云兵 (2018) 涵盖了苗瑶语的词句法及词汇、音韵的比较研究，从共时和历史比较两方面来探讨苗瑶语言的发展变化。

Ostapirat(2018) 基于词阶法的基本原则讨论了东亚几个大语言集团的系属关系。根据他提供的新证据，倾向于认为苗瑶语与南亚语有亲缘关系，而与藏缅语和汉语没有同源关系。Ostapirat 最主要的证据是词阶法 (陈保亚 1996) 的扩展，即词聚的自然分阶，例如数词中越小的数词越核心越难借用（陈保亚 2001,2007a）。在汉语和台语的比较中，可以看出数词"一"和其他数词分成了两个阶，在高阶的数词"一"上汉语和台语之间没有关系，而在"二"以上的数词上，汉台关系词有严格的语音对应支持，结合词阶法的各种分析（绝对有阶、相对有阶、工具质料词聚法）等（陈保亚 2007a），可以验证汉台之间的数词关系词是语言接触造成的借词。类似地，Ostapirat(2018) 提出：根据前人的研究，苗瑶语中"十"以上的数词借自汉语，但"四"到"九"的相对低阶数字（除了"五"以外）都有藏缅语的来源，如表 1 所示：

表 1 苗瑶语和藏缅语的数词

	'四'	'六'	'七'	'八'	'九'
原始苗瑶语	plei	kruk	djuŋH	jat	N-ɟuə
苗语	plau	ʈau	tɕoŋ	ji	cua
瑶语	pləi	klɔ	ni	dzjat [Z]	ku [Z]
藏文	blyi	drug	bdun	brgjad	dgu
门巴语	pli	kroʔ	nis	cen	tu ku
缅文	le	tɕhauʔ	khu ɲiʔ	ɕiʔ	ko

原始苗瑶语形式来自 Ratliff (2010)；苗瑶语方言代表点分别是白苗（Heimbach 1979）和标敏瑶语（王辅世、毛宗武 1995）；[Z]= 藻敏瑶语（王辅世、毛宗武 1995）；藏文、门巴语和缅文取自黄布凡（1992）。①

更重要的是，Ostapirat(2018：118) 发现：更小的苗瑶语数词，从一到三，都可以跟南亚语对应起来。如下所示。

表 2 苗瑶语和南亚语数词

	'一'	'二'	'三'
原始苗瑶语	ʔi	ʔui	pjɔu
苗语	i	ɔ	pe
瑶语	i	wəi	pau
布朗语	ʔu	ʔa	pheʔw [Chong]
Khasi	wei	ar	paj [Kui]

布朗语源自 Ostapirat 的调查；Chong 语来自 Premsriat et al(2008)；其余的源自 Shorto（2006）。

① 原文作戴庆厦 (1992)。

值得注意的是，这些语言的语音对应并没有那么直观，需要通过假定一些语音变化才能看出来。Ostapirat (2018：118) 解释说："比较'一'和'二'，我假定早期南亚语或孟高棉语都有一个喉塞音声母ʔ（大概像是 *ʔu:j 和 *ʔa:r），Chong 语（和其他很多孟高棉语）在这些形式上增加了前缀，于是有：*m.ʔu:j > mṳ:j 和 *b.ʔa:r > baʔ:r （> pṳʔ:j），其中原先的喉塞音声母已经变成了元音的嘎裂发声态了，元音的浊送气态则源自早期的全浊声母。至于其他孟高棉语，比如说，Proto-Monic 语 (Diffloth 1984) *mway '一'和 *ɓaar '二'，Palaung 语实际上有一个喉塞音声母的'三'/ʔoj/，而 Chong 语（和其他很多语言）类似地把它变成带 *p- 首音的前缀 (*p- > ph 的变化在 Chong 语中是常见的类型；又见 Proto-Monic *piiʔ)。在不同的语言中，这些前缀有变异，因此，Wa 语表现出一个流音前缀：*lʔar '二'和 *lʔoj '三'。这可以进一步支持以上所说的真正的词根声母是 *ʔ-，而各种前缀是在各个不同群体中各自独立发展出来的。苗瑶语的'一'和'二'的 *ʔ- 因此应该是保持了原初的形式。"（笔者译）

以上解释从语音发展上来看，都是可能的。如果细究起来，有两方面的问题：一、这些可能的变化在南亚语中是否有其他平行的例子，或者，根据南亚语言之间的语音对应，能否重构出这个 *ʔ- 声母，尚待确认。二、这些论证其实都只是讨论了"一""二"的声母在原始苗瑶语和早期南亚语中是相同的，但语音对应并不是相似，需要考虑是否有足够多的平行例证，更重要的是，判断"一""二"是否为苗瑶语和南亚语的关系词，还需要考虑它们在韵母上有无对应，但在讨论中并没有涉及。

为了佐证他发现的这一苗瑶语和南亚语的亲缘关系，Ostapirat(2018：117) 提出了更多的基本词来作为证据，如表 3 所示：

表 3 苗瑶语和南亚语比较词表

	原始苗瑶语	原始越芒语	原始佤语
'louse'	ntshjeiX	ciʔ	siʔ
'fruit'	pjiəuX	pleʔ	pliʔ
'road'	kləuX	khraʔ	kraʔ
'shoot'	pənX	paɲʔ	pɤɲ
'blood'	ntshjamX	asa:m	hnam
'weep'	ʔnæmX	ja:mʔ, ɲa:mʔ	jam
'hawk'	qlaŋX	kla:ŋ	klaŋ

（续表）

	原始苗瑶语	原始越芒语	原始佤语
'cooked'	sjenX(M)	ci:nʔ	sin
'heavy'	hnjeinX	naŋʔ	(s-jen)
'full'	pu̯eŋX	pɔiŋ (Mo)	phoiŋ (Ks)
'nose'	mbruiH	mu:s	mis
'name'	mpɔuH	jhmoh (Mk)	mis
'horn'	klɛŋ	kərəŋ	ʔrɤŋ
'water'	ʔu̯əm	ʔom (Pl)	rʔom
'live, alive'	ʔjəm	ʔim (Pl)	ʔem
'I'	ʔja (Y)	ʔoa (Mo)	ʔiʔ
'thou'	mu̯ei	màày (Vn)	me (Ks)

M= 苗语，Y= 瑶语，Mo= 孟，Mk= 中古高棉语，Pl= 布朗语，Vn= 越南语，Ks= 卡西语。

Ostapirat（2018：116）认为这些例证之所以能作为关系词，是因为苗瑶语的三个调类（-X、-H、无标记）能和原始越芒语的韵尾/发声类型(-ʔ、-s/-h、其他)很好地对应起来。尽管孟高棉语/南亚语的发声类型演化很复杂，充满了争议，各种模型总是有很多例外，但作者认为表中提到的苗瑶语和南亚语之间的对应令人印象深刻，可以用来部分验证列出来的苗瑶语和南亚语的词汇关联。

就算我们承认以上声调对应，严格说来，这些关系词的基础很不牢靠，一则由于声调类型数量少，构成偶然对应的可能性大，二则声母和韵母的对应在这里仍然是"看起来像"，严格的语音对应关系并不能看出来。例如：原始越芒语与原始佤语在'louse'和'cooked'两词上显示出声母 c <> s 的平行模式，但原始苗瑶语的声母分别是 ntsh- 和 s-。也就是说，根据这些例子并不能建立起苗瑶语和南亚语之间的对应，因此，我们也很难评估以上这些关系词是否可以作为进一步考察的基础。

在此，我们可以讨论一下 Ostapirat(2018：112-3) 提出的 24 基本词表。这个词表是综合 Swadesh (1955) 的 100 词、Tadmor et al. (2010) 的 100 词、Jakhontov 的 35 词[①]、Holman et al. (2008) 的 40 词，除了三个词('two'、'die'、'full') 不见于 Tadmor et al. (2010)，这 24 词是这四个词表中都包含的共同

---

① 转引自 Starostin.S.1991. *Altajskja Problema I Proisxoz denie Japonskogo Jazyka [The Altaic Problem and the Origin of the Japanese Language]*. 59–60. Mowscow: Nauka.

部分。如表 4 所示。

表 4　藏缅语、上古汉语、南岛语和加岱语的 24 基本词

		藏缅语	上古汉语	南岛语	加岱语
1.	'blood'	s-hwyəy	hwit, hwik	daRaq	pɤla:c
2.	'bone'	rus	kut	CuqelaN	Kudɤ:k
3.	'ear'	r-na	njə?	Caliŋa	qɤrɤ:
4.	'eye'	mik, myak	m(r)juk	maCa	maTa:
5.	'hand'	g-lak	hju?	(qa)lima	(C)imɤ
6.	'nose'	s-na(:r)	bjit(s)	ujuŋ, ijuŋ	(?)idaŋ
7.	'tongue'	m-lay, s-lay	Ljat	Sema	(C)əma:
8.	'tooth'	s-wa	Khjə?, thjə?	nipen	lipan
9.	'dog'	kwəy	kwhin, kwhen	asu	Kama:
10.	'fish'	ŋya	ngja	Sikan	bala:
11.	'horn'	krəw	krok	(quRuŋ)	paqu:
12.	'louse'	śrik	srjit, srjik	kuCu	KuTu:
13.	'fire'	mey	hməj?	Sapuy	(C)apuj
14.	'stone'	r-luŋ	djAk	batu	KaTi:l
15.	'sun'	nəy	njit, njik	qalejaw	Kada:w 'star'
16.	'water'	ti(y), twəy	h(l)juj?	daNum	(C)aNam
17.	'I'	ŋa, ŋay	nga, ngaj?	aku	aku:
18.	'Thou'	naŋ	nja?, njəj?	iSu, Simu	isu:, amɤ:
19.	'one'	it	?jit, ?jik	isa, esa	(C)itsɤ:
20.	'two'	g-ni-s	njəjs	duSa	sa:
21.	'die'	səy	sjəj?	ma-aCay	maTa:j
22.	'name'	r-miŋ	mjeng	ŋajan	(C)ada:n
23.	'full'	bliŋ, pliŋ	(l)jeng	penuq	pəti:k
24.	'new'	sar	sjin(g)	baqeRuh	(C)ama:l

藏缅语和上古汉语取自 Baxter 1995，南岛语源自 Blust 1999 及其在线南岛语比较词典，加岱语的重构源自 Ostapirat 的研究，其中的超音段成分省略了，大写的 K 现在是 k- 或 q-，C- 还不能确定其辅音音值，对于加岱语而言，*T- 和 *N- 不同于 *t- 和 *n-，参见 Ostapirat 2005。

根据这个 24 基本词表，表 4 有 8 个苗瑶语和南亚语的关系词，再加上 'one' 'two'，就达到了 10 个，这样苗瑶语和南亚语的关系词就占到了

24词表中的三分之一强了。据此，作者认为这一证据倾向于支持二者的亲缘关系。

值得注意的是，Ostapirat此处的证据跟词阶法的精神并不完全一致。在论证汉台关系时，作者已经看到了基本词的关系词数量上相差不大，但在分布上呈现的是相反关系，如表5所示。

表5 原始台语（PT）和南岛语（AN）及上古汉语（OC）共享基本词的阶

	PT/AN	PT/OC
1st 100-words	21　（21%）	6　（6%）
2nd 100-words	8　（8%）	20　（20%）

因此，这里的关键是：如果进一步扩展到低阶，则苗瑶语和南亚语的关系词比率是否会提高？这方面的工作亟待提上日程。

这种综合考虑各个词表来取最大公约数的办法直观有效。但词阶法的核心是不同的阶有不同的概率来抵抗借词并保持稳定。因此，分出来的不同阶的词集，是否可以用来作为亲缘关系的判定，需要做充分的验证。陈保亚（1996）首次提出词阶法，高阶是Swadesh (1955)100核心词，而相应的低阶是Swadesh (1952)的200词去掉上述核心词后剩余的词，略加调整后得到低阶的100核心词。然后，一方面，在公认是同源的方言或者语言之间进行验证：是否符合高阶的关系词多，而低阶的关系词少；另一方面，在公认的只有接触关系的语言之间进行验证：是否符合高阶的关系词少，而低阶的关系词多。通过检验之后，才将此词阶划分用于语源关系的判定上。因此，如果按照Ostapirat(2018：112-3)的假定，可以将其挑出的24词作为高阶，Swadesh 100词剩余的76词，或Jakhontov 35词剩余的11词、Holman et al. (2008) 40词剩余的16词都可以作为低阶，这样得出的高低阶是否能够通过检验，用作语源关系的鉴别方法，需要相当多的验证工作。

因此，我们认为在讨论苗瑶语和汉语以及其他语族的语源关系之前，一个重要的环节是要在苗语瑶语内部建立更为坚实的语音对应基础。严格的语音对应是历史比较的基础，也是判定语源关系的必要条件。在判定关系语素的语源性质之前，需要检验关系语素的语音对应基础。

我们主张从普遍对应和完全对应两个方面入手进行苗语方言和瑶语方言的内部比较，从而构拟原始苗语和原始瑶语。普遍对应和完全对应是语言比较工作中要坚持的客观标准，普遍对应体现的是原始形式的时间深度，而完全对应重在排除偶然因素。在语言比较中，如果放宽普遍对应上的要求，晚期语言接触造成的因素就会对语源判断造成更大的干扰；如果放宽完全对应上的要求，偶然对应就会混入。汪锋（2011）考察了在不同的条件放宽下语言间关系语素集的变化情况，提出在应用词阶法分析语源关系时，应该严格坚持普遍对应以最大限度地剔除晚期借用的干扰，而在关系语素数量不足的情况下，可以适当放宽完全对应方面的要求。下面我们分别从普遍对应和完全对应两个方面入手进行苗瑶语内部诸语言（或方言）间的比较。

1.2 普遍对应与苗瑶语比较研究

1.2.1 普遍对应与历史比较

在历史比较中，建立起语音对应之后，才能进行后续的工作，包括同源词与借词的分辨，原始形式的重构，语言亲属关系的建立，以及下层分群。语音对应可能是同源分化造成的，也可能是借用造成的，因此，有语音对应而尚未明确来源的语素通常称为关系语素。

陈保亚（1999a；2004）提出了普遍对应/非普遍对应的概念，以台语对应的例子做了说明，如表6所示。

表6　台语对应分布与普遍对应

词项	原始台语	武鸣（北部语群）	龙州（中部语群）	德傣（西南语群）
说	*wa6	xwa6	va6	va6
磨	*mu6	mu6	mu6	
淡	*dam6	da:m6①		

"*wa6（说）在台语的三个语群中都对应得很整齐。*mu6（磨）只在北部和中部两个语群中对应，普遍对应程度比 *wa6 低。*dam6（淡）只在北部语群中对应，普遍对应程度比 *wa6 和 *mu6 都低。我们说 *wa6 的普遍对应程度最高，*mu6 其次，*dam6 最低。由于 *wa6 在台语三大语群中都对应，可以称为普遍对应，*mu6、*dam6 只在部分语群中对应，可以称为非普遍对应。"（陈保亚，1999a）普遍对应与否是从语音对应在所比较的语言中的分布来说，在所有比较语言中都有对应形式支持的一套语音对应就是普遍对应，在普遍对应基础上重构出的原始形式可以反映所有比较语言的共同祖语形式，而建立在非普遍对应基础上的原始形式就不能推

---

① 此处形式是根据武鸣壮语中的 ta:m6 做的进一步重构，因为其声调是阳调6，所以其声母应为对应的浊音。

到共同原始祖语时期。以上表为例，*wa6'说'可以说是原始台语的重构形式，而 *mu6'磨'则只能说是北部台语和中部台语共同的重构形式，*dam6'淡'则只能说是北部台语的重构形式。

一些历史语言学家对原始语形式进行分级，与普遍对应/非普遍对应的区分有相似之处，例如，Blust (1980) 研究南岛语词源时，按照南岛语谱系树的层级对南岛语原始形式进行了分级，如图 1 所示。

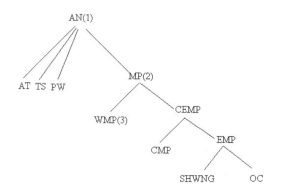

图 1　南岛语谱系图

(AN=Austronesian; AT=Atayalic(Formosa); TS=Tsouic(Formosa); PW = Paiwan (Formosa); MP=Malayo-Polynesian; WMP =Western Malayo-Polynesian. CEMP=Central-Eastern Malayo-Polynesian. CMP=Central Malayo-Polynesian. EMP=the languages of the SHWNG and OC groups. SHWNG=South Halmahera-West New Guinea. OC=Oceanic.)

如果要求 1 级原始语形式必须在所有代表点中都有分布，那就跟普遍对应在本质上一致。但很多时候并不如此，而只是根据谱系结构，要求只要在主要分支上有分布，即可以标为 1 级，例如，有些学者在重构时，只要在 AT、TS、PW 中有分布，就标为 1 级。这样的标注就很受语言亲缘分群结构 (subgrouping) 的制约，如果谱系结构发生变化，对原始形式的层级标注就会产生影响。因此，1 级原始语形式以下的级别标注肯定要受谱系结构的影响，这与非普遍对应的进一步分类要受谱系结构制约是一致的。只有普遍对应是不受谱系结构制约的，以台语重构为例，无论三个台语群的下层关系如何，*wa6'说'都可以重构到原始台语，而其他两个形式能重构到什么级别则需要更细致的研究，也会随着对谱系结构认识的变化而发生变化。因此，得到普遍分布支持的原始形式重构是最为稳定的。

汪锋（2011）发现在普遍对应上的放宽，会造成晚期借词的进入，如图 2 所示。

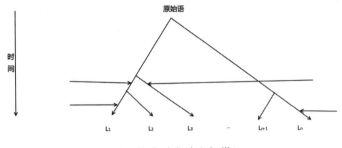

图 2　普遍对应放宽与借词

（L 表示现代语言，横箭头线表示横向传递）

从图 2 可以看出：原始形式所处的节点越高，受横向传递的可能就越小，反之，则受影响的可能就越大。也就是说，普遍对应支持的形式所受影响最小。放宽普遍对应的要求，就意味着降低原始语的级别，就意味着增加比较的时间范围，而时间深度的放宽，原始语分化之后的借词就有可能混入。借词混入会干扰对语言关系的判定，原本的同源关系，可能会误判为接触关系。

1.2.2　从普遍对应看苗瑶语比较研究

龚煌城 (2006) 在审视苗瑶语和汉语的比较研究时，发现"王辅世、毛宗武（1995）所构拟的原始苗瑶语有些仅见于苗语，有些则仅见于瑶语（书中分别以一、二加以标示），与汉语音义相近的字往往只是两者中的一个而已……这种现象凸显出，苗语或瑶语与汉语音义相近的字，并不能回溯到原始苗瑶语，它们仅是在原始苗语或原始瑶语的阶段从汉语借进去的"。这实际上是从普遍对应的角度来衡量原始苗瑶语重构的对应基础，但龚煌城没有展开进一步的论述。

Ratliff (2010) 也注意到上述问题，她就此将原始形式分为三个级别：(1) 原始苗瑶语；(2) 原始苗语；(3) 原始瑶语。她选择了 11 个苗瑶语代表点，如下：1 黔东苗＝养蒿；2 湘西苗＝吉卫；3 川黔滇苗＝白苗；4 川黔滇苗＝宗地；5 川黔滇苗＝复员；6 炯奈；7 巴哼；8 勉语勉方言＝罗香；9 勉语金门方言＝览金；10 勉语标敏方言＝东山；11 勉语藻敏方言＝大坪。她没有明确说明这三个级别的确认要根据什么样的原则，但从她著作中的例子可以看出，基本原则是：根据她支持的谱系树图，对应分布只要在一个以上苗语支语言和一个以上瑶语支语言中都有分布，则可以重构到原始苗瑶语层次，如表 7 所示。

表 7　原始苗瑶语示例

PHM	1	2	3	4	5	6	7	8	9	10	11
'hundred' *pæk	pa5	pa5	pua5	pa5a	piC	pa5	pe5	pɛ7	pe7	pɛ7	ba7
'husband' *N-poX		po3								bu3	
'chaff/husk' *mphi̯ɛk							mẹ5	bwa7	va7	bja7	bjɛ7

如果只在苗语支语言中出现，而不在瑶语支语言中出现，则构拟到原始苗语层，如表 8 所示。

表 8　原始苗瑶语示例

PH	1	2	3	4	5	6	7	8	9	10	11
'air' *poŋC	poŋ5		pa5	paŋ5a	poŋC						

如果只在瑶语支语言中出现，而不在苗语支语言中出现，则构拟到原始瑶语层，如表 9 所示。

表 9　原始苗瑶语示例

PM	1	2	3	4	5	6	7	8	9	10	11
'whip' *pinA								biŋ1	pin1	pin1	-

Ratliff (2010) 认为从词汇、语音、语法等特征来看，苗语支和瑶语支作为原始苗瑶语的第一次分支证据较多。也就是把畲语支取消了，归并到苗语支之下。谱系树图如下：

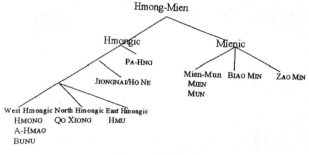

图 3　苗瑶语谱系图

根据此谱系树图，'air' *poŋC 由于在 6 炯奈和 7 巴哼中都没有分布，还不能构拟到原始苗语层次，只能够推到苗语支的最低一个层次。Ratliff 的此类处理就可能造成将晚期形式混入早期形式的问题。

另一个问题是，关于苗瑶语的谱系树图，学界一直存在着争议。陈其光 (1984) 根据语音变化和语法上的关系，认为畲语跟勉语更近。王辅世、毛宗武（1995）认为原始苗瑶语的第一次分支是苗语支、畲语支、瑶语支。邓晓华、王士元（2003）根据词源统计学的办法，画出了 12 个苗瑶语的谱系树图：

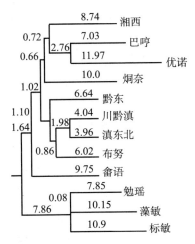

图 4　词源统计法与苗瑶语谱系

Taguchi (2012) 则绘出了另一种树图，如下：

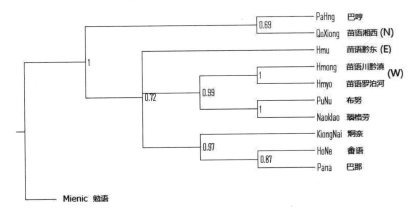

图 5　苗语分支图

根据目前对苗瑶语亲缘分类的了解，除了在苗语支和瑶语支这一大的分野上有比较相同的看法外，对进一步的下级分类没有共识，还很难有一个公认的谱系结构。因此，根据谱系树图来给原始形式进行粗略的分级，可能会造成比较大的时间层次混乱。比较保守的做法是从每个苗瑶语的一级方言中挑出一个作为代表，即湘西苗＝吉卫；黔东苗＝养蒿；川黔滇苗＝罗泊河方言复员；布努＝七百弄；巴哼＝文界；炯奈＝长垌；畲语＝多祝；勉语勉方言＝罗香；勉语金门方言＝榠子；勉语标敏方言＝三江；勉语藻敏方言＝大坪。如果某个词的原始形式在这 11 个代表点中都有表现形式，即为普遍对应，才可以定义该原始形式为 1 级，也就是原始苗瑶语层级的词汇。

如前所述，Ratliff（2010）定义的原始苗瑶语级别上的区分严重依赖谱系结构，如果畲语、巴哼、布努、炯奈等的地位发生变化，那么就得重新删减原始苗瑶语的重构形式，相应地，根据这些重构形式而进行的苗瑶语比较工作，包括苗瑶语和汉语以及其他语言比较的工作就又需要重新检视。

以《苗瑶语古音构拟》为基础，我们根据在 11 个语言中的普遍对应（其中包含了一些方言的不规则对应，原书用！表示），共发现了 62 个原始苗瑶语形式。考察这些对应中的有阶分布(陈保亚 1996)，属于高阶词的有 23 个，分别是：**睡、满、手、鱼、舌头、毛、骨头、翅膀、火、死、长、这、鸟、月亮、尾巴、新、灰、血、路、角、石头、二、喝**；低阶词 10 个，分别是：**花、水果、雪、三、四、五、洗、笑、重、虫**。高阶多，低阶少，呈现出同源分化关系。这 11 个苗瑶语言之间的同源关系可以得到有阶分布的确认。注意，其中低阶词占总量的 33%。

在 Ratliff（2010）的重构中，原始苗瑶语一级的词汇一共有 298 个。我们可以将之视作放宽普遍对应限制的原始苗瑶语形式，需要警惕随之带来的晚期借词的增加。在这种放宽的情况下，高阶词是 56 个，低阶词是 31 个，仍然是呈现高阶多、低阶少的同源分化式的有阶分布。低阶词占总量的 36%，相比普遍对应的限制来说，低阶词的比率略微增多，这可能是因为放宽了普遍对应，容易受借词影响的低阶词增幅更大。不过，这个增幅还没有影响阶曲线的走向。

1.2.3 小结

在普遍对应的基础上，结合词阶分析等方法，苗瑶语各语言之间的同源关系可以得到确认，放宽普遍对应到一定程度后，同源关系仍然能够得到支持。

但是，反思当前的研究基础，语音对应和重构依据的 11 个方言材料均取自王辅世、毛宗武（1995），用于比较的语素量约 800 多，应该还有拓展的空间。其中的对应是否都有平行例证的支持，也就是，是否符合对应的概率要求，还值得进一步研究。

另一方面，在苗瑶语和汉语的关系词判定方面完全依据 Ratiliff (2010) 的判断，并没有深究其判定的对应依据，这也亟待重新考量。

1.3 完全对应与苗瑶语比较研究

1.3.1 完全对应与历史比较

严格的语音对应有其概率基础，不同大小的样本，以及不同的音系，是否构成对应需要概率考量，以排除偶然对应的情况（陈保亚 1996）。概率计算有其复杂性，一个直观而便捷的方法是从完全对应的角度来衡量语音对应的性质。**完全对应**是指所比较的音节中的每个部分都能对应[①]起来（陈保亚 1999a）。两个语言中具有完全对应关系的语素肯定是关系语素，而不是偶然对应。如果放宽完全对应上的要求，即只要求音节的某个部分或者某些部分符合语音对应，就判定为关系语素，那么偶合的概率就会大大增加。汪锋（2011）通过彝语和白语的比较实验，结合词阶法，观察放宽完全对应的情形，发现这会导致偶然对应的增加。由于一些语音对应的支持实例可能随时间而流失，语言分化时间越长，流失越多。放宽完全对应方面的要求可以找回更多的对应，但要付出偶然对应增加的代价。陈保亚（1996）也论证了具体历史比较工作中放宽关系语素对应要求的可行性。

在坚持严格语音对应的基础上得出关系语素后，接下来的工作就是要分析这些关系语素的语源性质。本书主要采用陈保亚（1996）的词阶法和 Wang（2006）的不可释原则来判定语源关系。

词阶法是将 Swadesh（1952）提出的 200 基本词表分为高阶和低阶两个词群，高阶是 Swadesh（1955）定义的基本词，被认为是最难以借用，且变化最慢的一群词，低阶是从 200 词中减去高阶词后剩下的，低阶相对高阶来说，稳固度和抗借用度稍弱。词阶法利用高低阶词群的上述相对性，提出以下判定法，即，如果语言是同源分化关系，分化后，低阶词相对来

[①] 严格说来，这里的各个成分之间的对应还只是"匹配"，只有经过验证，排除了偶然因素的成分之间的匹配才算是"对应"。

说先失落，或者说失落更快，那么语言间的关系词就会呈现高阶多而低阶少的下降趋势；相反，如果语言间是接触关系，接触中，低阶词先借用，会造成高阶少而低阶多的上升趋势。因此，可以根据高阶和低阶中关系词所占比例的下降或者上升趋势判断语源关系。据此，如果语言间是先同源分化再接触的话，接触深度到达一定程度，就有可能造成将同源关系误判为接触关系的情况。

Wang（2006）总结前人的经验，提出"不可释原则"以帮助判定关系语素的语源关系，具体来说，该原则是指无法以施借语言的音韵系统来解释受借语言中关系语素的表现，这些不可解释的成分应该视为共同祖语的遗传，而不是借用的结果。假定语言之间确实是借贷关系，则所有从施借语言而来的成分都将通过受借语言的音韵系统过滤而重塑。根据对双语者的大量调查，Haugen（1950）细致地分析了借用行为。他称原来的形式或者模式为"原型"，借用者常常选用自己语言模式中最相近的形式来替代原型。因此，施借语言中的原型和受借语言中的表现应该可以通过二者的系统匹配得到解释。反之，如果二者之间的联系不能获得令人满意的解释，假定的借贷关系就令人生疑了。陈保亚（1996）根据对汉语和傣语的长期追踪调查，从匹配的角度更深入地分析了其中的机制。据此，我们可以更清楚地了解不可释原则的经验基础。

1.3.2　完全对应与苗瑶语比较研究

王辅世、毛宗武（1995：19—20）其实已经意识到完全对应的重要性，他们"在比较时，常常发现有的字声母、韵母或者声调不符合对应规则的情况，这有三种可能，第一种可能是那个字根本不是同源字，第二种可能是在语言演变过程中，个别字在个别方言土语中发生了特殊的变化，第三种可能是记音有误。……声调对应、声母对应，推导韵母对应，尽管韵母上只有一个例子支持；同理，声调对应、韵母对应，推导声母对应，尽管声母只有一个例子支持"。他们沿用张琨（1947）的方式，用"声！""韵！""调！"的方式来标记声、韵、调不合规则的情况，这一处理方式后来被学界广泛采用。可以说，在苗瑶语内部比较中，学者们很早就开始注意语音的完全对应，但限于当时的情况，对这一问题的处理还有进一步讨论的空间。判断是否符合规则，要具体看该项表现是否有平行实例的支持，如果没有，则没有对应的基础；如果有，就算该对应的支持实例数量较少，也要算做一套对应。这两种不同的情况在王辅世、毛宗武（1995）书中没有严格区分，他们认为所比较的语素中，只要三个语音成分（声、韵、调）中任意两者对应①，即使第三者没有平行实例支持，也看做对应。实际上，他们做了一个推导——根据语素音节中两个成分上的对应，可以判定该语素为关系语素，既然该语素为关系语素，那么第三个语音成分也应该是有对应关系的，只是随着时间的推移或其他原因，原有的支持实例失落，造成了平行例证的缺失。严格来说，该推导应该通过概率计算来决定是否足以做关系语素的判定。也就是说，观察样本的多少，所比较语言的各个音系成分的数量，都应纳入到对应的概率测算（参见陈保亚 1996：222）。通过概率计算后，如果能确定是关系语素，再推断没有平行实例支持的某项语音成分为对应。但要注意这样的对应是推导出的对应，尚未得到观察事实的支持，在证据力度上比实际观察到的对应要弱。

1.3.3 从完全对应看苗瑶语诸语言的关系

从完全对应的角度来考察苗瑶语关系语素，可将关系语素区分为几个不同的级别。（1）声、韵、调都可以对应。（2）声、韵、调三者中至少有二者对应，其中又可以分为三种情况：一是声母和声调对应，韵母对应暂时得不到实例支持；二是声母和韵母对应，声调对应暂时得不到实例支持；三是韵母和声调对应，声母对应暂时得不到实例支持。（3）声、韵、调三者中只有一项对应，这种情况又有三种表现：一是只有声母对应；二是只有韵母对应；三是只有声调对应。下面我们分别考察完全对应以及放宽完全对应的情况。

1.3.3.1 完全对应

本部分我们考察王辅世、毛宗武（1995）给出的 829 个单音节词根的完全对应情况，检验苗瑶语各语言（方言）之间的语源关系。

在 11 个代表点中，符合声、韵、调完全对应的有 30 个实例。以"石头"为例说明如下，见表 10—表 12。

表 10　声母的对应

词项	吉卫	养蒿	复员	七百弄	文界	长垌	多祝	罗香	樟子	三江	大坪
石头	zµ35	ɣi33	ʔwji31	ɣe33	jo35	ŋkja44	ŋa22	gau33	gjau35	lou33	dzu44
好	zµ53	ɣu44	ʔwjoŋ24	ɣaŋ41	jɔ55	ŋwaŋ35 声!	ŋoŋ31	gwəŋ55	goŋ44	loŋ44	dzoŋ42

---

① 王辅世、毛宗武（1995）的对应大部分要满足声调对应。

表 11　韵母的对应

词项	吉卫	养蒿	复员	七百弄	文界	长垌	多祝	罗香	樑子	三江	大坪
石头	ʐɯu35	ɣi33	ʔwji31	ɣe33	jo35	ŋkja44	ŋa22	gau33	gjau35	lɔu33	dzu44
路	kɯu43	ki35	tɕi55	kje43	qo31	kja53	ka33	kjau53	kjau545	klɔu35	tsu24

表 12　声调的对应

词项	吉卫	养蒿	复员	七百弄	文界	长垌	多祝	罗香	樑子	三江	大坪
石头	ʐɯu35	ɣi33	ʔwji31	ɣe33	jo35	ŋkja44	ŋa22	gau33	gjau35	lɔu33	dzu44
菌子	ŋkɯu35	ʔi33	nʔtɕi31	ntɕe33	Nqo35 声！	ntʃa44	kja22	tɕəu33	sou35	tɕəu33	ku44

考察这些对应实例的有阶分布（陈保亚 1996），高阶词 12 个，分别是：**满、手、鱼、舌头、毛、死、长、灰**草木灰、**血、角、石头、好**；低阶词 4 个，分别是：**水果、雪、重、窄**；其他 14 个，分别是：**芋头、戴**戴帽、**个**这个碗、**短、肥、偷、八、十、菌子、斤、菜、鸡、黄瓜、过**过河。高阶多，低阶少，呈现出同源分化关系。因此，这 11 个苗瑶语言之间的同源关系可以得到词阶分析的支持。

1.3.3.2　部分对应

部分对应是指声、韵、调三者中只有两个成分或一个成分能构成对应。部分对应有以下几种可能情况：一、声母和声调对应，韵母对应暂时得不到支持实例；二、韵母和声调对应，声母对应暂时得不到支持；三、声母和韵母对应，声调对应暂时得不到支持；四、只有声母对应；五、只有韵母对应；六、只有声调对应。但在王辅世、毛宗武（1995）的材料中只发现第三种情况，即：声母和韵母对应，声调不对应。

在 11 个代表点中，符合声母、韵母对应，声调不对应的有 17 个实例。以"路"为例说明如下，见表 13、表 14。

表 13　声母的对应

词项	吉卫	养蒿	复员	七百弄	文界	长垌	多祝	罗香	樑子	三江	大坪
路	kɯu43	ki35	tɕi55	kje43	qo31	kja53	ka33	kjau53	kjau545	klɔu35	tsu24
虫	ci35	kaŋ33	tɕen31	kjəŋ33	qɤ35	kjen44	kin22	kɛŋ33	kjeŋ35	klaŋ33	tsaŋ44

表 14　韵母的对应

词项	吉卫	养蒿	复员	七百弄	文界	长垌	多祝	罗香	樑子	三江	大坪
路	kɯu43	ki35	tɕi55	kje43	qo31	kja53	ka33	kjau53	kjau545	klɔu35	tsu24
石头	ʐɯu35	ɣi33	ʔwji31	ɣe33	jo35	ŋkja44	ŋa22	gau33	gjau35	lɔu33	dzu44

声调方面：

"路"在所比较的 11 个点中声调的对应模式没有其他平行实例的支持，无法构成对应。

考察这些对应中的有阶分布（陈保亚 1996），高阶词 9 个，分别是：**人、叶子、骨头、鸟、月亮（月份）、新、路、二、喝**；低阶词 2 个，分别是：**洗** 洗手、**天（日）**；其它 6 个，分别是：**尿、酸、六、铁、九、痒**。高阶多，低阶少，呈现出同源分化关系。在这种放宽完全对应的情况下，苗瑶语言之间的同源关系也得到词阶分析的支持。

王辅世、毛宗武（1995:20）提出声调对应的必要性，他们认为"我们找的一条声母或韵母的对应规则，合于这一条对应规则的只有一个例字，我们遇到这种情况，首先看声调，如果声调在各代表点属于一个调类，然后再看声母，如果声母符合对应规则，那么，尽管韵母对应表上只有一个例字，我们也把它的韵母看成一个韵类。同样，如果韵母符合对应规则，也就是说有两个以上的字具有相同的韵母对应规则，那么，尽管声母对应表上只有一个例字，我们也把它的声母看做一个声类"。从上述论述中，我们不难发现，在判定对应时，他们首先依据声调，然后再考虑声母或韵母中的一类，进而判定是否构成对应。至于为什么把声调、声母对应而韵母只有一个例字或声调、韵母对应而声母只有一个例字的词也看成同源词，王辅世、毛宗武（1995:20）给出了两种可能，一是同声类或同韵类的例字存在，只是目前还没有发现；二是声母或韵母可能在某个代表点或几个代表点发生了特殊的变化，那就没有字与它同声类和同韵类。但是从实际数据来看，王辅世、毛宗武（1995）并没有完全坚持声调在对应中作为必要条件这一原则，声调不对应的实例(调!)有 290 多处。

在完全对应的基础上，结合词阶分析和不可释原则，我们发现苗瑶语诸语言和方言之间的同源关系可以得到确认，放宽完全对应到一定程度后，同源关系仍然能够得到支持。（Wang and Liu 2017）

苗瑶方言的材料以及对应的确认完全依赖于王辅世、毛宗武（1995），并没有进行独立的核查，汉语和苗瑶语的关系词主要依靠 Ratliff (2010)，同样没有进行独立的核查。这或许在一定程度上会影响判断的可靠性。

1.4 普遍对应、完全对应与苗瑶语比较

汉藏历史比较语言学走到今天，有了长足的发展，我们在前人研究的基础上才得以进行更深入的观察。语音对应是汉藏语言比较绕不过去的，

尽管历史比较语言学的先驱梅耶对语音对应在涉及汉语一类孤立语的前景不表乐观。(梅耶1925)坚持严格的语音对应条件,即普遍对应和完全对应,是分析语源关系的必由之路。

对于苗瑶语比较而言,目前已经积累了不少材料,一个语言超过3000词条的报告很多,如何开掘这些丰富的材料,是当前面临的一个重大问题。得益于计算机的发展,很多需要语言学家手工完成的工作可以通过计算机程序来实现。

我们在研究汉语、彝语和白语三者的关系时,涉及大量的比较工作(汪锋2013),在确定对应的各种情况时,利用Fox Pro等软件来辅助判断,大大节约了时间。在提高效率的同时,由于计算程序的客观性,很多人为的失误或者有意无意的倾向性得以避免。

我们尝试在研究苗瑶语的亲缘关系的同时,充分利用计算机程序,努力实现尽可能的历史比较程序自动化,只在必须人工判断的情况下才介入。

2 严格语音对应的建立与自动化实现

2.1 建立严格语音对应的原则及工作程序

基于严格语音对应的历史比较工作程序详细说明如下。

一、根据历史比较的目的选定语言点。

历史比较语言学是通过比较各语言来再现从原始语言演化到现代子语的历史过程。通常现代语言是比较的出发点，原始语言是终点。如果以苗语各方言为基础来比较，可以展现苗语各方言分化自原始苗语的过程；如果以原始瑶语为目的，就要选择现代瑶语的代表点。

陈保亚（1999b）指出历史比较遵循的重要原则之一是差异原则，也就是，现代子语中无条件的对立差异要归结到原始语言。另一方面，在历史语言学中，经常利用空间差异来体现时间差异（参见徐通锵 1991），也就是，各个子语从原始语分化出来后，在地理上展开，由于交际密度的差异，各自变化的速度不一，为我们通过语言比较揭示历史过程提供了基础。如果所有的子语言都发生一样的变化或者保持不变，历史比较就无能为力了。因此，历史比较选点的指导原则是根据研究的目的，尽可能选择能体现最多差异的现代语言代表点。

研究者着手时，心目中最好要有一个树图的形象（如图 1 所示），所选的语言点就是树的终端。

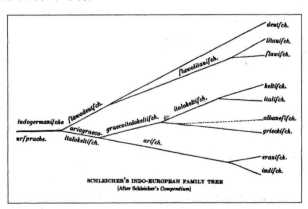

图 1　第一个语言谱系图 (施莱歇尔 1863)

一棵理想的树是历史上真实发生的分化故事，但由于材料的局限，我们能得到的往往只是不那么完整的轮廓。重要的是，我们搭建起来的每一枝丫，都有坚实的语言事实支持。

负载历史信息的是语言中不同层级的同源成分。如果我们头脑中时刻存留着"树"的形象，就更容易把层级落到实处，树干上的每一次分叉，都构成一个新的层级。离树根越近的节点代表越早的分化时间。所有终端都共享的同源成分即来自原始语的遗存。只分布在某个节点之下的同源成分，其最早时间层次就只能确定在该节点之时。

二、尽力穷尽各个语言点的语素，作为比较的基本元素。

作为同源成分最主要构成部分的同源词 (cogate) 在历史语言学中由来已久，是历史比较的基石。但确定"词"的标准却很难统一，"词"与"非词"的界限很难划定（参见 Dixon and A ikhenvald 2002）。"语素"作为最小的音义结合体，则没有争议。实际上，印欧语历史比较的很多"同源词根"并不是共时意义上的词，而是语素。

语素是语音系统和语义系统最重要的关联。语言最根本的属性之一，两层性，是指语言有一层表达意义的符号和一层区别意义的符号。语素正是前者最基本的单位，而音位是后者最基本的单位。陈保亚（2007b）论证区分音位必须从语素出发，其中包含着两方面的意思：一、语素是最自然的语言单位，任何有正常言语能力的人，都能区分开自己语言的语素；二、音位是为了区分不同语素服务的，有语素的对立，才有不同的音位。因此，只有穷尽了一个语言的语素，才能得到一个语言完整的音位系统。

三、反复对比各个语言点的语素，建立语音对应关系。

索绪尔指出语言系统的一个本质特征是任意性 (arbitrariness)，也就是，一个语言中的语言符号的语音（能指）和意义（所指）之间的联系是任意的，没有理据的。正因为如此，历史语言学中探讨各个语言之间是否有亲缘关系才有意义，否则，意义对语音有规定性，或者语音对意义有规定性，则世界上的语言都是类似的，普遍联系的。就语素而言，一个语言中的某个语素的意义和声音之间是没有什么道理可讲的，除了拟声词等少量特殊情况。因此，当我们发现两个语言的语素在意义相同的情况下，声音也相同或者有确定的关联，我们就要推测这种非任意性是如何发生的。从 William Jones 开始的语系假说与探索就是如此发端的。

历史语言学中的语音对应关系与音变的规律性密切相关。经新语法学派等的研究，提出语音演变无例外等著名口号 (Osthoff and Brugmann 1878)。音变规律性可以表述为"相同的语音在相同的条件下发生相同的变化",这一规律性允许"相同的语音在不同的条件下发生相同的变化或者不同的变化",也允许"不同的语音在相同的条件下发生相同的变化或者不同的变化"。从同一个原始语分化而来的两个语言,原本语素都是相同的,但随着时间的推移,各自变化,不过这些语音变化都要遵循音变的规律性。这样,就一群语素而言,原本在 a 语言中相同的音 x,在 b 语言中往往也保持相同,虽然可能都变成了另外一个音 y。x◇y 之间的关系就称为语音对应。虽然称为语音对应,实际上还要求在语义上一致,因此,本质上是语素之间的对应。

如前文 1.3 和 1.4 所述,语音对应的确立应考虑其层级结构和概率基础,因此,严格的语音对应基础要从普遍对应和完全对应的角度来考虑。只有普遍对应支持的语素才能上推到树图上最早的节点;只有完全对应支持的语素才能排除偶然几率造成的干扰。实际操作中,要根据具体情况,从这两个角度出发,来为语音对应的性质打上标记。

四、整理语音对应关系,重构原始语。

我们曾论证在重构时要充分考虑对立原则(Chen and Wang 2011),就是说,"对立的对应组应体现为不同的原始形式。每一套对应都是独特的,其所辖的语素音形与其他不同的对应系列构成对立。只要承认语音演变的规律性,在现代方言或者亲属语言中有差异的音类,在原始语言中就一定要分立出来,即使只有一处对立,只要没有证据表明是接触的结果,都要在构拟中体现出来,否则,就违背了音变有条件的假设,就等于允许音类分化可以没有条件,这和音变规律是冲突的"。

这里所说的"对立"是指在其他语音条件完全相同时,各个语言点在语音对应关系上呈现的对立。如果两套或者多套语音对应的语音条件呈现出互补状态,那么,这些语音对应可以归纳为一套,进而重构为一个原始音类。这一过程类似于根据音位变体的互补分布归纳为同一音位。

根据语音对应,整理出原始语的音系之后,再给相应的语素赋值,并根据符合普遍对应和完全对应的情况来给原始语素分级。

五、以重构的语言为基础,继续进行进一步的语言比较。

历史比较语言学就是这样循环往复的过程,层层往上重构,尽可能推进到所能达到的终点。

2.2 以严格语音对应为基础的苗瑶语历史比较的自动化实现

自历史语言学诞生之日起,无论是语言材料的获取,还是比较工作的实现，都需要语言学家付出大量的精力。这些大量的劳动中，很多工作是多次重复的。龚煌城一生致力于汉藏语言的历史比较研究，在其论文集的自序中，他说："汉藏语同源词的认定，是以原始汉藏语的存在及从原始汉藏语到各个别语言有规律的演变为前提。同源词的认定应该建立在整个音韵系统的对应上，而对应关系必须能合理解释汉语与藏缅语从原始汉藏语演变的过程。这样的基本认识，似乎在一些著作中全然缺乏。""我们要找真正的同源词，必须不断地检讨、不断地改进，正如罗杰瑞所说，我们必须从可靠的同源词中去发现正确的对应关系，再从正确的对应关系中发现更多的同源词；而同源词的研究应以发现汉藏语言演变发展的规律为其终极目标。"（Gong 2002）

计算机的出现可以大大减轻历史比较的人工负担，并提高工作的精确度与穷尽度。凡是重复的工作都可以交给计算机程序来完成。因此，我们试图将上一节（2.1）中涉及重复的工作转换为计算机程序可以执行的规则，从而实现历史比较的部分自动化。

就计算机程序而言，目前比较适合用到历史比较中的是 Matlab，以其调用 Excel 表格，进行矩阵比较等都方便快捷。结合 Matlab 程序的规则，我们以苗瑶语历史比较为例，重新规划历史比较工作的步骤。

2.2.1 语言数据的格式化

随着苗瑶语研究的深入，这些年不少语言材料已经汇集起来。但在历史比较中，主要依据均源自王辅世、毛宗武（1995）。如前所述，历史比较应该考虑差异足够多以及语素足够多的材料。中央民族学院苗瑶语研究室（编）《苗瑶语方言词汇集》（1987）包含了苗瑶语七个方言点的常用口语词汇约 3315 条[①]。七个方言点"都是由操本方言点的本民族同志亲自记录，而且经过反复推敲和再三核对"。具体情况如下：

方言	具体代表点
苗语黔东方言	贵州省黔东南苗族侗族自治州凯里市养蒿话
苗语湘西方言	湖南省土家族苗族自治州花垣县吉卫话
苗语川黔滇方言	四川省叙永县枧槽话
苗语滇东北次方言	贵州省威宁县石门坎话

---

① 按照《词汇集》录入后统计是 3315 条，但其中有些词条是重复的，需要剔除。所以总量应该略少于此数。

（续表）

方言	具体代表点
瑶族布努话	广西都安县大兴乡梅珠话
瑶语勉方言	广西金秀县长垌乡镇中村话
瑶语标敏方言	广西全州县东山乡话

从所包含的方言点及各点的词汇量来看，这个词汇集是目前我们所见最丰富的。七个方言点基本涵盖了苗瑶语的主要分支。刘文（2015）在研究瑶语方言时采用了 8 个瑶语方言，从方言分布上更为广泛；《苗瑶语方言词汇集》（1987）采用母语人的材料，在语素量上有优势。采用的方言越多，在此基础上重构的原始语时间深度就越大，所包含的原始成分就越少。理想的选点既照顾时间深度足够长，又保持原始成分足够多。理想的状态需要通过多次反复的比较才有可能接近。

该词汇集的材料在书面上的呈现如下图所示：

汉 意	黔东苗语	湘西苗语	川黔滇苗语
一	i^1	a^{37}	$ʔi^1$
苦（味~）	i^1	$ɛ^1$	$ʔa^1$
一会儿	i^1 tsa^6	a^{37} $ʐɯ^{48}$ te^1	$ʔi^1$ $ntʂ̩^7$
那（忆指）	i^3	$ʑi^1$、a^{37}	$ʔi^3$
炖	en^1, $loŋ^1$	xo^5, ten^1	$dʑeu^4$
马鞍	en^1 ma^4	$tsoŋ^2$ $mɛ^{48}$	$ʔi^8$ nen^4

图 6 《苗瑶语方言词汇集》示例

选定历史比较的具体语言点和材料之后，就要将语言数据格式化，以符合计算机程序的需要。

一、录入数据。即，将书面材料录入到计算机，通常是选用 Excel 表格。在表格中，增加一栏，即词条序号，以保持索引关联。如下所示：

索引	汉义	黔东苗语	湘西苗语	川滇黔苗语	滇东北苗语	布努瑶语	勉瑶语	标敏瑶语
1	一	i1	a3 7	ʔi1	i1	i1	jiet8	i1
2	苦(味-)	i1	ɛ1	ʔa1	ie1	iŋ1	im1	in1

之后引用词条"一"就用"#1"标明索引序号。

二、切分同义词条。在一个词条中，某个语言的语音形式不止一种，常常用逗号、顿号或者分号来分隔。例如：黔东苗语中#80"生气"：aŋ5 tɕʰen5, tɕʰen5; 湘西苗语中#168"尖"：dzʱa1、kaŋ5; 布努瑶语中#56"屋檐水"：aŋ1 ŋwa4; aŋ1 ŋku1。针对以上情况，就以"、"或"；"或"，"为界，分成两个词条。则有以下分立出来的词条：黔东苗语中"生气"：#80-1 aŋ5 tɕʰen5；#80-2 tɕʰen5; 湘西苗语中"尖"：#168-1 dzʰa1；#168-2 kɑŋ5; 布努瑶语中"屋檐水"：#56-1 aŋ1 ŋwa4；#56-2 aŋ1 ŋku1。

还有一些语言中用括号表示还有另一种形式，该形式往往是之前形式的扩展，例如：标敏瑶语中 #16 "玩耍"：dza4(la7 dza4)。简便起见，括号内的形式可以先忽略。

三、同一词条的多音节切分。有的词条是单音节，有的词条是多音节，在语言比较时，音节是语音形式的基本对比单位，因此，需要将多音节的形式——切分到单音节形式来存储数据。苗瑶语都是声调语言，每个音节都以声调收尾，而声调在词汇集中都以数字表示，这样就跟音段成分很容易区分。设定程序来以数字（声调）为标志，其之前的所有音段和它自身一起构成一个音节。

需要注意的是，布努瑶语中数字后的单引号也一起表示调类，例如：#84 "前几年" tat1' zoŋ6'。但在《苗瑶语方言词汇集》中并没有找到说明，以下详细的说明引自蒙朝吉（1983:56-59）：

调号	1	2	3	4	5	6	7	8	1'	2'	3'	4'
调形	˧	˨˧	˦˧	˨˧˨	˦˩	˨˨	˧˨	˨˩	˥˥	˧˥	˥˦	˦˥˦
调值	33	23	43	232	41	22	32	21	55	35	54	454

这些带单引号的声调在其他方言中都对应于不带单引号的类别，据该研究，是由于连读变调造成的变化。针对这种情况，我们将数字后的单引号也作为可能的情况，在程序设计时将之作为可能的分界标志。

四、单音节的进一步切分。音节是对比的基本单位，但形成语音对应的则是音节的组成单位，在苗瑶语中表现为声母、韵母和声调三个部分。其实，在语言记录时，就可以把声韵调分开记录，但绝大部分语言调查的记录形式都是把声韵调合在一起的，因为很多记录者开始调查时没有设定记录便于自动分析的导向。

要把一个单音节分为声(initial)、韵(final)、调(tone) 三个部分，从自动分析的角度来看，需要告诉计算机这些成分的判断方法。根据苗瑶语方言的音系情况，任何一个音节都必定具备的成分是韵母和声调。由于声调是用数字记录，声母、韵母用字母记录，很容易提取。从音节结构看，第一个元音前的都是声母，往后都是韵母，最后的数字表示声调，是一个音节的结束。例如：#84 "前几年" 布努瑶语 tat1' zoŋ6'，分割情况如下：

initial	final	tone	initial	final	tone
t	at	1'	z	oŋ	6'

这样我们就需要告诉计算机各个方言第一个元音的可能情况。根据《苗瑶语方言词汇集》给出的音系表，可以分别列出第一个元音的情况，如下表：

一、黔东方言	i,u,e,ɛ,a,ə,o
二、湘西方言	i,u,ɯ,e,ɛ,a,ɑ,ɤ,o,ɔ
三、川黔滇方言	i,u,e,ɛ,a,ɑ,ə,ɤ,o,y,ɿ,ʅ
四、滇东北方言	i,u,e,ɯ,a,ɑ,ə,o,y
五、布努方言	i,u,e,ɑ,ɤ,o
六、勉方言	i,u,e,ɛ,a,ə,o,ɔ,y,ʅ
七、标敏方言	i,u,ɛ,a,ə,o,ɔ,y,ʅ

实际上，以上是经过程序运行几次后得出的情况。例如：1. ɤ 在词汇集原书中印成了 x 的浊音 ɣ，按此录入 Excel 表后就引起了声母和韵母的混淆，也导致程序报错："找不到元音"，反过来，提醒我们根据这一情况，在表格中检索所有的此种混淆，统一调整成元音为 ɤ，声母为 ɣ。2. ʅ 在录入中，会错成舌叶音 ʃ，程序报错后，再改正。可见，自动切分的程序还有助于数据校对。录入或者材料本身就漏掉声调的问题，也可以发现，比如：#431 '斗笠'布努语 ɑɤu7 ntɬaŋ2（ɑ 没有声调，经查《布努语词典》，改为 kju7 ntɬaŋ2）；录入或者材料本身缺少元音，比如：#1389 '起花斑'湘西苗语 tɤ6 me6 ʈ37（最后一个音节缺元音 u，应该是 ʈu37）。

也有极少数特殊的情况是由 Excel 格式自动转化造成的，比如：#978 布努瑶语 '布' jan5，总是被 Excel 自动转化为日期 1/15/2019，点击右键，设置为文本形式就可以显示回来，但是程序依然识别不了，仍然报错，最后的办法是把这个音改为 "jaan5"，备注提醒最后在切割完成后手动把 aa 改回到 a 即可。

最后一类分割程序报错的问题涉及语言中有鼻音自成音节的情况，比如：#63 '不' 勉瑶语 n̩3，标敏瑶语 m̩5。因为其中没有元音，为此，根据其标写形式，将下标竖线处理为元音即可。

在刚开始处理词条时，发现有一些词条在汉语意义上完全相同，但列了不同的词条，比如：#564 和 #2347 均为 '裤腰'，在黔东方言中分别为：#564 fhu3 ɕhi5 qhə5；#2347 ɕhen5。二者的差异承母语人杨正辉告知，#564 所指是用来捆裤子的裤腰带，一般是较粗的线，所以应该叫裤腰带；#2347 所指是裤子自带在里面的那根，所以可以叫裤腰，完整的应该说成 tɕo2 ɕhen5 qhə5。这提醒我们不能仅仅根据汉语词条的释义来做语言比较，要考虑到这类情况，虽然汉语意思看起来完全一样，可能在苗瑶语方言中有进一步的细分。

还有一些印刷校对错误需要处理，例如：'块（一～木板）'在勉瑶语中有两个形式，khua:i3 和 kha:i3，前者出现三次，后者出现一次，应该以前者为是；湘西苗语中'大铁锅'为 wɛ48 tɯ38，应为 wɛ48 tɯ37 之误；'他们'tɕi3.7 mi2 应为 tɕi37 mi2；'他她它'pɯ4.8 应为 pɯ48；'放（～屁）'qei84 应为 qei48。

2.2.2　语言数据格式化的计算机程序

根据 2.2.1 的格式化规范，我们设计了格式化的计算机程序，由 Matlab 实现，版本为 2019a。

程序文件夹：Data_processing_runnable_version_7_1028

Step 1:

读入原始数据 Excel 文件，处理语音数据中的括号。

辅助函数

parenthesis_cleaner

按前文中的规则，该函数会搜索输入的语音，删除括号中的语音形式，输出剩余的部分。

可运行程序

data_base_generating

根据用户输入的文件名在 Step_0_Input_data 子文件夹中读入数据，然后再调用 **parenthesis_cleaner** 对可能出现的括号的语音进行统一处理后将结果保存在 Step_1_Data 子文件夹中。

Step 2:

清理统一数据中的标点符号，删除重复记录项，合并同义项，并将多音词分项储存。

辅助函数

words_finder

根据单词间分隔的符号，寻找一条语音记录中的第一个单词，输出找到的单词已有语音记录中剩下的部分（如有）。

word_cleaner

统一数据中的标点符号为英文标点。

可运行程序

read_words

读入第一步保存在 Step_1_Data 子文件夹中的数据，逐条运行 **words_finder**，然后运行 **word_cleaner**，在统一格式后按照单词分别保存。最后，程序还将自动搜索并删除重复记录项，并自动合并同义项的编号并调整归并其次序。将结果储存在 Step_2_Words 子文件夹中。

Step 3:

将每个单词按音节划分，再将每个音节划分为声韵调。

辅助函数

syllable_finder

将多音节词中的各个音节加以分割。

components_finder

将每一个音节按第一个韵母的位置以及第一个声调的位置进一步分割为声韵调三个部分。

可运行程序

read_syllables

读入第二步保存在 Step_2_Words 子文件夹中的数据，逐条运行 **syllable_finder**，并将音节数据储存在 Step_2_syllables 子文件夹中。进一步读入音节数据，并运行 **components_finder**。

分割每一音节的声韵调元素，并将最终结果以 mat 格式输出到 Step_3_Output_mat 子文件夹中。

Step 4:

数据打印，识别并分离错误数据。

可运行程序

Data_printer

Error_printer

将上一步 Step_3_Output_mat 子文件夹中的文件保存为可以直接查看的 excel 格式，其中正确的数据保存在 Step_3_Output_xlsx 子文件夹。错误的数据（即无法识别元音或者声调部分的数据）被分离出来，单独储存在 Step_4_Output_errors 子文件夹中。

主程序

以上函数与程序被封装在 Step_0_Scripts_and_Functions 文件夹中。实际使用时只需运行主程序 Main_program，即可自动调用上述功能。

2.2.3 语素的自动提取

如前所述，历史比较的充分性原则要求最大可能地穷尽语言中的语素，但语素并不是现成的，需要从语言材料中提取。陈保亚（1999b:335，337）指出"语素切分所采用的方法是最小同一性对比"。"同一性对比实际上比较一个言语片段的两个部分，每个部分都可以找到可对比的有意义片段"。"同一性对比得到的是有意义的片段。最小的同一性对比就是不断对话语材料做部分相同的比较，直到这种对比无法进行下去为止。不能再比的片段就是语素。"

2.2.3.1 单音节语素作为起点

田野调查最常获得的语言片段就是词汇。《苗瑶语方言词汇集》包括七个苗瑶语言点，约 3315 条。词条的形式常常呈现如下，以黔东苗语为例：

631	果子	tsen3
632	冬瓜	tsen3 phi3
633	柿子	tsen3 mi4
634	杏子	tsen3 maŋ1
635	樱桃	tsen3 va1

最直接易行的方法是以单音节为起点，比如，#631 tsen3 '果子'可以看做一个现成的语素。这里其实做了一个假设，单音节是苗瑶语的最小意义承载单位，不能再进一步细分了，也就是，音节中的声母、韵母或者声调在苗瑶语不能独立表达意义。严格说来，这一步应该通过对比试验来完成，即"直到这种对比无法进行下去为止"。事实上，这么多年的苗瑶语研究已经在经验上证实了这一假设。从理论上讲，这个假设的证伪工作其实很容易，只需要给出苗瑶语声母、韵母或者声调独立表达意义的例子。但目前为止，这样的例子还没有见到。由此可见，即使有，也不会多。这样的假设应该符合苗瑶语语素的主体情况。

这种直接把单音节形式提取为语素的做法，在相当程度上利用了母语人的心理现实性，正是由于该单音节语素能够自由组合，在调查词条时可以独立出现作为该语言的反映形式。陈保亚（1997）进一步细分了最小同一性对比操作时的双向对比和单项对比。例如，"树苗"可以跟"树枝"对比，也可以跟"秧苗"对比，称之为双向对比，能通过双向对比出现的"树""苗"是活动能力强的语素；而"菠菜"只可以跟"白菜"等对比，而没有"菠 X"类的言语片段来对比。通常认为"菠"一类单项对比出来的语素是剩余语素。

陈保亚(1997：341)指出,剩余语素的提取需要在操作方法上加以限制,"与剩余语素相结合的另一个成分必须有资格出现在其他可以进行双向对比的言语片段中"。双向对比和单项对比的区分还可以从语言单位的独立性上来理解,即,通过双向对比提取的语素在独立性上高,与其他语素组合搭配的自由度高;而只能做单项对比的剩余语素在独立性上低,与其他语素组合搭配的自由度低,也就是对与之搭配的语素依附程度高。双向对比和单项对比的提出给出了明确的操作标准,为语素独立性和自由度的衡量提供了客观的依据。

在词汇集中独立出现的单音节形式,一般都符合双向对比的标准,但反之并不必然,也就是,符合双向对比的,不一定能在词汇集中独立出现。比如,"农民"可以与"农村""民生"进行双向对比,但"农"和"民"在现代汉语中都不独立出现,即不单说不单用。可见,独立出现(单说、单用)有比双向对比更多的要求。另一方面可以肯定的是,剩余语素都不能独立出现。

以上黔东苗语的五个例子,对比它们,我们可以提取五个语素。

631	果子	tsen3	→ 语素 1 '果子' tsen3
632	冬瓜	tsen3 phi3	→ 语素 2 '冬瓜' phi3
633	柿子	tsen3 mi4	→ 语素 3 '柿子' mi4
634	杏子	tsen3 maŋ1	→ 语素 4 '杏子' maŋ1
635	樱桃	tsen3 vɑ1	→ 语素 5 '樱桃' vɑ1

从语义结构上,可以看出 #631 的'果子'是上位概念;#632 冬瓜、#633 柿子、#634 杏子、#635 樱桃都是下位概念。在黔东苗语中,后四者都是'果子'的子类。严格来讲,语素 2 '冬瓜' phi3 的意义应该是'冬瓜'去掉其上位概念意义'果子'之后剩余的区别特征意义。可以用规则来刻画:"冬瓜-果子"。语素 3—5 与此类同。从这里可以看出汉语与黔东苗语在此"果子"类上命名的不同。至少有三方面值得注意:(1)汉语中"杏子""柿子"并没有出现上位概念"果子"。(2)"冬瓜""樱桃"中出现了上位概念"瓜"和"桃",但二者是"果子"的下位概念,或者说,"冬瓜""樱桃"在汉语中并不是同一个直接上位概念下的子类,它们要系连到一类需要经过"瓜""桃"的再次归类。(3)汉语的这类名词结构是:小名+大名;而苗瑶语的结构主要是:大名+小名。从这个角度上讲,通过这样的提取语素方式,可以进一步分析各个苗语方言的概念结构,并进一步探讨其背后蕴含的亲缘关系的远近。

基于以上考虑，我们设计**语素提取程序**的第一步是把词汇集中独立出现的单音节形式（即每个语言点中每个词条中出现的单音节形式）全部提取出来，储存为基础的语素库。以下是各个方言基础语素库的数量。

	基础语素量
一、黔东方言	1547
二、湘西方言	988
三、川黔滇方言	1265
四、滇东北方言	1038
五、布努方言	1159
六、勉方言	1312
七、标敏方言	1202

以此为基础，来对比每个语言点中的双音节形式，与上文 #632—#635 黔东苗语的情况类似，从而提取更多的语素。以下是各个方言基础语素库扩展后得出的数量。

	扩展语素量
一、黔东方言	1776
二、湘西方言	1136
三、川黔滇方言	1461
四、滇东北方言	1197
五、布努方言	1368
六、勉方言	1582
七、标敏方言	1461

语素提取之后，下一步就是归并工作。陈保亚（1999b:348）指出："一般说来，从话语中切分下来的最小的有意义的片断只是一个语子(morph)。多数情况下，一个语子就是一个语素。但有些不同的语子声音或意义是相似的，需要归并成一个语素，因此语素的归并也要依据互补相似原则。可以从声音和意义两方面考虑互补相似原则的运用。"从声音方面来看，以"一"为例，单念时读阴平，去声前读阳平，其他三声前读去声，声韵均保持不变，意义也不变。因此，一般可以把这三个语子归为一个语素。"从语义方面看,意义相近的语素可以归并成同一个语素,比如'白纸'的'白'和'白卷'的'白'。"（陈保亚 1999b:349）

设计归并语素程序时，我们也从语音和语义两方面来考虑。当保持意义不变，也就是词条的汉语释义完全一样，在整个词汇集中比对时，很少发现类似以上"一"变调的情况,造成这个情况的原因主要有以下两点：一、大部分语素是基于单念获得的，另一部分是通过双音节对比得出的，这并没有完全考虑到语素所有的出现环境，只是部分语音环境。二、语素的不同变体在不同的语言中的出现概率不一样，比如，在连读变调丰富的部分吴语或者闽语中，同一个语素的不同变体就多，而在类似普通话的方言中，则相对来说变异少，一个语素基本对应一个语子，像"一""不"语素变调以及连上变调都很局限，规则也很明确，基于前人的研究可以比较充分地考虑到其变体情况。从历史比较的角度来看，主要目的是寻找语素之间的语音对应，为了比较的方便，很多时候尽量保持语子的变异状态，以表现更多历史音变的细节。鉴于以上原因，归并程序不考虑同一语素下语音变异（相似互补）的情况，而主要针对语义方面的变异。具体做法是：语音完全一样的语素形成一组，对比其语义，决定哪些需要归并，即，属于相同的语素（类似于多义语素）；哪些不能归并，即，属于不同的语素（类似于同音语素）。

以黔东苗语为例，以（一, i1）为基准搜索，可以得到以下结果：

[2]	'苦 (味 -)'	'i1'	[2]
[244]	'小浮萍 - 浮萍'	'i1'	[1906]
[483]	'苦瓜 - 瓜'	'i1'	[1948]

这里四个同音的语素，[2] 和 [483] 应该都是同一个语素，[483] 从'苦瓜'中减去'瓜'的语义，得到的就是跟 [2] 相同的'苦'，从中也可以看出黔东苗语'苦瓜'一词的语义构成模式跟汉语一致。[244] 的语义应该是'小'，因此不与其他几个相同，应该是单立的一个语素。当然，也有可能'小浮萍'是苦的，其命名理据其实在黔东苗语中是'苦浮萍'，尚待进一步考证。

更多的例子如：(生（熟）, niu4) 与 (砖胚子 - 砖, niu4)；(忙, nɑ8) 与 (操心 - 心肠, nɑ8)；(重, n̥hioŋ3) 与 (贵, n̥hioŋ3)；(集市, ken4) 与 (晒谷台, ken4)；(交叉, l̥iə3) 与 ('跷起（~脚）', l̥iə3) 以及 ('肩胛骨 - 骨', l̥iə3)。以上根据我们对语义关联的了解，尤其从汉语中可以找到类似的关联，可以基本确定是同一语素。

但也有一些疑似的，比较难以确定，例如：(织（布）, ε5) 与 (做（事）, ε5)；(底儿, l̥aŋ2) 与 (头顶 - 头, l̥aŋ2)；(香瓜 - 瓜, nio6) 与 (花（指颜色错杂）, nio6)。与以上'小浮萍'中 i1 是否是'苦'义类似，需要更多材料才能加以辨别。

仍以黔东苗语为例,"lɛ1"这一形式下包括 10 个词条,如下:

序号	汉义	黔东苗语
[1755]	'口(一～井)'	'lɛ1'
[1756]	'辆(一～车)'	'lɛ1'
[1757]	'把(一～锁)'	'lɛ1'
[1758]	'盏(一～灯)'	'lɛ1'
[1759]	'张(一～嘴)'	'lɛ1'
[1760]	'丘(一～田)'	'lɛ1'
[1761]	'条(一～裤子)'	'lɛ1'
[1762]	'道(一～门)'	'lɛ1'
[1764]	'顶(一～帽子)'	'lɛ1'
[1765]	'粒(一～米)'	'lɛ1'

以上汉语中的 10 个量词,在黔东苗语中不做区分,合并为一个通用量词"lɛ1"。这说明汉语的名词分类系统跟黔东苗语是不一样的。如果通过这个方式把所有黔东苗语的量词系统整理出来,跟汉语的加以对比,可以看出这两个语言在名词分类策略上的不同。同样道理,其他苗瑶语方言的量词系统也可以在此方法下集中区分,并得到详细的比较,从而看到更多基于量词分类策略的类型学划分以及其与语言关系上亲疏远近的关联。这个问题另文再详细讨论。

如果决定将这 10 个词条合并,那么,可以得到一个总括性的语素:语音形式是'lɛ1',语义可以写为:'口(一～井)'+'辆(一～车)'+'把(一～锁)'+'盏(一～灯)'+'张(一～嘴)'+'丘(一～田)'+'条(一～裤子)'+'道(一～门)'+'顶(一～帽子)'+'粒(一～米)'。①

再举一例,如下:

序号	汉义	黔东苗语
[2100]	'条(一～绳子)'	'tɕo2'
[2101]	'张(一～桌子)'	'tɕo2'
[2102]	'只(一～船)'	'tɕo2'
[2103]	'架(一～飞机)'	'tɕo2'

---

① 这里反映的是我们词条语义刻画的问题,因为使用的方式是为了方便词汇调查和理解,实质是给出了搭配使用的环境。有时环境也会包含在语素意义中,这个环境其实也起到了分化同形语素的作用,比如"口",名词和量词就可以区分开来了。

[2104] '座（一～桥）' 'tɕo2'

如果决定将这5个词条合并，那么，可以得到一个总括性的语素：语音形式是'tɕo2'，语义可以写为：'条（一～绳子）'+'张（一～桌子）'+'只（一～船）'+'架（一～飞机）'+'座（一～桥）'。

这样的语义标识方式可以利用一个自然语言（如：汉语）来直接刻画另一个自然语言（如：黔东苗语），我们在做历史比较时常常面临语义匹配的问题，常常用人工语言来设计语义描写，比如用特征值之类的方式，但在具体实践中常常会遇到刻画过细的问题，过宽的问题也会遇到。也就是，实际上事先很难给出一个普适的语义描写系统。这一个标识方式其实利用了强大的自然语言系统来进行相对描写。

如果不以单音节语素为基础，直接对比条目的语义和语音形式，就有可能产生不少误报，例如：

[2995]   '山谷'   'qɑ1tioŋ4'
[3065]   '山麓'   'qɑ1lo1po1'
[3121]   '山涧'   'qɑ1ki8'
[3127]   '山脉'   'qɑ1ɣaŋ2pi4'

表面来看，语义上的共同部分是'山'，音节上共同的是qɑ1，似乎可以得出一个语素，'山'qɑ1。在黔东苗语中，还有其他的关于'山'的对比，例如：

[118]   '山'   'pi4'
[886]   '崇山峻岭'   'shoŋ1ɣaŋ2shoŋ1pi4'
[3127]   '山脉'   'qɑ1ɣaŋ2pi4'

单音节语素'山'pi4在其他环境下出现，仍然保持语音-意义上的一致性。这促使我们反思以上'山'qɑ1得出的对比机制，其实'山谷''山麓''山涧''山脉'都是山的某一个部分，联系下文谈到的qɑ1词头，如果我们将之放到该词头的对比项目中，就更直观了，qɑ1并不是'山'的负载形式。更进一步地说，是由于词义刻画时的不充分，没有将其名词词头表领属的功能表达出来。这也反过来说明，使用单音节语素作为基础来进行进一步对比的重要性。

再例如：

[119]	'手'	'pi4'
[122]	'右手'	'pi4tei2'
[123]	'左手'	'pi4tɕaŋ4'
[324]	'手板'	'pʰa1pi4'
[824]	'插手'	'su4pi4'
[1223]	'手指'	'ta3pi4'
[1357]	'助手(当～)'	'toŋ5pi4'
[1457]	'手套'	'tho5pi4'
[2157]	'着手'	'tɕhin3pi4'
[2540]	'手指甲'	'ken5pi4'
[2592]	'手癣'	'kaŋ1ə1pi4'
[2690]	'手背'	'ku8ta2pi4'
[3007]	'手指头'	'qa1ta3pi4'
[3022]	'虎口(手～)'	'qà1thia1pi4'
[3138]	'手腕子'	'qa1qoŋ3pi4'

在最后三个条目,'手指头''虎口(手～)''手腕子'中,共同的音节其实有两个:"qa1"和"pi4",将表面上共同的语义'手'赋予哪个音节就是一个问题,但如果参考单音节'手'pi4,问题就迎刃而解了。

以单音节语素为基础搜索,还会出现一种情形,需要处理。例如,以单音节[455]为基础搜索,则有:

[455]	'牙齿'	'm̥hi3'
[456]	'门牙'	'm̥hi3fhu3niu2'
[818]	'双层牙'	'soŋ3m̥hi3'

根据这些词条,可以确定的是语素"牙=m̥hi3"。与此相关的,有另外一组词条,如下:

[455]	'牙齿'	'm̥hi3'
[458]	'锯齿'	'm̥hi3tɕu5'
[459]	'耙齿'	'm̥hi3kha7'
[460]	'白齿'	'm̥hi3qa1pen7'

根据这些词条,可以确定的是语素"齿=m̥hi3"。这样就得到了三个语素'牙齿''牙''齿',共用了一个形式"m̥hi3",其实我们知道这三个语素只是一个共同的语素,三者的意义是相同的,这只是用汉语来刻画意义时带来

的。这样的问题其实提示我们要按照语音形式来搜索同音的语素，由语言学者确定是否要归并。这印证了本节开头提出的合并语素程序的重要性。通过合并程序，我们可以得到一个语素 m̥hi3 '牙' + '齿' + '牙齿'（而在跨语言比较时，只要另外一个语言中的语素形式与'牙''齿''牙齿'其中一个刻画一致即可比较）。

2.2.3.2　词缀的提取与处理

如果出现大量的同音组合，就不仅仅与语义相关了，开始涉及词法了。比如下面一组黔东方言的例子：

[178]	'大腿 - 大腿'	'qa1'	[1585]
[298]	'朋友 - 朋友'	'qa1'	[1594]
[502]	'时间 / 人间 - 时辰'	'qa1'	[1617]
[546]	'糠 - 糠'	'qa1'	[1624]
[546]	'糠 - 糠'	'qa1'	[1625]
[996]	'中间 - 中间'	'qa1'	[1657]
[1200]	'土 - 土'	'qa1'	[1693]
[1250]	'翅膀 - 翅膀'	'qa1'	[1702]
[1558]	'耳朵 - 耳朵'	'qa1'	[1730]
[1578]	'叶子 - 叶子'	'qa1'	[1737]
[1739]	'皮 - 皮'	'qa1'	[1748]
[1823]	'伤疤 - 伤疤'	'qa1'	[1750]
[1997]	'身体 - 身体'	'qa1'	[1765]
[1997]	'身体 - 身体'	'qa1'	[1766]
[2149]	'十一 - 十'	'qa1'	[1775]
[2879]	'好玩 - 好（~人）'	'qa1'	[1839]
[2985]	'鬃（马~）- 鬃'	'qa1'	[1841]
[2995]	'山谷 - 山冲'	'qa1'	[1842]
[3001]	'地界 - 地（与"天"相对）'	'qa1'	[1843]
[3002]	'土地 - 土'	'qa1'	[1844]
[3002]	'土地 - 地（与"天"相对）'	'qa1'	[1845]
[3058]	'道理 - 道理'	'qa1'	[1846]
[3063]	'颗粒 - 粒（一~米）'	'qa1'	[1847]

[3074]	'魂魄 - 魂'	'qɑ1'	[1848]
[3097]	'根儿 - 根 (树 ~)'	'qɑ1'	[1849]
[3119]	'角儿 (物体两个边沿相接的地方) - 角儿'		
		'qɑ1'	[1850]
[3140]	'缝隙 - 缝隙'	'qɑ1'	[1851]
[3143]	'壳儿 - 壳 (蛋 ~)'	'qɑ1'	[1852]

初步可以判断这是个名词词头,而且其后的名词主要是某名物的部分或者部件。

还有一些词尾通过这种方式也可以发现,比如用"(骨头 - 骨 , po3)"为基础来搜索同音语素,发现下列条目:

[257]	'耳环 - 耳朵'	'po3'	[1590]
[262]	'石头 - 石头'	'po3'	[1591]
[2483]	'田螺 - 螺蛳'	'po3'	[1781]
[2804]	'鹅卵石 - 石头'	'po3'	[1812]

初步可以判断'po'是一个名物性词尾,最初可能是标识圆形物体的。

如前文所述,词缀主要起构词作用,其词汇意义已经虚化,因此在对比时难以确定形式与意义的配对,所以我们提出用音节语素来解决其中的部分问题,但由于不同苗瑶语方言中词缀的历史发展情况不一,造成了更为复杂的情况。以'石头'为例,苗瑶语方言相关的词条如下:

索引	汉义	黔东	湘西	川黔滇	滇东北	布努	勉瑶	标敏
262	石头	po3 ɣi1	qo1 ʐu1	ẓe1	a1 və1	fa3 ɣe1	lai2 pei3	lau1
1821	石桥	lu4	cɯ2 ʐu1	tɕhao2 ẓe1	lie2 kao5, la1 a1 və1	cɯ2 ɣei1'	lai2 pei3 tɕiou2	lau1 ȶəu2
2297	石匠	ɕaŋ6ɣi1	ṇa2 tɕaŋ1	ku7 ẓe2	tu1 tsao6 a3 və1	ɕaŋ6 ɣel	pei3 tsa:ŋ6	lau1 tsaŋ4
2806	火石	ɣi1 tu4	ʐɯ1 xu5 ʐʂɣ48	ẓe1 tʂhʅ7	a3 uə1 ŋao6 toeɣ4	ɣe1 ntʐu7 tu4	tou4 lau1	khua7 liɛn2 lau1
2804	鹅卵石	ɣi1 po3	pi37 qwa37 ʐɯ5	qe5 ẓe1	a3 və1 tɫi2	ɣe1 ce5 han5	lai2 pei3 kau5	da2 lau4 kɔŋ1

川黔滇苗语和标敏瑶语中的语素'石头'ẓe1 是单音节,提取为语素之后,另几个语素'石桥 - 石头'tɕhao2、'石匠 - 石头''火石 - 石头''鹅卵石 - 石头'就可以提取出来了。但在黔东苗语、湘西苗语、滇东北苗语、布努瑶语和勉瑶语中,'石头'都不是单音节,其他几个词汇几乎全都不是单

音节,也不能运用之前设定的自动提取程序。

根据前人研究(如:毛宗武、蒙朝吉、郑宗泽(1982)、王辅世(1985)、陈其光(1993)),苗瑶语中的词缀多是前缀,在各个方言中分布不平衡,多少不一。各个方言中各个前缀的功能以及相互关联很值得研究,其不平衡性可以为发展的不同阶段提供丰富的材料。由于前缀的意义已经虚化,其来源可以借助之后建立的历史音变规律得到进一步的澄清。去掉前缀之后,词根意义仍然保留,且适用于单音节为基础的自动提取程序,可提供更多材料。

各个方言中提取的词缀汇集如下表:

	词缀
黔东方言	çi5、kaŋ1、nɛ2、pa3、po3、qa1、qa3、tɛ1、tɛ4、tsen3
湘西方言	ɑ1、ɑ3、kɯ3、pɑ3、pi3、po5、pu3、qɑ3、qo1、tɑ1、tɛ1、tçi3、nɛ2
川黔滇方言	kaŋ1、ntoŋ5、to1、tsɿ3
滇东北方言	a1、a3、a5、a6、tai5、tu1、tsi3
布努方言	çi1、fa3、ka1、khi3、mi8、ntaŋ5、ntau1、ntoŋ1、nu2、pi3、pu1、pu3、ta1、tuŋ1、ve3
勉方言	diaŋ5、kə2、mien2、piou3、pu2
标敏方言	min2、diaŋ5、ka4

提取词缀之后,运行语素提取合并程序(参见2.2.4),各个方言的基本语素大多都有增加,如下表:

	基础语素量	扩展语素量	去词缀后基础语素量	扩展去词缀后语素量
一、黔东苗语	1547	1776	1611	1839
二、湘西苗语	988	1136	1397	1592
三、川黔滇苗语	1265	1461	1262	1443
四、滇东北苗语	1038	1197	1158	1358
五、布努瑶语	1159	1368	1407	1626
六、勉瑶语	1312	1582	1329	1593
七、标敏瑶语	1202	1461	1216	1460

从最后结果来看,增幅最大的是湘西方言,达456个;增幅最小的是标敏瑶语,反而减少了1个。这一增幅与前缀所占的比例成反比关系。

理论上讲,应该将这样的步骤进一步用于三音节乃至多音节的词条,以获得更多的语素。但从实际执行效果上，能提取的新语素数量很有限，另一方面，程序编制更为复杂，运转效率也相应降低。故暂不考虑。

2.2.4 语素提取的计算机程序

程序文件夹：Meaning_auto_2_syllable_test_12_07

Step 1:

提取单音节语素

可运行程序

data_based_creater_NEVER_RUN_THIS_AGAIN

读入子文件夹中 input_Data_syllables 的各个方言的数据（即上一模块中的音节数据），搜索识别其中的单音节语素，储存在 Output_Basic_Meanings_Data_Base_syllable_1 子文件夹中。

Step 2：

提取双音节词中的单音节语素

辅助函数

Auto_finder_2

给定词表中的一项，以及需要比对的单音节语素的语音和语义；该函数会首先识别该项是否为双音节词。如果是，函数然后根据以下标准判断这一双音节词是否包含我们的单音节语素目标：

1. 单音节语素目标的读音是否包含在双音节词之中

2. 单音节语素目标的语义是否有至少一个汉字在双音节词语义之中

如果（1）和（2）同时成立，函数会认为包含关系成立，并返回单音节语素目标的读音在双音节词中的位置。

可运行程序

meaning_auto_syllables_2

这一程序会根据上一步 Output_Basic_Meanings_Data_Base_syllable_1 子文件夹中的全部单音节语素，利用 **Auto_finder_2** 函数搜索整个词表，找到全部可以提取语素的双音节词。对于每一个这样的情况，假设双音节词词义为 A，包含的单音节语素义为 B，将新提取的语素的意义记为 A-B，并储存在 Output_Basic_Meanings_Data_Base_syllable_2 子文件夹中

syllable_1_2_homophone_pre_process_NEVER_RUN_THIS_AGAIN

合并之前两步得到的数据集，储存在 Output_final_data_base 子文件夹中，mat 文件格式。

主程序一

Data_pre_process_NEVER_RUN_THIS_AGAIN

以上程序与函数全部封装在 Step_0_Scripts_and_Functions 文件夹中，然后由主程序 Data_pre_process_NEVER_RUN_THIS_AGAIN 调用运行。

Step 3：

同义词查找与人工判断合并

主程序二

syllable_1_2_homophone_process

识别查找 Output_final_data_base 中给定方言的所有同义语素，由语言学家注意判断是否合并，如合并意义为 A 和 B 的条目，新的条目记为 A+B。结果更新保存在同一文件夹中。

Print_result

打印结果为 excel 格式，储存在 Output_final_data_base_excel 文件夹中。

2.2.5 语音对应的自动建立

从计算机自动提取的角度来看，语音对应首先得提取各个语言之间在语素上形成的语音成分匹配模式。之前我们根据苗瑶语的特点，提取了基本语素库，其语音形式都是单音节，我们在格式化时将单音节进一步区分为声母、韵母和声调三个部分。语音成分的匹配模式就体现为声母、韵母和声调的匹配模式。下面以瑶语的两个方言为例，以声母为例，展示如何提取匹配模式。

序号	汉义	勉瑶语	标敏瑶语	声母匹配
8	织（布）	dat7	dan7	d◇d
146	滴	diep7	dian7	d◇d
472	布	de1	di1	d◇d
932	跳	diu6	dɔŋ3	d◇d
1058	踢	di7	di7	d◇d
1075	踩	dam6	din4	d◇d

为了排除偶然匹配，可以为匹配的语素数量设置一个门槛，超过一定的量才能算作语音对应。这就要根据具体的情况来计算，比如：瑶语方言用于寻找语音匹配的单音节语素个数，勉瑶语的声母个数，标敏瑶语的声母个

数,这样计算出随机匹配的最高上限,再根据实际匹配的数量来判断上述 d<>d 的匹配是否可以排除偶然概率的假定。在之后的具体比较环节,我们再详细论述判定语音对应的概率测算。

由于瑶语方言点只有两个,因此,能找出的对应都是普遍对应。但苗语方言点有五个,就涉及普遍对应和非普遍对应的标记问题。普遍对应的均可以上推到原始苗语,但非普遍对应则需要根据方言的谱系结构来考虑,具有相对不确定性。因此,我们坚持先根据普遍对应来建立基础的语音对应,然后根据这些对应进行重构。(用重构形式,例如 *d,把 d<>d 的对应概括起来。)

2.2.6　语音对应构建的计算机程序

语素匹配在语义上有很多情况需要处理。首先,如何在共时比较中考虑历史同一性问题,尤其是自动检测匹配语义如何实现。在苗瑶语中,一个常见的例子是,在黔东苗语中,'河'与'水'都是 ə1,按照历史来源,应该归为一个。这种历史渊源在古汉语中也如此。这不是语义的严格对当,但能否算是普遍的语义演变趋势呢?若是,则可以将苗瑶语的'河'与'水'二义项设为匹配,借以观察其中的语音对应。但这在操作上就意味着把某个语言中的同源多义语素简单等同为语义演变普遍趋势,而这正是需要验证的。

进一步从操作上来讲,'个'(碗)、'丘'(田)的关系类似,但如果从同源聚合的情况来考虑的话,在 A 聚合中有 2 个成员('河'+'水');而在 B 聚合中有至少 13 个成员:(个(碗)+口(一~井)+辆(一~车)+把(一~锁)+幢+顶(一~帽子)+粒(一~米)+棒(一~玉米)+只(一~船)+架(一~飞机)+半个-半(~斤)+丘(一~田)),这样实际上大大增加了对应可搜索的范围,也就是大大增加了随机匹配的可能性。例如:以下是在勉瑶语和标敏瑶语声调匹配中出现的情况。

1<>1

索引	勉瑶语		标敏瑶语	
5	河	suəŋ1	水 + 稀(粥太~)+ 墨水 - 墨	ən1
5	西瓜 - 瓜	si1	水 + 稀(粥太~)+ 墨水 - 墨	ən1

（续表）

索引	勉瑶语		标敏瑶语	
205	个（碗）+口（一～井）+辆（一～车）+把（一～锁）+幢+顶（一～帽子）+粒（一～米）+棒（一～玉米）+只（一～船）+架（一～飞机）+半个-半（～斤）	nɔ:m1	丘（一～田）	ɖau1
205	张（一～嘴）	suŋ1	丘（一～田）	ɖau1
205	道（一～门）	khaŋ1	口（一～井）+张（一～嘴）+顶（一～帽子）+粒（一～米）+枝（一～枪）	nɔ1
205	道（一～门）	khaŋ1	丘（一～田）	ɖau1
297	街道	tɕia:i1	伤疤-伤疤	ɕiaŋ1
329	阵+阵（一～雨）	kɔ:ŋ1	匹	phi1

2<>2

索引	勉瑶语		标敏瑶语	
329	棵+蔸	tsuŋ2	阵+场地	taŋ2
329	匹	pei2	棵+蔸	plɔŋ2
329	匹	pei2	阵+场地	taŋ2
329	只	tau2	棵+蔸	plɔŋ2
329	只	tau2	阵+场地	taŋ2

仔细审视以上声调匹配中词项的语义，例如：#5，'河'和'水'在有些方言中是一个形式，但二者的联系或许并不具有普遍性；'西瓜'在有些方言中命名的理据是'水'+'瓜'，但如果将所有方言中'西瓜'的修饰成分都当做'水'，也需要考虑二者联系的普遍性，很显然汉语中的'西'就不是来源于'水'义。因此，我们有必要再次重申：认为语义对当时，"必须有严格的文献或者考古证据证明比较的关系词语义对当"（陈保亚1996，1999a），以上有异议的语义匹配暂不考虑，更不能简单地根据方言中同形多义语素形式来设置语义匹配。

当然，并不是所有的同源语素在演化中始终在各个亲属语言中都保持语义不变。王辅世（1980）在进行苗瑶语言比较时有如下论述：

在比较的时候，我们不能只比较具有相同词汇意义的字，而要设法找到真正的同源字。真正的同源字有时在某个方言或次方言中词汇意义已经有所改变，表示了其他有关的词汇意义。例如作"米"讲的字在养蒿读作 she³⁵(3) (音标右上角的"35"是调值，括弧中的"3"是调类，表示作"米"讲的字在养蒿读高升调，是3调字。以下一律同此，不再说明)。作"米"讲的字在青岩、高坡、宗地、复员、枫香的读音和养蒿的 she³⁵(3) 在声、韵、调各方面都对应，是同源字；但在吉伟、先进、石门却分别读作 ntsɔ⁵³(5)、ntʂa⁴³(1)、ndlɦi³⁵(2)，这几个字和养蒿的 she³⁵(3) 在声、韵、调各方面都不对应，不是同源字。我们发现吉伟作"稀饭"讲的词读作 ljes⁵³(5) ci⁴⁴(7) se⁴⁴(3) 或 ci⁴⁴(7) se⁴⁴(3)，其最后一个音节 se⁴⁴(3) 正好和养蒿的 she³⁵(3) 对应。所以我们在比较作"米"讲的字时，吉伟栏不写 ntsɔ⁵³(5)，而写 se⁴⁴(3)。我们又发现作"小米"讲的字在先进是 tsho⁵⁵(3)，在石门是 tshu⁵⁵(3)，它们和养蒿的 she³⁵(3) 在声、韵、调各方面都对应。于是，在比较作"米"讲的字时，先进栏不写 ntʂa⁴³(1)，石门栏不写 ndlɦi³⁵(2)，而分别写 tsho⁵⁵(3)、tshu⁵⁵(3)。为了反映实际情况，我们在吉伟栏的 se⁴⁴(3) 下面注上"稀饭"，说明在作"稀饭"讲的词中含有和养蒿的 she³⁵(3) 有对应关系的同源字；在先进、石门二栏的 sho⁵⁵(3)、tshu⁵⁵(3) 下面注上"小米"，说明在这两个点，和养蒿的 she³⁵(3) 有对应关系的同源字是作"小米"讲的字，不是作泛称的"米"讲的字。词义的缩小、扩大或转变在任何语言中都有。例如汉语"走"字本义为"跑"，现在广州话"走"仍作"跑"讲；而在普通话中，"走"作"行"讲，"走"的本义由"跑"字表示了。如果我们比较汉语各方言表示"行走"意义的字的读音，普通话用"走"字，把广州话的"行"拿来比较，肯定不符合对应规则，只能把广州话作"跑"讲的"走"字拿来比较，才符合对应规则。这种情况在苗语中比较多，而我们对苗语的了解很少，所以在声母、韵母比较表上经常在一些点留有空白。这不表示那些点没有材料，而是那些点的材料和表上所列的其他各点的材料不同源。我们暂时还不清楚真正同源的字的意义缩小、扩大或转变的情况，也许它们正隐藏在我们调查材料中的一个故事或一首歌谣中的某个词里，所以在比较表中先空起来，以后再逐渐补上。我们认为，尽管苗语方言差别较大，但基本词汇在各方言中还是相同的，只是词义有时发生变化，同一词汇意义的字，在各方言不尽同源。我们相信，经过努力将会找到那些词汇意义已经发生变化而确属同源的字,从而使我们现在所做的工作更完善、更准确、更科学,使我们的研究结果更符合语言实际。

从上面的论述可以看出,找出这些意义发生了变化的同源语素,其实要依靠语音对应提供的线索。而且这些语义变化虽然有规律可行,但要按规则化自动匹配,则付出的代价太大。上述声调匹配 1<>1 和 2<>2 中出现的那些语义匹配,是计算机程序搜索语义匹配时按设定的规则提取出来的,因为在有些方言中,"河"和"水"可以看做同一个语素,或者多义语素,为了不漏掉可能的匹配,就采取了只要有方言可以匹配,就假定所有方言都可以匹配,这样也增加了计算量,同时增加了偶然匹配的几率。甚至难以接受的情况,比如傣语有三个关于'洗'的语素,根据洗的对象不同,有不同的语素,如果按照这个分化情况,进行汉语和英语的对比,汉语的三个语素都同形,英语的也同形,那就构成了一组完全对应了。而这样的后果完全是人为的。如果汉语和英语中都合并了,汉英对比就不会造成这种假的完全对应。在和傣语比较时,只需要用同一个汉语语素分别与之匹配即可,如果汉语傣语有对应,也不会漏掉。如何根据概率算法来设定好方言间的语义匹配规则(本质上是语义如何刻画并判定异同的问题),值得进一步深入探讨。因此,这一部分各个亲属语言之间有语义变化的"同源语素"应该是在系统语音对应规则建立之后,再进行增补工作为宜。当前考虑不同方言之间的语素匹配时,要求在所比较的方言中都有相同义项[①]。在此原则下,计算机程序设计如下:

程序文件夹:Finding_Correspondence_Patterns

Step 1:
预处理,识别分离多音词和单音词
辅助函数
tune_cleaner_new
处理合并声调格式
components_finder
同 2.2.2 节
meaning_breaker
调整合并词义的储存格式,由用"+"分隔的字符串改成元胞数组。

---

① 即,必须有一个自然的词条相同,在本书中即我们提出的单音节语素之语义,用"+"分隔的语义刻画。

Polysyllabic_data_prepare

与模块 1 类似，该函数利用 **components_finder** 以及 **meaning_breaker** 将每一条数据的词义数据增加其元胞数据组，音节数据分割为声韵调。

主程序一

find_and_separate_polysyllabic_words

读入 Input_final_data_base 子文件夹中的数据（即模块 2 中的最终输出数据）。然后该程序利用 **Polysyllabic_data_prepare** (Step_0_Scripts_and_Functions 文件夹中) 处理数据，并按照单音词 / 多音词分别储存在 Data_base_nonpolysyllabic 以及 Data_base_polysyllabic 子文件夹中。

Step 2:

寻找对应

辅助函数

row_expander

matches_expander_multi

这两个函数帮助将多音词的所有配对全部展开，例如如果同一个词义在五种方言中各有 a_1, a_2, ..., a_5 个读音，这两个函数将生成全部 a_1*a_2*...*a_5 种不同的可能匹配模式。

name_matcher

duplicate_finder

用户界面辅助程序，辅助检查方言名称的输入

no_consonent_marker

将无声母的音节统一归类

可运行程序

find_matches_multi_accents

在指定方言组合中寻找全部词义匹配。这一步的结果储存在指定方言组合中文件夹下的 Data_matches 子文件夹中。

Find_Patterens_multi_accents

寻找对应的程序。根据用户在这个程序中输入的声韵调对应数目的阈值寻找声韵调对应数目超过这一阈值的匹配形式的数目。发现的全部结果以单独的 excel 文件的形式分别储存在 Matches_found_C/Matches_found_V/Matches_found_T 三个子文件夹当中。

主程序二

Main_program

本步骤中以上程序与函数均封装在 Step_0_Scripts_and_Functions 文件夹中，由 Main_program 程序调用，以交互界面的形式运行。

同义归一

以上程序执行后，可能出现以下情况：

同音索引	黔东	湘西	川黔滇	滇东北	布努	匹配义
909	m̥hu1	dei1	ntəu1	ntao1	nta1	布
909	m̥hu1	dei1	ntau1	ntao1	nta1	布
909	m̥hu1	dei1	nto1	ntao1	nta1	布
911	to1	dei1	ntəu1	ntao1	nta1	布
911	to1	dei1	ntau1	ntao1	nta1	布
911	to1	dei1	nto1	ntao1	nta1	布
961	tei1	tɛ1	ţa1	tie1	tʏŋ1	裙子
961	tei1	tɛ1	ţa1	tie1	tʏŋ1	裙子

以上声调对应的例证中，'布'由于黔东苗语有两个形式，而川黔滇有三个形式，其他苗语方言均只有一个形式，就造成了 6 种匹配可能，所以，实际最多只有 1 种可能是真正同源分化造成的，至于最终要选择哪一种声调匹配需要参考声母和韵母的对应情况。这样的情况我们可以统一处理为"**同义归一**"，也就是按照方言中最简语素音义匹配为准[①]。这样，在这套例证的支持数目中就要减去 5 个。同理，'裙子'也要减去 1 个支持例证。

---

① 比如，如果所有的方言中 'tree' 都有两个语素，比如 "树" 和 "木"，则同义归一的数目应该为 2。也就是构成两个语素变体的匹配。

3 原始瑶语[①]

3.1 瑶语方言的声调对应及重构

历史比较通常从共时的声调系统出发，但《苗瑶语方言词汇集》部分利用了前人的研究成果，直接为方言声调标识了历史类别，1—8调。不过，这种标法其实类似于现在将普通话的四声称为阴平、阳平、上声和去声，表面上有历史来源上的联系，本质上仍然是共时的类别。比如，历史上的入声类别在普通话中已经消失，浊音声母的上声归到了去声，这些都没有根据其他材料按照来源标示出来。

瑶语勉方言的八个声调如下：

调类	1	2	3	4	5	6	7	8
调值	33	31	53	132	24	12	54	21

瑶语标敏方言的六个声调如下：

调类	1	2	3	4/6/8	5	7
调值	33	31	35	42	24	53

在实际标音中，标敏瑶语只标了4调，而6调和8调并没有按照其历史来源分立出来。因此，按照这样的调类来比较，和依据共时的调值类别来处理，本质上并没有分别。

基于上文提取的语素，勉瑶语1593个语素，标敏瑶语1460个语素，根据陈保亚（1996：205-229），取最少的1460个语素为匹配范围，在各声调出现概率均等的假设下，P=1/8*1/6=1/48为随机匹配的概率，M=n*P=1460/48=30.4。如果设定 λ=30.4，可以计算实际出现例证数目的累计泊松分布值如下：(http://www.99cankao.com/statistics/poisson-distribution-

---

[①] 通常原始苗语重构安排在前，但在本研究中，瑶语方言是两个代表点，涉及最基本的比较原则和方法，所以前置。下一章再讨论5个苗语方言的比较。

calculator.php）

	31	35	39	40
累计泊松分布	0.5904	0.8239	0.9459	0.9617

在上述语料以及假设下，如果要判定某一套特定的勉瑶语和标敏瑶语的声调对应为置信水平超过95%的非随机匹配，可以推断为由于语言分化或者语言接触造成的语音对应，则至少需要有40个例证支持该套对应。

在勉瑶语和标敏瑶语中可以通过对应查找程序找到10套声调匹配供分析，各套匹配的实际支持例证如下：

勉瑶语调类	标敏瑶语调类	支持例证
1	1	215
3	3	112
5	5	164
7	7	88
5	1	31
6	4	74
2	2	113
2	4	31
4	4	40①
8	4	42

由此可以判断在显著性水平0.05下其中两套匹配 5◇1 和 2◇4 的支持例证不足以确定二者为语音对应。①

以上处理为简便方法（陈保亚 1996）。这种方法假定各个声调在各个所比较的语言中均匀分布，而实际上并不一定如此，在勉瑶语和标敏瑶语中，声调的实际分布情况如表1所示：

表1　瑶语方言声调分布

声调	勉瑶语	标敏瑶语
1	336	336
2	252	196
3	214	201
4	85	279

---

① 根据后文分析，减少3例，应为37例。

（续表）

声调	勉瑶语	标敏瑶语
5	276	272
6	169	0
7	176	173
8	86	3[①]

从上表可见，各个声调的分布不均匀，最多的调类分布是最少的近4倍。

如果根据实际分布的不均匀情况来计算调类匹配的概率，由于二者语素并不完全一致，需要先做语素配整，之后再来判断其中特定的匹配是否达到概率上的置信水平。根据两个语言匹配的情况，计算每一套语音匹配出现的例证数目是否为概率显著，也就是，其零假设是该套匹配为随机匹配造成的，那可以将这些语音随机打乱，不按当前的语义对当来寻找匹配，而是随机来找语音上的匹配，观察其分布情况，比如随机打乱1万次，观察其中某特定声调匹配（比如1◇1）得到支持的数目及频度。如果在此情况下，95%的匹配1◇1的支持数目都在100个例证以下，而我们观察到实际的数据中符合该套声调对应的语素超过了100例，也就是说，这种情形是由偶然随机造成的概率就小于5%，通常如果概率小于5%的"小概率事件"真实发生了，就可以支持推翻零假设，也就是，以95%的置信度认为目前呈现的这一套1◇1的例证情况不是偶然因素造成的。置信度是可以调整的，可以要求更高到99%，甚至99.9%，至于要取哪个数值，跟研究的问题有关系。我们构建了一个算法，只要给出两个语言的语素集，可以通过Matlab程序很快算出给定置信度下某套匹配的随机分布上限数。

概率原理及程序如下：假设共有N个匹配，其中两个语言的声调1分别有m和n个，那么如果将这些匹配随机打乱，则得到的1◇1对应的数目X就是一个服从超几何分布H(m,n,N)的随机变量，其概率质量函数为：

$$P(X=k) = \frac{C_m^k C_{N-m}^{n-k}}{C_N^n}$$

[①] 只有3个8调，应该是排印错误。我们之所以仍然采用这个数据，而不是更正之后再做，主要是考虑到这更符合研究的实际，由于这样那样的原因，总是会有极少数的错误，绝对"干净"的数据是不可能的。

利用程序可以得到上述超几何分布的单侧临界值，即可将其与按语义匹配得到1<>1对应的数目进行比较。

理论上，勉瑶语和标敏瑶语之间有48种声调匹配的可能，根据上述勉瑶语和标敏瑶语中的声调分布，可以看到4<>7或4<>2应为匹配数目最少的。根据我们的算法，算出二者的95%随机最高值分别为17和18。如果将语音对应的阈值设为18，即，一套声调匹配必须至少有18个例子支持，才作为对应候选项。在勉瑶语和标敏瑶语中可以通过对应查找程序找到27套声调匹配供分析。表2包括实际的匹配例证数目和在不同置信水平下的随机最高值：

表2 瑶语方言声调对应与概率计算

序号	勉瑶语	标敏瑶语	支持例证	95%	99%	99.9%
	1	1	215-3	86	90	95
	3	3	112	38	41	45
	5	5	164	60	64	68
	7	7	88-1	29	32	35
	6	4	74	34	37	41
	2	2	113-1	36	39	43
	4	4	40-3	21	24	27
	8	4	42	18	21	24
	2	4	*31*	46		
	5	1	*31*	74		
4	5	2	*20-2*	46		
7	5	4	*22-1*	59		
8	6	1	*18-1*	41		
10	1	3	*29-1*	56		
11	1	2	*23-1*	53		
13	6	5	*19*	34		
14	5	3	*19*	49		
15	3	5	*22-5*	46		
18	3	4	*19-1*	46		
19	3	1	*23-1*	57		
20	1	5	*19*	69		
22	7	1	*22-1*	50		

(续表)

序号	勉瑶语	标敏瑶语	支持例证	95%	99%	99.9%
23	7	4	*23*	40		
24	7	5	*19-1*	41		
25	1	4	*19-2*	69		
26	1	7	*18*	48		
27	2	7	*18*	32		
#[①]	8	3	*<15*	15		

如何解读这一概率计算的结果呢？需要注意一个问题，如果置信水平设定为95%，意味着有5%的犯错可能性。相对于一套特定的匹配，5%的出错率一般不考虑，可以很有把握地认为这套匹配为对应，是非随机的。但与生日悖论中任意生日匹配概率类似，即便对于随机打乱的匹配，上述48种声调匹配的可能也会平均有2.4套随机匹配出现在5%的显著水平之上，而我们并不知道是哪几套。为此考虑1%显著水平，则平均有0.48套可能由随机匹配造成；考虑0.1%显著水平，则出现由随机匹配造成对应的概率小于5%。从上表的分布情况来看，即使最严格的0.1%显著水平之下，前8套声调匹配都可以判定为非随机对应，而其他的19套匹配，则在显著水平5%的情况下也达不到例证要求的随机匹配上限。[①]

值得注意的是，概率显著只能说明该对应的形成不是偶然的，其原因可能是亲缘关系，也可能是接触关系，也可能是二者的混合。所以后续还需要其他的标准来区分这些非随机的对应结果的性质。从语言演化来看，如果两个亲属语言分化自一个祖语，其早先的音类匹配及支持例证的状态随着共同的词汇的各自替换，逐渐呈现出随机匹配状态，当两个语言分化时间足够长，语音对应的非随机状态最终会瓦解。随之，也可以推想，两个语言之间分化时间越长，真正语音对应的支持例证分布与随机分布的区分就越困难。上表说明勉瑶语和标敏瑶语的关系还是很密切，因此，整体上声调系统的非随机对应模式很稳固。如果换成川黔滇苗语和勉瑶语两个亲缘距离远一些的来比较，情况就会发生变化。

根据陈保亚（1996），215个例证支持1◇1调的匹配为声调对应，只是说明这一事件整体是非随机的，其中的某一个特定的例证仍然有可能是随机的。比如：

---

① 7方言比较时才涉及，先列在此处备考。

同音索引	勉瑶语	标敏瑶语	匹配义
315	ȵau1	tsua1	抓+抓（用手指～）

这需要根据音节的其他部分，如声母和韵母，来综合判断。由此可见，以上通过概率计算，确认的非随机的声调匹配可以看做声调对应，在此基础上，可以进一步探讨该对应是源自纵向传递还是横向传递，若通过其他方面的证据能确定其源自纵向传递（包括共同语时期的共同借用成分），方可以进一步据以重构。

关系语素的确定则是另一个与此相关的议题，从概念上讲，"关系"是指有历史关系，即亲缘关系或者接触关系，分别对应于同源或借用。语素的语音形式通常由不同的成分组成，有的语言中常见的是一个语素由多个音节组成，而在广义的汉藏语言（汉语、藏缅、侗台、苗瑶）中，单音节语素占主体地位，通常将一个音节分为声母、韵母和声调[①]三个部分。两个语言之间关系语素的确立本质上是要考虑在意义相同的条件下，各个音节成分匹配情况提供的概率线索。如果声、韵、调三部分的匹配都不能判定为非随机造成的，则该语素就无法认定为关系语素；如果声、韵、调三部分的匹配都可以确定是非随机的，则该语素一定是关系语素。困难在于，如果只有部分是非随机的，比如声调是非随机的，即通常所谓的符合声调对应规则，但声母或者韵母的匹配无法得到足够数量的例证支持其非随机判断，那么该语素是否为关系语素就会出现仁者见仁智者见智的情况，主观因素就会进入历史比较之中，同时，偶然因素自然会进入，也就是，把随机造成的匹配当做关系语素。因此，在历史比较中，可以有不同的策略，最严格的历史比较就是坚持在有足够证据的基础上做出判断。当然，基于不同的比较目的，可以放宽关系语素判定上的要求，但最好明确给出放宽的条件，并说明由此可能带来的干扰后果。

以上 8 套例证超过随机最大值（置信水平 99%；99.9%）的声调匹配，可以确定为声调对应。例证按照苗瑶语比较传统的 1—8 调罗列如下。（表格中，黑体的义项属于 Swadesh100 核心词，斜体的表示需要按同义归一处理。）

声调对应 1: 1<>1
215 个例证支持，如下：

[①] 有些藏缅语中还没有产生声调，在语言比较中，通常将其韵尾作为单独的部分来与其他语言的声调对比。

同音索引	勉瑶	标敏	匹配义
2	im1	in1	苦（味～）
12	uom1	ən1	水 + 墨水 - 墨 + 水井 - 井 + 水桶 - 桶 + 水田 - 田 + 水槽 - 槽 + 水车 - 车子 + 水坑 - 坑
15	in1	iɛn1	烟子 + 烟（吸～）
16	thɔ:ŋ1	thaŋ1	汤
30	i1	uəi1	二
36	puo1	pau1	三
58	pun1	tɔŋ1	供给
64	pun1	pən1	分（路）+ 分 + 分（与"合"相对）
65	pun1	hən1	分（一～钱）
75	bui1	bəi1	响（枪～）
92	m̥ei1	m̥əi1	藤子
109	peu1	piau1	承包
110	peu1	piau1	包（一～药）
111	peu1	piau1	包（～庇）
114	bau1	biau1	尿脬 - 尿
125	tha:n1	blɛ1	摊（～在桌上）
141	pei1	pəi1	知道
152	phin1	phiɛn1	篇
153	phin1	phi1	页
164	pha:n1	phəu1	床（一～被子）
169	tshom1	tsha1	掺（～水）
171	foŋ1	bə1	松（土很～）
172	foŋ1	soŋ1	松（绳子变～）+ 松（～紧）
177	gɔ:i1	khuai1	开（～花）
201	mau1	ui1	虚弱
221	khɔ:i1	khuai1	开（个窗眼）
225	gɔ:m1	gan1	衔
226	mien1	min1	脸
235	mun1	mun1	痛（～得很）
259	fim1	ɕien1	树心 + 树心儿 + 放心 - 放下（下垂）+ 放心 - 放（～走）

(续表)

同音索引	勉瑶	标敏	匹配义
262	puoŋ1	huən1	分（一～钟）
266	kua1	kua1	瓜 + 瓜种 - 种子
277	gyaŋ1	guaŋ1	亮 + 天亮 - 天
284	puəŋ1	huŋ1	封（一～信）
288	fa:n1	phun1	复发
294	heŋ1	hia1	轻
299	hua:ŋ1	guaŋ1	荒芜
300	hua:ŋ1	huaŋ1	慌张
306	ɬan1	ɬan1	肝
310	tɕhɛːŋ1	thiɛ1	锅
315	ȵau1	tsua1	抓 + 抓（用手指～）
323	ba1	ba1	吧（表商量语气）+ 吧（嘱咐语气）+ 吧（一般催促，有请求的语气）
324	hyŋ1	uən1	绕（～道）
325	hyŋ1	huaŋ1	旋转
329	tsɔːŋ1	tɕɔ1	装束
330	tsɔːŋ1	tɕɔ1	安装（～板壁）
332	hun1	hun1	园子（菜～）
342	din1	tiɛn1	疯
351	pi1	phəi1	晒
352	pa1	pla1	五
371	ʥim1	tɕiɛn1	尖（针很～）
372	tsoŋ1	tsoŋ1	钟（～表）
380	tshui1	tshuəi1	催（～促）
381	tshui1	thuəi1	催促
398	tsa:m1	tsan1	簪子
403	tu1	thoŋ1	都
405	jiem1	in1	阴（天～了）
410	sa1	sa1	发痧 - 发（～芽）
411	ʥou1	ʥəu1	租（～房子）
434	tsa:ŋ1	tɕɔ1	蒸（～饭）+ 蒸

(续表)

同音索引	勉瑶	标敏	匹配义
437	dʑoŋ1	tsɔŋ1	鬃 + 鬃（马～）
439	tɕia1	ka1	加 + 加（～上）
452	tshou1	tshuɛ1	粗 + 土布 - 布
464	fiu1	ɕiau1	火硝 + 火药
465	fiu1	ɕiu1	销（～了多少货）
479	ti:ŋ1	tiɛ1	钉 + 钉子 + 钉鞋 - 鞋
482	jian1	glai1	张开（～翅膀）
503	thei1	thəi1	梯子
511	tiu1	tiu1	雕（～刻）
530	teŋ1	tin1	丁（天干第四位）
560	pui1	au1	杯子
561	taŋ1	tən1	灯
567	tɔ:n1	tuan1	儿子
569	tɔ:n1	iɔ1	鱼苗 - 鱼
572	da:ŋ1	daŋ1	香
579	sei1	səi1	尸体
587	kan1	kin1	跟（～他住）+ 跟，和
589	tshou1	tɕhiɛu1	抽（～掉）
590	dui1	tuəi1	堆（一～柴）+ 堆（一～土）+ 堆积
622	sɔ:ŋ1	sɔ1	霜
628	tɔ:ŋ1	taŋ1	当（担当）
642	du1	du1	深
643	tshoŋ1	thɔŋ1	冲刷（洪水～）
650	tsoŋ1	thɔŋ1	舂（～粑粑）
655	ku1	ku1	远
668	tun1	tuən1	桥墩 - 桥
672	thiu1	khi1	挑（～刺）
674	sou1	səu1	书
680	pin1	plən1	起花斑（烤火～）
691	thɔ1	thɔ1	拖
692	khin1	khən1	牵

（续表）

同音索引	勉瑶	标敏	匹配义
693	nem1	tɕiu1	掐(～住)
694	khɛ:ŋ1	phaŋ1	分开(指两脚～)
711	khou1	kəu1	箍儿 + 箍
718	thoŋ1	thɔŋ1	通(可以穿过)
727	tshie1	tha1	纺(～纱)
733	jiem1	ian1	住
735	ɲia:m1	ɲan1	嫂嫂
743	gun1	guan1	冠子 + 鸡冠-鸡
752	nɔ:ŋ1	ba1	爬(在地上～)
756	mɛ:ŋ1	mɛ1	**绿** + 青(～天)+ 青(～一块)+ 绿头苍蝇-蝇子 + 绿头苍蝇-苍蝇
762	ɲie1	ɲa1	醒
785	naŋ1	naŋ1	蛇
788	pha:n1	ma1	攀越
789	ga:n1	guan1	茅草
811	ɲim1	ɲien1	**种子** + 白薯种-薯 + 瓜种-瓜
816	ɬa:u1	ɬa1	量(～米)
817	sun1	sun1	闩(～门)+ 门闩-门
824	bai1	pai1	跛(～足)
845	nɔ:m1	nɔ1	口(一～井)+ 顶(一～帽子)+ 粒(一～米)+ 半个-半(～斤)
850	suŋ1	nɔ1	张(一～嘴)
883	sia:ŋ1	ɕiɔ1	箱子
889	pei1	pli1	**毛**
890	pei1	ŋɔŋ1	毛虫-虫
913	khyŋ1	huaŋ1	圈(跑一～)
926	pei1	pləi1	四
931	duŋ1	duə1	聋
932	foŋ1	sɔŋ1	宽裕(生活～)
934	tshi:ŋ1	tɕhie1	清(数不～)
937	ɬu1	ɬu1	**大**
946	ɬa:ŋ1	ɬa:ŋ1	绳子

(续表)

同音索引	勉瑶	标敏	匹配义
948	phun1	phlən1	裤绳
950	fun1	suən1	孙子
956	tɕiou1	ȶau1	菌子
969	tsei1	tiɛ1	斋（吃～）
970	tɕiem1	ȶan1	金
982	die1	hia1	药＋草药-草
987	tɕia:n1	tuan1	斤
988	tshin1	kin1	和（他～你）
989	tha:n1	than1	瘫痪
992	tsuŋ1	tɕio1	浆（～衣裳）
1001	kɔ:n1	kuan1	根（树～）＋根部
1002	kɔ:n1	ɕiu1	根儿
1004	sim1	tɕiɛn1	针
1010	tsoŋ1	bia1	俯冲
1011	ɲiau1	da1	抓（～小鸡）
1019	tshien1	tshin1	亲（～兄弟）
1021	fiou1	ɕiau1	削
1024	phou1	phəu1	铺（～床）
1036	kye1	kua1	磨损
1045	tsun1	ȶuən1	砖＋砖房-房屋
1052	tsiem1	tɕian1	楔子
1059	hei1	səu1	集市
1072	ɖaŋ1	mɛ1	清（～水）
1080	im1	iɛn1	阉割＋阉鸡-鸡
1083	un1	uan1	温（～水）
1085	tshie1	tha1	车子＋水车-水
1088	ɖuŋ1	duə1	歌
1089	fei1	səi1	诗
1090	huŋ1	hua1	香（烧～）
1091	fei1	səi1	丝（蚕吐～）
1096	sui1	suəi1	酸＋酸菜-菜

（续表）

同音索引	勉瑶	标敏	匹配义
1097	tɕia:n1	ʈuan1	筋
1110	iu1	iɛu1	邀
1111	pien1	piɛn1	搬（～家）
1119	pɛ:ŋ1	piɛ1	士兵，勇
1128	kɔ:ŋ1	klɔ1	角儿
1135	tiu1	gan1	叼（～根烟）
1136	da:m1	ɖuəi1	扛
1137	da:m1	da1	挑（～水）
1162	kɛ:ŋ1	klɛ1	虫
1174	pie1	pi1	臭虫
1183	suei1	səu1	输
1184	gyn1	hiɛn1	醉（～酒）
1185	khuei1	khuəi1	亏（～本）
1192	khɔ:n1	khuai1	开（～会）
1212	ɬaŋ1	ɬaŋ1	高
1213	siaŋ1	saŋ1	新
1236	ʥɛ:ŋ1	die1	争执
1238	lai1	lai1	菜 + 白菜 - 白（～吃）+ 白菜 - 白（～颜色）+ 酸菜 - 酸
1242	kuŋ1	klə1	虹
1246	tɕiai1	tɕi1	鸡 + 鸡冠 - 冠子 + 鸡笼 - 笼子 + 阉鸡 - 阉割
1257	tshai1	tshai1	猜
1258	oŋ1	kɔŋ1	祖父
1261	tɕia:i1	kiɛ1	街道
1262	ɬen1	pien1	旁边
1264	tsa1	ʈa1	渣滓 + 油渣 - 油（动物～）
1268	fɔ:i1	sai1	鳃 + 鱼鳃 - 鱼
1275	ka:ŋ1	klaŋ1	颈子
1287	ŋau1	ŋau1	弯曲
1291	ka:m1	kan1	甜
1300	sai1	tɕi1	扎

(续表)

同音索引	勉瑶	标敏	匹配义
1313	thin1	kin1	和
1322	dʑi:ŋ1	dʑiɛ1	腥
1341	lui1	luəi1	夹衣 - 夹（～住）
1346	tɕai1	tɕi1	鸡肫子 - 肫子
1350	kə:ŋ1	ɬ1	田埂 - 田
1354	ga:i1	kan1	甘心/称心 - 心坎 + 甘心/称心 - 心脏
1360	si1	ɕi1	西瓜 - 瓜
1361	ki:ŋ1	tɕin1	经过（～这儿）- 过（走～了）
1362	tshe:ŋ1	thiɛ1	三脚架 - 架（～桥）
1367	uon1	tsɛ1	猪瘟 - 猪 + 鸡瘟 - 鸡
1368	uon1	uan1	瘟疫（发瘟）- 发（～芽）
1369	fi:ŋ1	ɕiɛ1	秤星 - 秤 + 秤星 - 秤（一把～）
1376	tshun1	thuən1	回春 - 回（～信）
1377	tshe:ŋ1	thiɛ1	锅盖儿 - 盖儿（棺材～）+ 锅盖儿 - 盖子
1384	fai1	sa1	沙土 - 土
1391	ȵiaŋ1	a1	枝桠柴 - 柴
1394	pa:n1	pan1	轮班 - 轮（～到）
1402	na:ŋ1	naŋ1	水蛇 - 水
1406	sɛ:ŋ1	thəu1	初十 - 十
1408	jia:ŋ1	iɔ1	秧田 - 田
1413	kɔ:n1	piɛn1	月初 - 月（一个～）
1414	kia1	ka1	亲家 - 亲（～兄弟）
1415	kin1	ʈan1	汗巾 - 汗
1417	phei1	phəi1	砖胚子 - 砖
1422	kai1	tɕi1	鸡蛋 - 蛋
1425	dʑei1	səi1	鸡虱 - 鸡
1431	gɔ:i1	khuai1	隔开 - 隔
1447	gom1	kuan1	门槛儿 - 门
1448	kɔ:n1	kuan1	舌根 - 舌头
1468	die1	di1	布 + 油布 - 油 + 布鞋 - 鞋
1469	de1	di1	布

(续表)

同音索引	勉瑶	标敏	匹配义
1476	nie1	ṇi1	土 + 泥土 + 红土 - 红 + 稀泥 - 稀（～泥）+ 稀泥 - 泥泞
1480	fiou1	sau1	修（～路）

其中同义归一需要去除 3 例，则余 212 例。

声调对应 7：2◇2

支持例证 113 条，如下：

同音索引	勉瑶	标敏	匹配义
18	jiou2	iau2	油 + 茶油 - 茶 + 油布 - 布 + 油纸 - 纸
40	tsin2	tsin2	钱纸 - 纸 + 纸钱 - 纸
41	kem2	dən2	山
78	dun2	tɔ2	团（一～饭）+ 团（一～泥）
83	pa2	pa2	耙
84	pa:i2	pɛ2	牌（赌具）
94	tiu2	tiu2	首（一～歌）+ 条（一～绳子）
95	tiu2	tau2	条（一～鱼）+ 条（一～裤子）
100	piaŋ2	piaŋ2	花（一朵～）+ 花（绣～）
121	ṇia:n2	ṇuan2	银子
146	lun2	luən2	缝（～衣）
150	uon2	ŋau2	煨（～茶）
175	biou2	biau2	漂浮
192	bei2	bəi2	扁
195	tau2	tau2	只（一～狗）
196	tau2	tau2	裤腰 - 裤子
203	ma:i2	ma2	有
236	muei2	məi2	你
276	wiaŋ2	uaŋ2	黄
301	tsuŋ2	plɔŋ2	棵（一～菜）+ 蔸（一～菜）+ 棵（一～树）
317	luŋ2	luə2	天 + 天亮 - 亮 + 半空 - 半（～碗）
321	lei2	ləi2	离开（～家）- 开（～花）

（续表）

同音索引	勉瑶	标敏	匹配义
334	dʑia:ŋ2	glaŋ2	塘（鱼~）
346	lai2	lai2	犁
356	ti2	tiu2	首（两~歌）
361	juon2	iən2	均匀
362	juon2	iuən2	匀
404	ȵia2	ŋa2	芽
489	liu2	buŋ2	棚子
498	jiaŋ2	ȵaŋ2	走访（~亲友）+ 走
499	ui2	uəi2	回（~信）
521	kɛ:ŋ2	klɛ2	门 + 门闩 - 闩（~门）
522	muon2	mən2	门（这~亲事）
532	tsa:ŋ2	tin2	贮（~水）
555	tɕiau2	klau2	饱满
586	toŋ2	tɔŋ2	铜
597	bai2	pɛ2	木排
600	tsim2	niɛn2	追踪
611	tui2	tui2	下（~雨）
612	ta:i2	ta2	来（客人~了）+ 以来（自古~）
613	tie2	tɛ2	桌子
631	tsem2	tin2	沉没 + 沉（~下水）
639	tɔ:ŋ2	taŋ2	糖 + 白糖 - 白（~吃）+ 白糖 - 白（~颜色）+ 蜂蜜 - 蜜蜂
654	miaŋ2	miaŋ2	舅母
670	tsun2	tɬuən2	传播
671	ta:m2	tan2	谈（~到这里）
678	tsa:ŋ2	tsaŋ2	柴 + 生柴 - 生（与"熟"相对）+ 干柴 - 干（与"湿"相对）
704	lən2	liɛn2	轮（~到）
706	liem2	lian2	淋（用水~）
719	lou2	ləu2	风箱
746	lɔ2	lɔ2	锣
765	nin2	nin2	他/她/它

(续表)

同音索引	勉瑶	标敏	匹配义
771	mien2	min2	人
774	nɔ:m2	nan2	叶子 + 树叶 + 稻叶 - 稻谷 + 茶叶 - 茶
779	dɔ:i2	duai2	薯 + 白薯种 - 种子
780	bau2	blau2	稻谷 + 稻叶 - 叶子
795	miu2	miau2	瞄
818	li:ŋ2	liɛ2	田 + 水田 - 水 + 田地 - 地（一块～）+ 田坎 - 坎儿
820	juŋ2	yə2	羊 + 山羊
826	la:ŋ2	lɔi2	粮（上～）
853	la:n2	tau2	个（人）
858	dɔ:ŋ2	yə2	烂（煮～）
864	pien2	biɛn2	木盘
866	ka:m2	klan2	燎
875	lu2	glu2	监牢
892	liou2	liau2	留（～给他）
895	tsam2	ian2	庹
901	tsu2	tsu2	槽 + 水槽 - 水
902	uən2	uan2	魂
906	dza:i2	dza2	咸
907	noŋ2	nuə2	浓
909	kun2	klin2	圆（～桌）
923	tɕiou2	ȶau2	恳求 + 央求
925	tsuei2	ȶuəi2	捶
959	kei2	tɕi2	骑
964	dzɔ:i2	dzuai2	齐（来～了）+ 齐心 - 心坎 + 齐心 - 心脏
967	kei2	tɕi2	旗子
973	tsa2	ȶa2	茶 + 茶油 - 油 + 茶叶 - 叶子
976	duo2	iu2	九
983	kie2	ȶa2	茄子
995	la:n2	glan2	栏（牛～）
1000	du2	da2	拴（～马）+ 捆绑
1006	tɕiou2	ȶəu2	桥

(续表)

同音索引	勉瑶	标敏	匹配义
1031	tei2	təi2	蹄子
1039	tu2	ta2	泡（～饭）
1044	gem2	giɛn2	嫌
1051	hɛ:ŋ2	hiɛ2	行（不～）
1071	puəŋ2	pə2	幅
1109	hi:ŋ2	iɛ2	赢
1178	kan2	tuai2	沿着-着（接不～）
1209	ȵie2	ŋɔ2	鹅
1243	loŋ2	lɔŋ2	笼子+鸟笼-鸟+鸡笼-鸡
1252	tsai2	ȶai2	迟+晚稻-稻谷
1256	tsuei2	ȶuei2	锤（打一～）
1272	tsi:ŋ2	tɕio2	墙
1281	ka:ŋ2	klaŋ2	肠子
1317	hou2	həu2	壶
1328	ŋa:u2	ŋau2	熬
1333	da:i2	da2	天河（即银河）-天
1334	dʑa:ŋ2	glaŋ2	塘水-水
1337	toŋ2	tuŋ2	桐油-油
1365	puŋ2	pə2	蜜蜂窝-蜜蜂
1366	phaŋ2	lau2	楼下-下（位置在低处）
1373	tɕuon2	ȶuen2	猜拳-猜
1397	jiun2	yən2	匀出-出（～汗）
1405	ni2	ŋ̍2	今年-年，岁
1410	pɛ:ŋ2	pɛ2	均分-分（路）+均分-分+均分-分（与"合"相对）
1411	pɛ:ŋ2	pɛ2	平地-地（一块～）
1427	ȵia2	ŋa2	衙门-门（这～亲事）
1433	hɛ:ŋ2	hiɛ2	檩条-条（一～绳子）
1446	maŋ2	məi2	蛋黄-蛋
1473	tɕun2	ȶuen2	*裙子*
1474	tɕiun2	ȶuen2	*裙子*

同义归一去掉 1 例，则余下 112 条支持例证。

声调对应 2：3<>3

112 个例证支持，如下：

同音索引	勉瑶	标敏	匹配义
3	uo3	uə3	那（忆指）+ 那（远指）+ 那（不远）+ 那样（做）- 样（四～菜）+ 那些（忆指）- 些 + 那些（忆指）- 些（这～）+ 那些（较远指）- 些 + 那些（较远指）- 些（这～）+ 那些（较近指）- 些 + 那些（较近指）- 些（这～）
31	lu3	lu3	呕
38	pei3	pəi3	比
43	pa3	dzin3	捆（一～柴）
49	pen3	pən3	木板 + 脚板 - 脚
51	pen3	bai3	竹板 - 竹子
57	hou3	tuan3	准许
62	puəŋ3	pɔŋ3	满
70	ka:u3	klau3	还（～债）
79	na:i3	na3	这 + 本月 - 月（一个～）
98	bie3	bia3	补助 + 补（～衣服）
101	tsou3	tsəu3	坟墓
115	pu3	pu3	宝物
116	pu3	pu3	保卫 + 保护
119	buŋ3	suə3	骨头 + 骨
142	toŋ3	ɕie3	懂
183	bien3	biɛn3	翻（船～了）+ 翻（～身）+ 反脸 - 脸
198	tsi:ŋ3	tɕiɛ3	井 + 水井 - 水
208	tɕhiei3	khua3	群（一～人）+ 群（一～孩子）
246	niou3	ɬiaŋ3	拧（～菜）
255	kɔ:ŋ3	tɔ3	说 + 议论（在背后～）+ 说（小声～）+ 说（～话）+ 讲 + 说（他～）
263	buon3	huan3	粉（吃～）
264	buon3	bin3	粉末 + 米粉末 - 米

(续表)

同音索引	勉瑶	标敏	匹配义
265	kun3	kun3	管（过问）
279	gyaŋ3	kuaŋ3	宽 + 宽敞
304	ȵou3	ȵau3	气量小 - 小
309	au3	kau3	妻子 + 妻子, 老婆
343	tseŋ3	tɕiɛ3	整（～人）
344	piou3	piau3	果子 + 茶籽 - 茶
345	ɬiaŋ3	ɬaŋ3	李子 + 李树 - 树
348	pau3	pla3	房屋 + 砖房 - 砖 + 瓦房 - 瓦
353	tshi3	ta3	斟（～酒）
392	tɕuɛn3	ɬoŋ3	冷
402	tɕiam3	kan3	减（～去）
429	dziou3	diau3	早
448	mei3	mi3	米 + 粘米 - 粘 + 米粉末 - 粉末
477	fɔ3	sɔ3	锁（～门）
478	biɛ3	bia3	补（～补锅）
486	wien3	uan3	碗
491	thoŋ3	dɔŋ3	桶 + 木桶 + 水桶 - 水
512	puo3	pau3	烧（～柴）
531	teŋ3	ti3	抵
536	tim3	tin3	点播
539	tɕien3	uan3	稳
543	tsun3	ʈuən3	准（对～）
577	tɔ3	ʈuai3	朵（一～云）+ 朵（一～棉花）+ 朵（一～花）
599	thu3	thu3	讨（～债）
601	tiem3	tɕiu3	点（～灯）
609	die3	ti3	下（位置在低处）
620	da:u3	da3	长 + 长度
646	ta3	tau3	斗（一～米）
656	pou3	bəu3	斧头
676	tsei3	ʈɛi3	纸 + 白纸 - 白（～吃）+ 白纸 - 白（～颜色）+ 油纸 - 油

(续表)

同音索引	勉瑶	标敏	匹配义
720	ka3	kɔ3	借
722	tsiaŋ3	nui3	指（用手～）
726	liaŋ3	ʥin3	浅
738	ʥa:ŋ3	ʥaŋ3	船
739	ɲiem3	ɲan3	哭
750	tɕhiou3	khiau3	搅 + 搅拌
761	fi:ŋ3	ɕiɛ3	苏醒
768	kiu3	kiu3	绞
786	mie3	m̥ia3	草 + 草药 - 药
809	ɲ̥ie3	ɲ̥i3	重
849	tsa:n3	tian3	盏（一～灯）
854	naŋ3	naŋ3	短（长～）
886	tsha:ŋ3	tɕhio3	抢
894	mien3	m̥iɛn3	鬼
897	tshun3	nəu3	递
920	ka:i3	kla3	腰
921	ku3	klu3	**狗**
952	ɬau3	ɬau3	竹子
977	pin3	piɛ3	饼
998	ɲian3	ɕiɛu3	瘦小
1005	kou3	əu3	股（一～绳子）
1007	tiu3	tiu3	酒
1025	uei3	ui3	姐夫
1037	ʥau3	ʥa3	盐
1047	ta:m3	tan3	胆小 - 小
1050	tsa:m3	tsan3	淡
1053	tie3	ti3	值（～钱）
1060	peu3	piau3	饱
1075	sie3	sa3	舍（～不得）
1086	fie3	ɕia3	写
1093	ʥia:m3	san3	**血**

（续表）

同音索引	勉瑶	标敏	匹配义
1134	kau3	kla3	路 + 马路 - 马 + 铁路 - 铁
1140	na:i3	tsaŋ3	疯子 - 疯 + 聋子 - 聋
1145	kuei3	kiau3	蜗牛
1149	ȵiu3	tɕiau3	爪子
1151	dʑiu3	giau3	剪刀
1157	tsha:u3	tha3	炒
1159	ȵia:i3	kia3	搔
1164	dʑiou3	sau3	蚂蚁
1166	tam3	dan3	虱
1171	dʑei3	sai3	头虱
1188	dʑuon3	ŋan3	颤动
1223	kin3	ɕiɛn3	选择
1231	tsuo3	tu3	守
1249	phuəŋ3	phɔŋ3	捧着（～水）
1269	ɛ:ŋ3	ɛ3	影子
1280	gai3	kai3	屎
1293	ka:m3	kan3	敢
1314	khɔ:i3	khuai3	海
1327	tsou3	tou3	煮（～饭）
1347	gɔ:ŋ3	pli3	头旋 - 旋儿（牛马的～）+ 头旋 - 旋（头～）
1359	mien3	miɛn3	脚印 - 脚
1363	khom3	khən3	碓臼 - 碓杵 + 碓臼 - 碓
1392	tsei3	tsaŋ3	条子（写～）- 条（一～绳子）
1423	kua3	kua3	寡蛋 - 蛋
1430	ka:n3	kuan3	赶集 - 集市
1437	kuɛ:ŋ3	phai3	菜帮子 - 菜
1461	hu3	m̥əi3	腐朽 + 腐烂
1462	hu3	hu3	破

3 原始瑶语 67

声调对应 9：4↔4

共 40 项例证支持，如下：

同音索引	勉瑶	标敏	匹配义
42	puo4	pau4	手
89	tuŋ4	tuə4	猪
149	tɕien4	tɕin4	肫子
204	ma:i4	noŋ4	买
219	ma4	ma4	马 + 木马 + 马路 - 路
242	mou4	məu4	亩
267	kye4	tɕ4	起（~床）+ 起（~疱）+ 生（~锈）
328	jien4	lɛ4	引导
340	tsui4	tsuai4	罪
354	ha4	ia4	撒（~种）
363	tsuŋ4	tɕuə4	丈（一~布）
514	tsei4	tɕei4	是
520	ȵuo4	hiɛn4	那里（忆指）- 那（忆指）+ 那里（忆指）- 那（远指）+ 那里（忆指）- 那（不远）+ 那里（远指）- 那（忆指）+ 那里（远指）- 那（远指）+ 那里（远指）- 那（不远）
608	hu4	hau4	厚
677	to4	təu4	火
734	buaŋ4	bɔŋ4	儿媳妇 + 新娘 - 新
741	toŋ4	toŋ4	动（扛不~）
742	toŋ4	pli4	摆弄（来回~）
772	bau4	bla4	鱼 + 鱼鳃 - 鳃
801	lam4	lan4	仓库
821	lei4	liaŋ4	里（路）+ 里（一~路）
827	luŋ4	luə4	两（三~重）
951	bien4	piɛn4	胎盘 + 胎膜（牲口的~）
1100	juŋ4	yə4	养（~鸡）
1129	ha:n4	lan4	旱 + 旱死 - 死
1165	muei4	mi4	蜜蜂
1172	moŋ4	mə4	蝇子 + 苍蝇 + 绿头苍蝇 - 绿

(续表)

同音索引	勉瑶	标敏	匹配义
1200	ŋua4	ŋɔ4	瓦 + 瓦房 - 房屋
1220	ua4	ua4	画（～图）
1226	lau4	la4	窝（鸟～）
1229	mien4	man4	隐瞒
1237	laŋ4	laŋ4	村子
1378	tou4	thəu4	火炭 - 炭
1398	tsuei4	tsuəi4	坐下 - 下（牛～崽）+ 坐下 - 下（能装～）+ 坐下 - 下（～去）+ 坐下 - 下（由上向下）
1399	dʑu4	du4	铜鼓 - 铜
1451	wye4	lɔ4	尿 + 尿罐 - 罐子
1452	wie4	lɔ4	尿
1453	uie4	lɔ4	尿
1466	ba:u4	bia4	泡沫
1467	bia:u4	bia4	泡沫

#1451，#1452，#1453 这组例子很有意思，应该是由于勉瑶语"尿"这个语素的变异形式造成的 wye4/wie4/uie4，这种变异，无论所比较的语言是什么形式，在声母和声调上都至少会体现出 2 个例证支持，但这种支持是一种假象，原因在于语素的归并。检索勉瑶语的音节构成状况，声母 w+ 介音 i+ 其他的韵母的类型还有不少，但声母 w+ 介音 y+ 其他韵母的类型只有 wye 这一种。① 因此，或许将 wye4 处理为 wie 的特殊变异形式比较合适，而 uie4 则只是 wie 写法上的问题，而且处理为韵母的话只有唯一的一个词支撑。如此，w◇l 这组声母对应就不成立了。

#1466 和 #1467 这组例子与上述例子类似，"泡沫"这个语素有两个变异形式 ba:u4/bia:u4，差别在于介音 i 的有无。这一变异或许涉及介音 i 的音变情况，需要结合其音韵变化来考虑。简单的处理办法是先取有介音的形式作为早期形式，而失去介音的看作后起形式。

因此，该条声调对应的例证数目应该减少 3 个，余下 37 个，仍达到对应的数量要求。

---

① 有必要核实勉瑶语的这一语音形式。

3 原始瑶语 69

声调对应 3: 5<>5

164 个例证支持,如下:

同音索引	勉瑶	标敏	匹配义
4	ton5	tuən5	炖
7	tsou5	uəi5	做(~事)
17	tshu5	tshəu5	醋
33	tsin5	tsun5	箭
45	puei5	mi5	睡/躺
63	buon5	bin5	雪+冰
85	tsie5	ȶa5	几(询问数字)
86	fun5	sun5	推算
118	khau5	khui5	系(~纽扣)
128	beu5	biau5	涌出
130	om5	ən5	肿
131	phou5	tuai5	副(一~对联)
133	tɔ:i5	tuai5	对(一~猪)
135	tɕhie5	tɕhi5	气(撒~了)
139	suəŋ5	sɔŋ5	被子
147	buei5	kuən5	沸腾
154	tei5	nəi5	些+些(这~)+那些(忆指)-那(忆指)+那些(忆指)-那(远指)+那些(忆指)-那(不远)+那些(较远指)-那(忆指)+那些(较远指)-那(远指)+那些(较远指)-那(不远)+那些(较近指)-那(忆指)+那些(较近指)-那(远指)+那些(较近指)-那(不远)
155	phui5	phəi5	配(~颜色)
160	dʑiei5	dən5	嗑(~瓜子)
163	tei5	khuai5	条(一~裙子)
170	tshoŋ5	thoŋ5	炮+枪
173	pheu5	biau5	疱
184	pi:ŋ5	tɕien5	躲藏
185	pi:ŋ5	pie5	藏(收~)
193	im5	kuai5	盖儿(棺材~)+盖子

(续表)

同音索引	勉瑶	标敏	匹配义
223	tai5	tai5	杀 + 杀（～猪）
283	feŋ5	pa5	摔
289	pen5	pən5	变
290	si5	sui5	线
296	feŋ5	hun5	挥动
298	khon5	khə5	戽（～水）
307	thau5	tu5	到达 + 到
335	ʥem5	tsan5	霸占
339	ku5	ku5	老（人～）
373	məŋ5	mɔŋ5	听（～报告）
377	thiu5	diu5	跳（～芦笙）
382	tshun5	tshuən5	寸（一～布）
384	n̠iom5	ŋən5	簸
396	nam5	tshin5	凉（手～）
397	nam5	nan5	冷水 - 水
399	hən5	hən5	恨
415	fa:u5	sa5	上（～课）+ 上（～山）
422	puŋ5	pə5	放下（下垂）+ 放（～走）
425	sei5	səi5	世
445	sien5	ɕin5	相信
450	tshei5	tɕhin5	砌
457	tsuei5	tsui5	最（～好）
462	fa:n5	san5	伞
466	tsuŋ5	t̠uə5	涨（豆子泡～了）
470	ʥu5	ʥu5	洗（～衣服）
471	ʥu5	thəu5	清洗
475	fuŋ5	suə5	送（～客人）
484	gɛ:ŋ5	ʥiɛ5	喧
488	pa:u5	thuə5	唱（～歌）
494	pɛ:ŋ5	tuə5	张（一～弓）
496	pɛ:ŋ5	pɛ5	把儿 + 刀把儿 - 刀子

（续表）

同音索引	勉瑶	标敏	匹配义
497	tsai5	tsi5	祭(～桥)+祭(～鬼)
502	lun5	lun5	嫩(菜很～)+嫩
504	tsa:ŋ5	tuə5	仗(打～)
505	tɔ5	tɔ5	剁(～肉)
507	ŋoŋ5	dən5	笨
515	tɔ:i5	tuai5	正确
526	ȵien5	ȵin5	韧性(不脆)
546	tsiaŋ5	ȶan5	端正
553	ʥiu5	tɔ5	翘，撅(～嘴)
554	ha:i5	ha5	哪(疑问词)
563	ton5	tuən5	顿(一～饭)
580	taŋ5	taŋ5	断(绳子～了)
592	diaŋ5	diaŋ5	树+漆树-漆+李树-李子
593	doŋ5	dɔŋ5	戴(～斗笠)
595	tshɛ:ŋ5	ʥau5	打(～伞)
596	tshɛ:ŋ5	thie5	支撑
610	bie5	bi5	麻痹(失去知觉)+麻(手～)
619	ʥiaŋ5	ʥaŋ5	秤+秤(一把～)
623	ʥa:u5	dau5	烤(～火)
637	pei5	pi5	滗
638	tɔ:ŋ5	taŋ5	当成(～小孩)
647	muo5	dɔŋ5	冒(～雨)
651	tsiu5	tɕiu5	照射(阳光～)+照(～镜子)
652	tsiu5	tɕiau5	照(～镜子)
669	toŋ5	tɔŋ5	冻(鱼～)
684	kye5	ȵan5	涉(～水)
685	kye5	kua5	过(走～了)
689	thei5	thəi5	剃
708	tha:n5	than5	炭+木炭
712	ʥa:n5	ʥan5	散(分散)
713	u5	hin5	热(～菜)

(续表)

同音索引	勉瑶	标敏	匹配义
730	ŋoŋ5	dən5	笨,愚蠢
732	n̪a:ŋ5	n̪aŋ5	饭
737	n̪ian5	n̪aŋ5	年;岁
737	n̪ian5	suəi5	年;岁
745	nau5	nau5	皱(～眉头)
753	tɔ:i5	tuai5	碓杵 + 碓
810	tɕia:i5	tuai5	贵
859	jiou5	nian5	腻
862	tɕhie5	tɕhiɛ5	斜(～眼)
868	phien5	ti5	片(一～叶子)
869	dʑui5	tɕhiɔ5	呛
871	tsiem5	tsan5	浸
872	tsau5	tsau5	**脚**
899	dʑiaŋ5	klin5	滚
908	dʑiou5	dzu5	救
910	dzun5	tsun5	钻(～山)
911	dzun5	kli5	蛀
941	fɛ5	ɕiaŋ5	擤
949	ɬa5	ɬa5	月(一个～)+ 半月 - 半(～碗)
960	pa5	tuən5	堰
965	dʑiou5	dəu5	锯子
974	dʑia:u5	hia5	风
986	tsa5	ta5	榨(～油)
991	kɔ:ŋ5	kɔ5	木杠
997	dʑia:u5	ga5	教
1020	kui5	kuəi5	生(～火)
1028	dʑin5	gən5	格儿(分成～)
1032	tshou5	thəu5	床 + 床铺
1038	tsa:ŋ5	tsaŋ5	甑子
1042	loŋ5	loŋ5	好(～人)
1043	dzuŋ5	duə5	吠

(续表)

同音索引	勉瑶	标敏	匹配义
1049	fin5	sui5	铜丝-铜
1056	tsa:ŋ5	tuə5	账
1057	tsei5	tsi5	梳
1061	mən5	mən5	烦闷
1062	buo5	bu5	告诉
1067	tsa5	biau5	鲊(~鱼)
1068	tɕhiem5	than5	欠
1073	dzie5	da5	怕
1099	i5	i5	亿
1106	kha:ŋ5	khɔ5	烘
1115	thi5	diu5	跳(往下~)
1116	dai5	dai5	飞
1126	thou5	thau5	透(熟~)
1142	kau5	klau5	蛋+鸭蛋-鸭子+蛋白-白(~吃)+蛋白-白(~颜色)+蛋皮-皮子+蛋皮-皮
1148	guai5	gli5	指甲
1179	tshuei5	tshuai5	脆
1193	tau5	tau5	亲(~咀)
1194	khou5	khəu5	扣(~钱)
1195	tsi5	kli5	胳肢
1215	dzu5	khɔ5	炕
1217	tɕou5	tɕəu5	句(一~话)
1266	pha:n5	phan5	襻
1267	pha:n5	pan5	绊(~脚)
1273	kham5	bɛ5	坎儿+田坎-田
1285	tɕia5	ka5	价(~钱)
1288	tɕia5	ka5	架(~桥)
1295	kau5	kau5	够
1297	ku5	kɔ5	告发
1304	hou5	khəu5	裤子+裤裆-裆(裤~)
1305	khyn5	khən5	劝说

（续表）

同音索引	勉瑶	标敏	匹配义
1306	khyn5	ʈan5	祝酒-酒
1308	tɕia5	ka5	嫁
1309	khuŋ5	khuə5	空（～闲）
1320	a5	ɔ5	口（一～水）
1321	tsuei5	tsuɔi5	臭
1323	su5	su5	馊
1329	huo5	khua5	货物
1344	tsa:i5	dʑa5	左手-手
1351	pha:i5	pha5	剖开-开（～花）
1364	tha:i5	ku5	曾祖母-祖母
1380	phien5	phien5	骗子-子（地支第一位）
1389	taŋ5	taŋ5	长凳子-长+长凳子-长度
1407	muəŋ5	mɔŋ5	听话-话
1424	tɕia:i5	kiɛ5	戒烟-烟子+戒烟-烟（吸～）
1434	tsa:u5	ʈa5	鸡罩-鸡
1440	tsha5	tɕhia5	岔路口-路

声调对应6: 6<>4

74个例证支持，如下：

同音索引	勉瑶	标敏	匹配义
11	hɔ:i6	han4	危害/伤害+害（～人）
21	loŋ6	nɔŋ4	要+用（～笔写）
22	loŋ6	ʈhu4	使劲,用力-力气
32	na:i6	na4	盘问/询+问
56	puon6	pin4	份（一～）
71	nɔ:ŋ6	bɔ4	裆（裤～）+裤裆-裤子
80	puo6	pu4	孵
93	pa:i6	pa4	败（打～了）
104	puəŋ6	pɔŋ4	靠（梯子）
117	dʑau6	dʑɔ4	泡（一～屎）

3 原始瑶语 75

（续表）

同音索引	勉瑶	标敏	匹配义
127	dʑie6	ɖa4	下(牛～崽)+下(能装～)+下(～去)+下(由上向下)
148	noŋ6	nɔŋ4	脓(化～)
180	pou6	pəu4	部(一～书)
206	ma:i6	ma4	卖
207	luei6	pu4	窝(一～猪)
227	min6	m̥ɛ4	麦子+面粉-粉末
232	muo6	mu4	帽子
234	pɛ:ŋ6	pɛ4	病+疾病
238	muon6	mun4	细
244	mɔ6	mia4	磨(～面粉)+磨子+磨
274	kun6	klin4	肥+肥胖
280	lou6	ləu4	显露+露(～出来)
282	lou6	ɬu4	过滤
316	uei6	uəi4	为
337	ua:n6	uən4	万(一～)
341	luəŋ6	hi4	提手(篮子的～)
406	tsun6	tɕien4	旋儿(牛马的～)+旋(头～)
426	tɔ:i6	tɛ4	代(一～人)+绝代-绝(～后代)+绝代-绝(～种)
440	ua6	ɬaŋ4	话
443	ȵiom6	ȵin4	染
506	bie6	bia4	步
508	juŋ6	ien4	样(四～菜)+那样(做)-那(忆指)+那样(做)-那(远指)+那样(做)-那(不远)
527	tsou6	ɬəu4	筷子
547	hə6	hən4	合(不～脚)
566	dam6	din4	踩(～脚)
578	tshɔ6	au4	还(他～在)
624	tai6	tai4	死+旱死-旱
636	pie6	pəi4	鏨(即荡刀)
661	tsɔ:n6	ɬun4	赚

(续表)

同音索引	勉瑶	标敏	匹配义
662	tu6	klau4	毒（～鱼）
663	tu6	du4	放毒-放下（下垂）+ 放毒-放（～走）
724	tin6	tiɛn4	兰靛
731	bia6	gla4	拄（～拐棍）
760	lɛ:ŋ6	lɛ4	双（一～鞋）
782	dau6	dau4	下（～蛋）
793	mɛ:ŋ6	mɛ4	命
798	du6	du4	麻
799	ȵien6	ȵin4	吃
802	buŋ6	blə4	雨
807	tim6	tiɛn4	垫
808	ha:n6	huan4	汗
822	lei6	ləi4	利息
838	ʥa:ŋ6	ʥaŋ4	字
839	tseŋ6	iaŋ4	剩余
843	jiom6	ʥən4	层（一～皮）
863	dei6	təi4	地（一块～）+ 土地 + 田地-田
876	kuei6	kuəi4	跪
984	ʥiu6	ʥiu4	嚼
1017	pai6	pai4	笕子
1063	tsa:ŋ6	tsaŋ4	瓦匠-瓦 + 银匠-银子 + 铁匠-铁
1066	sie6	ni4	七
1074	maŋ6	mə4	看 + 看，瞧
1104	bie6	bia4	舔
1121	lin6	liɛn4	炼（～油）
1143	kuei6	ʈan4	柜子
1201	luei6	luəi4	懒
1235	lai6	lai4	锋利
1245	lom6	ɬən4	山林 + 树林
1253	man6	man4	慢 + 慢慢-慢
1274	ʥioŋ6	gloŋ4	板壁

同音索引	勉瑶	标敏	匹配义
1379	tɔ:i6	ti4	烟袋 - 烟子 + 烟袋 - 烟（吸～）
1383	ba6	gla4	拐棍 - 棍子
1387	ŋɔ6	ŋɔ4	饿死 - 死
1401	bai6	blai4	笋壳叶 - 壳（蛋～）

声调对应 4: 7<>7

88 个例证支持，如下：

同音索引	勉瑶	标敏	匹配义
6	dat7	dan7	织（～布）
55	sop7	sən7	涩
59	dɔ:t7	dan7	掉落 + 落（～叶）
60	diep7	dan7	滴
60	diep7	dian7	滴
90	pɛ7	pɛ7	百
106	ɲiat7	kan7	结儿（结～）
107	ɲiat7	thia7	节（骨～）
189	kit7	tɕin7	结（～果子）
251	bɔ7	ŋ̊a7	打（～狗）+ 敲（～锣）
254	pa7	ƫhɔ7	扎（～手）
271	dut7	dan7	脱（鞋子～落）
272	dut7	gu7	蜕（～皮）
291	phuot7	ɕian7	熄（～灯）
295	bie7	bia7	糠
312	tsɔ7	ƫɔ7	捉
314	tsɔ7	tɕhy7	取（～东西）
347	pat7	pan7	笔
394	tsip7	tɕin7	承接 + 迎接
433	ip7	ian7	腌
441	tshiet7	tshan7	漆 + 漆树 - 树
442	dziep7	hin7	眨（～眼）
447	pɔ7	tɕin7	接

（续表）

同音索引	勉瑶	标敏	匹配义
453	sɔ:t7	tshan7	擦（～枪）+ 擦（～桌子）
460	ip7	mun7	憋气
509	kat7	klan7	笑
524	ku7	klɔ7	六
548	di7	di7	踢
550	dit7	ʈhɔ7	剔（～牙）
557	dʑiap7	gan7	夹（～住）
559	dʑiap7	kan7	夹（～菜）
614	put7	huən7	发（～芽）
618	mɛ7	piɔ7	剥（皮）
625	tɕie7	ɕian7	灭（火～了）
658	tu7	tu7	值得 - 值（～钱）
675	dop7	din7	皮子 + 皮 + 蛋皮 - 蛋 + 皮鞋 - 鞋
716	ȵa:p7	ȵan7	锄（～草）
764	ŋat7	an7	压（用力～）
791	tsu7	ʈu7	穿（～衣服）
792	sɔ7	dʐun7	吮（～奶）+ 吸（～血）
813	tshi7	ʈa7	织（～毛衣）
836	kɛ7	kiɛ7	摘（～果子）
842	tshu7	ʈhɔ7	戳（用棍子～）
874	tshɛ7	ʈhiɛ7	拆（～房子）
877	tshuot7	ʈhuən7	出（～汗）
878	tshuot7	ʈhuə7	出门 - 门
882	tship7	tɕhien7	插（用力～）
903	muo7	mɔ7	掏
904	muo7	un7	挖掘 + 挖
915	kie7	kia7	黑色
943	ka:t7	kuan7	割
944	ka:t7	tshin7	切（～菜）
945	ɬie7	ɬia7	铁 + 铁路 - 路
963	tɕie7	ʈa7	只（一～手）+ 只（一～鞋）

(续表)

同音索引	勉瑶	标敏	匹配义
971	tɕiep7	ȶan7	紧急
978	a:p7	an7	抵押
979	tsie7	ȶa7	认识
1008	ɖu7	ɖu7	箧
1018	ɖi7	tɕhi7	尺子
1034	siet7	hin7	痒
1035	tsie7	ȶa7	织（～网）
1103	huo7	n̥an7	薅（～田）
1108	fi7	ɕi7	锡
1125	tshɔ7	ȶhɔ7	撮（～土）
1131	khot7	khuan7	洞儿
1150	kap7	klan7	剪（～下来）
1160	a:p7	an7	鸭子＋鸭蛋-蛋
1168	sap7	sən7	蜈蚣
1173	tɕiop7	klin7	蚱蜢
1189	tsuot7	ȶhuən7	出（～太阳）
1197	thek7	tshan7	擦（～火柴）
1210	n̥op7	n̥ən7	咳嗽
1218	gɛ7	giɛ7	隔
1224	su7	n̥ɔ7	收缩＋退缩
1233	kha7	khla7	力气
1255	jiet7	in7	一（十以后的～）
1286	ɖip7	hin7	闭（～眼）
1307	ga:t7	guan7	渴
1316	hɛ7	khan7	吓唬
1318	hop7	hən7	喝
1319	su7	ȶu7	草鞋
1385	du7	dɔ7	脚趾头-脚
1388	bo7	tan7	打断（～你的话）-断（绳子～了）
1418	a:p7	ȶa7	难看-看＋难看-看, 瞧
1436	pɛ7	pɛ7	伯祖父-祖父

(续表)

同音索引	勉瑶	标敏	匹配义
1438	du7	dɔ7	脚趾 - 脚
1442	tɕuo7	ta7	山麓 - 山
1477	pe7	tan7	忙 + 急（水流很~）

去掉 1 例同义归一，则余下 87 个例证。

声调对应 10：8<>4

共有 42 个例证支持，如下：

同音索引	勉瑶	标敏	匹配义
52	dzu8	du4	菜刀 + 刀子 + 刀把儿 - 把儿
108	dzop8	dzən4	栖息（鸟）
210	tsuo8	thɔ4	熟练 + 熟习 + 熟（煮~）
233	lap8	ɬan4	斗笠
286	buo8	hu4	服从 + 信从
408	tsit8	thu4	损失
420	tsut8	tshun4	绝（~后代）+ 绝（~种）+ 绝代 - 代（一~人）
432	tsu8	tshu4	凿子 + 凿（~一个孔）
436	top8	kiau4	掷
454	pɛ8	phɛ4	白（~吃）+ 白（~颜色）+ 白糖 - 糖 + 白纸 - 纸 + 白菜 - 菜 + 蛋白 - 蛋
583	buo8	ti4	口袋
584	buo8	tɕin4	胃
603	top8	thən4	豆子
605	tap8	than4	咬（猫~老鼠）
681	tu8	thɔ4	读（~书）
683	tu8	du4	狠毒
698	tsiet8	din4	紧（土~）
699	tsiet8	blə4	结实
715	ma:t8	m̥un4	袜子
728	biet8	blin4	舌头 + 舌根 - 根（树~）+ 舌根 - 根部
770	bia:t8	bien4	扇子

（续表）

同音索引	勉瑶	标敏	匹配义
778	nɔ8	ŋɔ̣4	鸟 + 鸟笼 - 笼子
784	ba:t8	blan4	辣
823	dʑiap8	jian4	闪
939	pop8	phlɔ4	陷下 + 陷落
953	ma8	bai4	密（树太~）
975	tsie8	ɬha4	燃
1012	tsiep8	ɬhan4	十
1013	tsiep8	tɕi4	十一 - 一（十以后的~）
1023	hu8	ho4	学 + 学习
1069	tsu8	tshɔ4	少
1098	tsuo8	hiɔ4	赎
1112	hiet8	hiɛn4	八
1225	ma:t8	mɔ̣4	墨 + 墨水 - 水
1230	la8	ɬun4	勒（~紧）
1248	kut8	ɬhun4	担（只一头有东西）
1282	but8	blin4	鼻涕
1330	hɔ:p8	hən4	盒（一~火柴）
1370	ŋa:t8	than4	咬断 - 断（绳子~了）
1372	but8	blan4	糯米 - 米
1419	hɔ8	ho4	放学 - 放下（下垂）+ 放学 - 放（~走）
1426	la:p8	ɬan4	腊肉 - 肉

仔细审视以上八套对应，观察其中词汇的分布，可以发现每一套都有三个以上 Swadesh 的 100 核心词分布。有核心词分布的语音对应，可以称为核心一致对应。（陈保亚、何方 2004）有核心词分布的对应有助于排除横向接触造成的影响，因此，在重构原始语时，应该优先考虑有核心词分布的语音对应作为基础。（Chen and Wang 2011）但需要注意的是，如果要探讨语言中横向传递的历史，需要仔细考虑不含核心词的语音对应，它们很有可能是通过语言接触造成的。

以上八套声调对应，其中有五套是一一对应，剩下还有三套是非一一对应的情况，即，从勉瑶语看是多对一，而从标敏瑶语看是一对多，如下：

(续表)

勉瑶语调类	标敏瑶语调类
4	4
6	4
8	4

根据历史比较的一般原则：有条件的一对多，则原始音类为一类；无条件的一对多，则原始音类为多类。查看6◇4、4◇4和8◇4所辖的声韵等条件，并非互补，因此，原始音类应为多类。根据以上对应，重构原始瑶语调类如下：

原始调类	勉瑶语调类	标敏瑶语调类
*1	1	1
*2	2	2
*3	3	3
*4	4	4
*5	5	5
*6	6	4
*7	7	7
*8	8	4

根据共时声母的分布情况，尚未发现这8个调类之间的互补情况。

3.2 瑶语方言的声母对应及重构

3.2.1 瑶语方言声母对应及概率考量

勉瑶语的声母30个，标敏瑶语的声母37个。假设声母分布都是均匀的，按照简单的算法，则有1460/30*37=1.32。按照泊松分布考虑，有3例的匹配其累计泊松分布达0.9549。但如前述声调分布不均匀的情况类似，声母的不均匀情况更为复杂，因此我们将采用在声调对应计算中用到的概率算法来判断声母对应的情况。与此同时，由于存在30*37=1110种可能的声母匹配，根据生日悖论出现随机匹配混入的可能性与数目也会大大提高。因此我们这里采用1%和0.1%显著水平对于潜在的对应进行筛选。

相比声母或韵母而言，各个方言的声调数目少，方言间的语素若是关系语素，首先应该在声调上构成对应关系。如果考虑声调对应，也就是在

3.1 节中总结的 8 套对应，已经确认，声母匹配例证中不符合声调对应的以"调！"① 标示出来，供之后分析参考。例如：

声母匹配 21：

声母匹配 p⇔t 支持例证 7 个，如下：

同音索引	勉瑶	标敏	匹配义	
102	puon8	tɛ3	打（～鸟）	调！
181	pou6	tau2	座（一～桥）	调！
365	pa5	tɔŋ4	坝（一～田）	调！
421	puŋ5	tiŋ2	停放（～灵柩）	调！
591	puəŋ6	təu5	堵（一～墙）	调！
1182	pei6	ti2	被（～打）	调！
494	pɛ:ŋ5	tuə5	张（一～弓）	

除了 #494，其他的都不符合声调对应，去掉之后，该套声母例证就只有一个了，也就不符合重复模式 (recurrent pattern) 最低有两个例证的要求，这套匹配也就不成立了。如果根据我们的随机概率测算，99% 置信水平下，p⇔t 的例证随机上限是 18，当前匹配情况也远达不到非随机确认所需例证的数目。

声母匹配 28：

支持例证 7 个，如下：

同音索引	勉瑶	标敏	匹配义	
188	kit7	pien1	编（～辫子）	调！
338	ku5	pa4	祖母	调！
1271	kin1	pə2	房间	调！
1301	kin2	piau1	打（～裹腿）	调！
1459	ku5	pɛ2	鼎罐	调！
1460	kun5	pɛ2	鼎罐 + 罐子 + 尿罐 - 尿	调！
1413	kɔ:n1	pien1	月初 - 月（一个～）	

---

① 张琨（1947:72）"调画个叹号'！'，是那个声调好像有点不规则的意思"。

除了 #1413，其他例证声调对应都不成立，因此，去掉声调不对应的例证，该组声母匹配也不成立了。如果根据随机概率测算，99% 置信水平下，k<>p 的例证随机上限是 13，当前匹配情况也远达不到非随机确认所需例证的数目。

因此，在实际操作中，可以直接根据去除声调对应后，声母匹配的例证情况来处理。即，如果经过去除后，剩余的例证数目小于 2，即不足以列为对应的候选项。这些匹配组也就不再分析。

以下声母匹配是进一步考虑原始瑶语声母重构的基础。这些声母匹配是在考虑声调对应后筛选出来的候选项，但要注意到它们是在所有比较语素中提取出来的，提取时并没有考虑其中声调和韵母的匹配对应情况，因此，如 3.1 分析声调匹配一样，这些声母匹配应该首先根据其实际分布以及概率计算来考虑有哪些可以确定为非随机的声母对应。

通过概率计算，偶然匹配造成的情况做了相当程度的排除，但正如陈保亚（1996）指出的：总体的匹配关系不是由偶然因素造成，并不代表其中每一对语素都是关系语素。此外，就算是关系语素，也有两种来源，一种是原始语分化造成的，一种是语言接触的横向传递造成的。只有前者才能进行原始形式的重构。

为方便分析，以下按照自然类来分组讨论重构原始瑶语声母。为方便之后讨论，Swadesh 100 核心词以陈保亚（1996）调整后的版本为准，在词项上加黑标明；声调不符合 3.1 节中非随机匹配的在最后一列中标注为"调！"；"韵！"则为韵母匹配去除其中"调！"后例证少于 2 例的情况（详见 3.3 节）。

每组声母匹配的情况先列出概览，呈现匹配的声母，以及其例证数目（其中括号之前是同义归一后的数目），置信度 99% 时和 99.9% 要求下的随机上限，是否包含核心词。实际例证超过随机上限的匹配，可看做声母对应。带括号的重构表示不确定，有疑问。短线表示不可重构。

3.2.2 唇塞音声母

唇塞音声母概览

	声母对应	语音条件	重构	例证	核心	99%	99.9%
23	p <> p		*p	51	+	13	16
68	ph <> ph	仅单数调	*ph	10		3	4
34	b <> b		*b	19(20)		6	8

（续表）

	声母对应	语音条件	重构	例证	核心	99%	99.9%
180	b ⟷ bl	仅双数调	*bl	8	+	3	4
131	p ⟷ pl	仅单数调	(*pl)	5	+	4	5
28	p ⟷ b		(-)	10		9	11

声母对应 23：p ⟷ p　*p

支持例证 51 个，如下：

同音索引	勉瑶	标敏	匹配义	
36	puo1	pau1	三	
38	pei3	pəi3	比	
42	puo4	pau4	**手**	
49	pen3	pən3	木板 + 脚板 - 脚	
56	puon6	pin4	份（一~）	
62	puəŋ3	pɔŋ3	满	
64	pun1	pən1	分（路）+ 分 + 分（与"合"相对）	
80	puo6	pu4	孵	
83	pa2	pa2	耙	
90	pɛ7	pɛ7	百	
93	pa:i6	pa4	败（打~了）	
100	piaŋ2	piaŋ2	花（一朵~）+ 花（绣~）	
104	puəŋ6	pɔŋ4	靠（梯子）	
109	peu1	piau1	承包	
110	peu1	piau1	包（一~药）	
111	peu1	piau1	包（~庇）	
115	pu3	pu3	宝物	
116	pu3	pu3	保卫 + 保护	
141	pei1	pəi1	知道	
180	pou6	pəu4	部（一~书）	
185	pi:ŋ5	piɛ5	藏（收~）	
234	pɛ:ŋ6	pɛ4	病 + 疾病	
289	pen5	pən5	变	

(续表)

同音索引	勉瑶	标敏	匹配义	
344	piou3	piau3	果子 + 茶籽 - 茶	
347	pat7	pan7	笔	
422	puŋ5	pə5	放下（下垂）+ 放（～走）	
496	pɛ:ŋ5	pɛ5	把儿 + 刀把儿 - 刀子	
512	puo3	pau3	烧（～柴）	
637	pei5	pi5	滗	
1017	pai6	pai4	笾子	
1060	peu3	piau3	饱	
1111	pien1	pien1	搬（～家）	
1119	pɛ:ŋ1	piɛ1	士兵，勇	
1174	pie1	pi1	臭虫	
1365	puŋ2	pə2	蜜蜂窝 - 蜜蜂	
1394	pa:n1	pan1	轮班 - 轮（～到）	
1410	pɛ:ŋ2	pɛ2	均分 - 分（路）+ 均分 - 分 + 均分 - 分（与"合"相对）	
1411	pɛ:ŋ2	pɛ2	平地 - 地（一块～）	
1436	pɛ7	pɛ7	伯祖父 - 祖父	
84	pa:i2	pɛ2	牌（赌具）	韵！
636	pie6	pəi4	錾（即荡刀）	韵！
912	pa3	pə4	棍子	韵！
977	pin3	piɛ3	饼	韵！
1071	puəŋ2	pə2	幅	韵！
53	puon3	pəu4	本	调！
61	pa:i3	pɛ5	摆设 + 陈列	调！
66	pun1	piu5	分给（一人～一份）	调！
493	pɛ:ŋ5	pa3	把（一～扇子）	调！
633	pien2	pien5	半（～斤）	调！
641	pui2	pəi4	背（～风）	调！
1478	pe7	piɛ4	逼	调！

声母对应 68: ph <> ph *ph

支持例证 10 个，如下：

同音索引	勉瑶	标敏	匹配义	
152	phin1	phiɛn1	篇	
155	phui5	phəi5	配（～颜色）	
1024	phou1	phəu1	铺（～床）	
1249	phuəŋ3	phɔŋ3	捧着（～水）	
1266	pha:n5	phan5	襻	
1351	pha:i5	pha5	剖开 - 开（～花）	
1380	phien5	phiɛn5	骗子 - 子（地支第一位）	
1417	phei1	phəi1	砖胚子 - 砖	
153	phin1	phi1	页	韵！
164	pha:n1	phəu1	床（一～被子）	韵！

注意以上例证中均为单数调。

声母对应 34: b <> b *b

支持例证 21 个，如下：

同音索引	勉瑶	标敏	匹配义
63	buon5	bin5	雪 + 冰
75	bui1	bəi1	响（枪～）
98	bie3	bia3	补助 + 补（～衣服）
128	beu5	biau5	涌出
175	biou2	biau2	漂浮
183	bien3	biɛn3	翻（船～了）+ 翻（～身）+ 翻脸 - 脸
192	bei2	bəi2	扁
264	buon3	bin3	粉末 + 米粉末 - 米
295	bie7	bia7	糠
323	ba1	ba1	吧（表商量语气）+ 吧（嘱咐语气）+ 吧（一般催促，有请求的语气）
506	bie6	bia4	步
610	bie5	bi5	麻痹（失去知觉）+ 麻（手～）
734	buəŋ4	bɔŋ4	儿媳妇 + 新娘 - 新

（续表）

同音索引	勉瑶	标敏	匹配义	
1062	buo5	bu5	告诉	
1104	bie6	bia4	舔	
114	bau1	biau1	尿脬 - 尿	韵！
478	biɛ3	bia3	补（～补锅）	韵！
770	bia:t8	bien4	扇子	韵！
1466	ba:u4	bia4	*泡沫*	韵！
1467	bia:u4	bia4	*泡沫*	
113	bau1	biau2	苞	调！

该组声母对应去除 1 例声调不对应的，1 组同义归一。

声母对应 180: b ⟡ bl　*bl

支持例证 8 个，如下：

同音索引	勉瑶	标敏	匹配义
728	biet8	blin4	舌头 + 舌根 - 根（树～）+ 舌根 - 根部
772	bau4	bla4	鱼 + 鱼鳃 - 鳃
780	bau2	blau2	稻谷 + 稻叶 - 叶子
784	ba:t8	blan4	辣
802	buŋ6	blə4	雨
1282	but8	blin4	鼻涕
1372	but8	blan4	糯米 - 米
1401	bai6	blai4	笋壳叶 - 壳（蛋～）

注意以上的例子都是双数调类。

声母对应 131: p ⟡ pl　(*pl)

支持例证共 5 个，如下：

同音索引	勉瑶	标敏	匹配义
348	pau3	pla3	房屋 + 砖房 - 砖 + 瓦房 - 瓦
352	pa1	pla1	五
680	pin1	plən1	起花斑（烤火～）
889	pei1	pli1	毛
926	pei1	pləi1	四

注意以上的例子都是单数调类。结合 *bl 来看，双数调和单数调两两互补；再加上 *ph 中只有单数调。这支持张琨（1947）的提议：8 声调源自更早的 4 调系统，按照清声母单数调，浊声母双数调分化而来。但就唇音声母而言，当前的声母 *p 和 *b 中，单双数调都有，其声母清浊的进一步分化重构从当前这两个瑶语方言还无法得到支持。据此，原始瑶语以保持 8 调系统为宜。（注：之后的 kl- 单双数调均有。）

声母对应 28: p ◇ b

声调不对应的达 7 对之多，再去除"韵！"的 1 例，只余下 2 例支持该组声母对应。如下：

同音索引	勉瑶	标敏	匹配义	
656	pou3	bəu3	斧头	
864	pien2	bien2	木盘	
51	pen3	bai3	竹板-竹子	韵！
50	pen3	bien2	脚板-脚	调！
176	piu7	bɔ3	爆（～米花）	调！
517	pɛːŋ2	bin4	药瓶-药	调！
529	pui6	bui5	倍（两～）	调！
725	pui2	bien4	陪（～客）	调！
1181	piet7	bien2	盆	调！
1449	pei2	bi4	脾气-气（撒～了）	调！

支持例证声调两例为 *3 调，不能归到 *b 声母下，勉瑶语前述 *b- 声母在 3 调时仍为 b-，此二例先清化为 p 声母的音理不足。如果考虑横向传递的话，其源头很可能是不同时代的汉语。参考：斧 pjugx（OC）、盘 ban（OC）或盆 bən (OC)。

3.2.3 舌尖塞音声母

舌尖塞音声母概览

	声母对应	语音条件	重构	例证	核心	99%	99.9%
3	t ◇ t		*t	59(60)	+	17	20
10	th ◇ th	仅单数调	*th	10		3	4
4	d ◇ d		*d	29(32)	+	8	9

声母对应3: t ◇ t *t

60个例证支持,如下:

同音索引	勉瑶	标敏	匹配义
4	ton5	tuən5	炖
89	tuŋ4	tuə4	猪
94	tiu2	tiu2	首(一~歌)+条(一~绳子)
95	tiu2	tau2	条(一~鱼)+条(一~裤子)
133	tɔ:i5	tuai5	对(一~猪)
195	tau2	tau2	只(一~狗)
196	tau2	tau2	裤腰-裤子
223	tai5	tai5	杀+杀(~猪)
356	ti2	tiu2	首(两~歌)
479	ti:ŋ1	tiɛ1	钉+钉子+钉鞋-鞋
505	tɔ5	tɔ5	剁(~肉)
511	tiu1	tiu1	雕(~刻)
515	tɔ:i5	tuai5	正确
536	tim3	tin3	点播
563	ton5	tuən5	顿(一~饭)
567	tɔ:n1	tuan1	儿子
580	taŋ5	taŋ5	断(绳子~了)
586	toŋ2	toŋ2	铜
612	ta:2	ta2	来(客人~了)+以来(自古~)
624	tai6	tai4	死+旱死-旱
628	tɔ:ŋ1	taŋ1	当(担当)
638	tɔ:ŋ5	taŋ5	当成(~小孩)
639	tɔ:ŋ2	taŋ2	糖+白糖-白(~吃)+白糖-白(~颜色)+蜂蜜-蜜蜂
658	tu7	tu7	值得-值(~钱)
668	tun1	tuən1	桥墩-桥
669	toŋ5	toŋ5	冻(鱼~)
724	tin6	tiɛn4	兰靛
741	toŋ4	toŋ4	动(扛不~)
753	tɔ:i5	tuai5	碓杵+碓

(续表)

同音索引	勉瑶	标敏	匹配义	
807	tim6	tiεn4	垫	
1007	tiu3	tiu3	酒	
1031	tei2	təi2	蹄子	
1039	tu2	ta2	泡（～饭）	
1047	ta:m3	tan3	胆小 - 小	
1053	tie3	ti3	值（～钱）	
1193	tau5	tau5	亲（～咀）	
74	tɔ:ŋ5	taŋ2	场地	
1389	taŋ5	taŋ5	长凳子 - 长 + 长凳子 - 长度	
426	tɔ:i6	tε4	代（一～人）+ 绝代 - 绝（～后代）+ 绝代 - 绝（～种）	韵!
530	teŋ1	tin1	丁（天干第四位）	韵!
531	teŋ3	ti3	抵	韵!
561	taŋ1	tən1	灯	韵!
611	tui2	tui2	下（～雨）	韵!
613	tie2	tε2	桌子	韵!
646	ta3	tau3	斗（一～米）	韵!
671	ta:m2	tan2	谈（～到这里）	韵!
677	to4	təu4	火	韵!
1337	toŋ2	tuŋ2	桐油 - 油	韵!
1379	tɔ:i6	ti4	烟袋 - 烟子 + 烟袋 - 烟（吸～）	韵!
87	tie5	tia1	父亲 + 父母 - 母亲	调!
456	tɔ:ŋ6	ta5	迷路 - 路	调!
537	tim3	taŋ5	典当	调!
568	tɔ:n1	tuan7	崽子 + 小斧头 - 斧头 + 小盖儿 - 盖儿（棺材～）+ 小盖儿 - 盖子 + 小鱼 - 鱼	调!
627	ta:n2	tεŋ3	弹（指打墨线）	调!
629	tɔ:ŋ1	tuai5	当（面对着）	调!
632	ta:ŋ3	taŋ7	党（～派）	调!
1046	ta:m3	tan4	胆	调!
1339	tom2	tin4	大门 - 门 + 大斧头 - 斧头 + 大包（一～）- 包（一～药）+ 大包（一～）- 包（～庇）+ 大人 - 人	调!

（续表）

同音索引	勉瑶	标敏	匹配义	
1349	ta:n1	tan3	被面 - 被子	调！
1374	tei2	təi4	第一 - 一（十以后的~）	调！

10 例不合声调对应，1 组同义归一。注意这套对应中缺 8 调。

声母对应 10: th ◇ th   *th

支持例证 10 个，如下：

同音索引	勉瑶	标敏	匹配义	
16	thɔ:ŋ1	thaŋ1	汤	
503	thei1	thəi1	梯子	
599	thu3	thu3	讨（~债）	
689	thei5	thəi5	剃	
691	thɔ1	thɔ1	拖	
708	tha:n5	than5	炭 + 木炭	
718	thoŋ1	thoŋ1	通（可以穿过）	
989	tha:n1	than1	瘫痪	
1126	thou5	thau5	透（熟~）	
1175	thop7	thau5	套（~一件衣服）	调！

1 例不合声调对应，则余 9 例。均为单数调。

声母对应 4: d ◇ d   *d

支持例证 32 个，如下：

同音索引	勉瑶	标敏	匹配义	
6	dat7	dan7	织（~布）	
59	dɔ:t7	dan7	掉落 + 落（~叶）	
60	diep7	dian7	滴	
271	dut7	dan7	脱（鞋子~落）	
548	di7	di7	踢	
566	dam6	din4	踩（~脚）	
572	da:ŋ1	daŋ1	香	
592	diaŋ5	diaŋ5	树 + 漆树 - 漆 + 李树 - 李子	

（续表）

同音索引	勉瑶	标敏	匹配义	
593	doŋ5	dɔŋ5	戴（～斗笠）	
620	da:u3	da3	**长**＋长度	
642	du1	du1	深	
675	dop7	din7	皮子＋**皮**＋蛋皮-蛋＋皮鞋-鞋	
779	dɔ:i2	duai2	薯＋白薯种-种子	
782	dau6	dau4	下（～蛋）	
798	du6	du4	麻	
931	duŋ1	duə1	聋	
1000	du2	da2	拴（～马）＋捆绑	
1116	dai5	dai5	飞	
1333	da:i2	da2	天河（即银河）-天	
1385	du7	dɔ7	脚趾头-脚	
1468	die1	di1	布＋油布-油＋布鞋-鞋	
60	diep7	dan7	滴	韵！
1137	da:m1	da1	挑（～水）	韵！
1438	du7	dɔ7	脚趾-脚	韵！
1469	de1	di1	布	韵！
270	dut7	dun5	脱（逃～）	调！
473	dan6	diŋ2	振动	调！
490	diu6	diu5	跳（向上～）	调！
606	dau1	dəi5	地（与"天"相对）	调！
701	dun5	dan7	脱落（头发～）	调！
919	dɔ:p7	diŋ1	耷拉（眼皮）	调！
1138	da:m1	da5	担（一～米）	调！

7例不合声调对应，3组同义归一。注意缺少4调和8调。

3.2.4 舌尖擦音声母

舌尖擦音声母概览

	声母对应	语音条件	重构	例证	核心	99%	99.9%
31	s ⇔ s		*s	19	＋	7	8

	声母对应	语音条件	重构	例证	核心	99%	99.9%
43	f ◇ s	无带 -i- 韵母	*sh	15		6	7
70	f ◇ ɕ	带 -i- 韵母	*sh	11	+	4	5

声母对应 31: s ◇ s *s

支持例证 19 个，如下：

同音索引	勉瑶	标敏	匹配义	
55	sop7	sən7	涩	
139	suaŋ5	sɔŋ5	被子	
410	sa1	sa1	发痧 - 发（～芽）	
425	sei5	səi5	世	
579	sei1	səi1	尸体	
622	sɔ:ŋ1	sɔ1	霜	
674	sou1	səu1	书	
817	sun1	sun1	闩（～门）+ 门闩 - 门	
1075	sie3	sa3	舍（～不得）	
1096	sui1	suəi1	酸 + 酸菜 - 菜	
1213	siaŋ1	saŋ1	新	
1323	su5	su5	馊	
290	si5	sui5	线	韵！
1168	sap7	sən7	蜈蚣	韵！
1183	suei1	səu1	输	韵！
461	sɔ:m3	səi1	嘶哑	调！
1079	sɛ:ŋ3	sɔ1	升（一～米）	调！
1214	sou5	sau3	数（～数）	调！
1342	siou6	səi1	寿布 - 布	调！

4 例不合声调对应。只有单数调。

声母对应 43: f◇s   *sh

支持例证 15 个，如下：

同音索引	勉瑶	标敏	匹配义	
86	fun5	sun5	推算	
172	foŋ1	soŋ1	松(绳子变~) + 松(~紧)	
415	fa:u5	sa5	上(~课) + 上(~山)	
462	fa:n5	san5	伞	
475	fuŋ5	suə5	送(~客人)	
477	fɔ3	sɔ3	锁(~门)	
932	foŋ1	soŋ1	宽裕(生活~)	
950	fun1	suən1	孙子	
1089	fei1	səi1	诗	
1091	fei1	səi1	丝(蚕吐~)	
1480	fiou1	sau1	修(~路)	
1049	fin5	sui5	铜丝 - 铜	韵！
1268	fɔ:i1	sai1	鳑 + 鱼鳑 - 鱼	韵！
1384	fai1	sa1	沙土 - 土	韵！
383	fui5	suən3	耗费	调！

只有单数调。

声母对应 70: f◇ɕ   *sh

支持例证 11 个，如下：

同音索引	勉瑶	标敏	匹配义	
259	fim1	ɕiɛn1	树心 + 树心儿 + 放心 - 放下(下垂) + 放心 - 放(~走)	
464	fiu1	ɕiau1	火硝 + 火药	
465	fiu1	ɕiu1	销(~了多少货)	
761	fi:ŋ3	ɕiɛ3	苏醒	
1021	fiou1	ɕiau1	削	
1086	fie3	ɕia3	写	
1108	fi7	ɕi7	锡	
1369	fi:ŋ1	ɕiɛ1	秤星 - 秤 + 秤星 - 秤(一把~)	

同音索引	勉瑶	标敏	匹配义	
941	fɛ5	ɕiaŋ5	掼	韵！
156	fiu4	ɕiu1	消（～肿）	调！
723	fai5	ɕiɛu3	小	调！

只有单数调。从勉瑶语韵母条件来看，除了 #1480，匹配 43 中，均没有介音 -i-，匹配 70 则基本均有。可以考虑将这两条对应处理为互补分布。从音理上可以解释 25 套对应中标敏瑶语中 ɕ 源自 *s- 在介音 -i- 前的腭化。

3.2.5 舌根塞音声母

舌根塞音声母概览

	声母应对	语音条件	重构	例证	核心	99%	99.9%
38	k ◇ k		*k	31(32)	+	13	15
145	tɕ ◇ k		(-)	7		6	8
54	kh ◇ kh	仅单数调	*kh	17		4	5
97	g ◇ g		*g	7		3	4
164	dʑ ◇ g	仅单数调	*gl	6		3	4
37	k ◇ kl		*kl	19	+	6	8
118	g ◇ k		(*Nk)	6		5	7

声母对应 38: k ◇ k *k

支持例证 32 个，如下：

同音索引	勉瑶	标敏	匹配义	
265	kun3	kun3	管（过问）	
266	kua1	kua1	瓜 + 瓜种 - 种子	
339	ku5	ku5	老（人～）	
655	ku1	ku1	远	
685	kye5	kua5	过（走～了）	
720	ka3	kɔ3	借	
768	kiu3	kiu3	绞	
836	kɛ7	kiɛ7	摘（～果子）	

(续表)

同音索引	勉瑶	标敏	匹配义	
876	kuei6	kuəi4	跪	
915	kie7	kia7	黑色	
943	ka:t7	kuan7	割	
991	kɔ:ŋ5	kɔ5	木杠	
1001	kɔ:n1	kuan1	根(树~)+根部	
1020	kui5	kuəi5	生(~火)	
1036	kye1	kua1	磨损	
1291	ka:m1	kan1	甜	
1293	ka:m3	kan3	敢	
1295	kau5	kau5	够	
1414	kia1	ka1	亲家-亲(~兄弟)	
1423	kua3	kua3	寡蛋-蛋	
1430	ka:n3	kuan3	赶集-集市	
1448	kɔ:n1	kuan1	舌根-舌头	
587	kan1	kin1	跟(~他住)+跟,和	韵!
1145	kuei3	kiau3	蜗牛	韵!
1297	ku5	kɔ5	告发	韵!
72	kɔ5	kɔ1	哥哥	调!
88	kɔ:ŋ5	kɔŋ1	雄性(禽兽类)	调!
190	kit7	kau5	结(~冰)	调!
451	ka:ŋ5	kɔ1	钢	调!
1250	kun4	kun3	管辖	调!
1345	kou3	kɔŋ1	公狗-狗	调!
1471	kuɛ:ŋ5	kiau4	扔	调!

1组同义归一，则32-1=31例证。（注：除了#876，其他均为单数调。）

声母对应145: tɕ<>k(-)

支持例证7个，如下：

同音索引	勉瑶	标敏	匹配义	
439	tɕia1	ka1	加+加(~上)	

（续表）

同音索引	勉瑶	标敏	匹配义	
1285	tɕia5	ka5	价（～钱）	
1288	tɕia5	ka5	架（～桥）	
1308	tɕia5	ka5	嫁	
1261	tɕia:i1	kiɛ1	街道	
1424	tɕia:i5	kiɛ5	戒烟-烟子 + 戒烟-烟（吸～）	
402	tɕiam3	kan3	减（～去）	韵！

与上述对应38: k <> k（*k）相比，在带 -i- 韵母条件下，对应145 在勉瑶语中均为腭化的 tɕ- 声母，而对应38 则为 k-，而且其中所辖的词汇更为核心，二者语音条件对立，并不互补。

| 915 | kie7 | kia7 | 黑色 |
| 1414 | kia1 | ka1 | 亲家-亲（～兄弟）|

从标敏瑶语的角度看一对多，即：

k	k
tɕ	k

声母对应145 应是较晚的层次，即两方言分化之后从腭化的方言中借入的，而此时勉瑶语已经产生了腭化音，而标敏尚未。

声母对应54: kh <>kh　*kh

支持例证17 个，如下：

同音索引	勉瑶	标敏	匹配义	
118	khau5	khui5	系（～纽扣）	
221	khɔ:i1	khuai1	开（～个窗眼）	
692	khin1	khən1	牵	
1106	kha:ŋ5	khɔ5	烘	
1185	khuei1	khuəi1	亏（～本）	
1194	khou5	khəu5	扣（～钱）	

（续表）

同音索引	勉瑶	标敏	匹配义	
1309	khuŋ5	khuə5	空（～闲）	
1314	khɔ:i3	khuai3	海	
1363	khom3	khən3	碓臼 - 碓杵 + 碓臼 - 碓	
298	khon5	khə5	㞘（～水）	韵！
1131	khot7	khuan7	洞儿	韵！
1192	khɔ:n1	khuai1	开（～会）	韵！
1305	khyn5	khən5	劝说	韵！
852	khaŋ1	khuai5	道（一～门）	调！
1455	khua:i3	khuai5	块（一～木板）	调！
1456	khua:i3	khuai1	块（一～钱）	调！
1458	kha:i3	khuai5	块（一～木板）	调！

均为单数调。

声母对应 97：g <> g *g

支持例证 7 个，如下：

同音索引	勉瑶	标敏	匹配义	
225	gɔ:m1	gan1	衔	
277	gyaŋ1	guaŋ1	亮 + 天亮 - 天	
743	gun1	guan1	冠子 + 鸡冠 - 鸡	
789	ga:n1	guan1	茅草	
1218	gɛ7	giɛ7	隔	
1307	ga:t7	guan7	渴	
1044	gem2	giɛn2	嫌	韵！

声母对应 164：dʑ <> g *gl

支持例证 6 个，如下：

同音索引	勉瑶	标敏	匹配义	
1028	dʑin5	gən5	格儿（分成～）	
1151	dʑiu3	giau3	剪刀	
557	dʑiap7	gan7	夹（～住）	韵！

同音索引	勉瑶	标敏	匹配义	
997	dʑia:u5	ga5	教	韵！
558	dʑiap7	giɛn4	夹（～在胳膊底下）	调！
1247	dʑim2	gan7	钳住	调！

声调都是单数调。

声母对应 37：k ⇌ kl *kl

支持例证 19 个，如下：

同音索引	勉瑶	标敏	匹配义	
70	ka:u3	klau3	还（～债）	
274	kun6	klin4	肥＋肥胖	
509	kat7	klan7	笑	
521	kɛ:ŋ2	klɛ2	门＋门闩-闩（～门）	
524	ku7	klɔ7	六	
866	ka:m2	klan2	燎	
909	kun2	klin2	圆（～桌）	
920	ka:i3	kla3	腰	
921	ku3	klu3	狗	
1128	kɔ:ŋ1	klɔ1	角儿	
1134	kau3	kla3	路＋马路-马＋铁路-铁	
1142	kau5	klau5	蛋＋鸭蛋-鸭子＋蛋白-白（～吃）＋蛋白-白（～颜色）＋蛋皮-皮子＋蛋皮-皮	
1150	kap7	klan7	剪（～下来）	
1162	kɛ:ŋ1	klɛ1	虫	
1242	kuŋ1	klə1	虹	
1275	ka:ŋ1	klaŋ1	颈子	
1281	ka:ŋ2	klaŋ2	肠子	
1022	kua:i2	klən7	刮（～芋头）	调！
1127	kuei3	kli1	螺蛳	调！

注意以上 *kl- 的支持例证中也有不少双数调。

声母对应 118: g ⇔ k (*Nk-)

同音索引	勉瑶	标敏	匹配义	
279	gyaŋ3	kuaŋ3	宽 + 宽敞	
1280	gai3	kai3	屎	
1354	ga:i1	kan1	甘心 / 称心 - 心坎 + 甘心 / 称心 - 心脏	韵!
1447	gom1	kuan1	门槛儿 - 门	韵!
990	gun6	kən3	捲	调!
1298	gut7	kau1	弯 (～腰)	调!

2 例不合声调对应。最简单的处理就是重构为 Nk-，在勉瑶语中浊音化，标敏瑶语中直接丢失前置鼻音。

3.2.6 舌根擦音声母

舌根擦音声母概览

	声母对应	语音条件	重构	例证	核心	95%	99%	99.9%
8	h ⇔ h		*h	27	+	6	7	9

声母对应 8: h ⇔ h   *h

支持例证 27 个，如下：

同音索引	勉瑶	标敏	匹配义	
332	hun1	hun1	园子 (菜～)	
399	hən5	hən5	恨	
554	ha:i5	ha5	哪 (疑问词)	
808	ha:n6	huan4	汗	
1023	hu8	hɔ4	学 + 学习	
1051	hɛ:ŋ2	hiɛ2	行 (不～)	
1090	huŋ1	huə1	香 (烧～)	
1317	hou2	həu2	壶	
1318	hop7	hən7	喝	
1433	hɛ:ŋ2	hiɛ2	檁条 - 条 (一～绳子)	
1462	hu3	hu3	破	
300	hua:ŋ1	huaŋ1	慌张	

（续表）

同音索引	勉瑶	标敏	匹配义	
325	hyŋ1	huaŋ1	旋转	
608	hu4	hau4	厚	
11	hɔ:i6	han4	危害/伤害+害(～人)	韵!
294	heŋ1	hia1	轻	韵!
547	hə6	hən4	合(不～脚)	韵!
664	hɔ:p8	hɔ2	和睦	韵!
1112	hiet8	hiɛn4	八	韵!
1330	hɔ:p8	hən4	盒(一～火柴)	韵!
1419	hɔ8	ho4	放学-放下(下垂)+放学-放(～走)	韵!
46	heu6	hiau3	叫(～什么名)+喊+叫(～人)	调!
367	hu6	hau5	号(房)	调!
438	hai2	hai7	会(～做)	调!
1033	he8	hiɛ2	木板鞋+鞋+鞋底-底儿+鞋底-底(鞋袜的～)+钉鞋-钉+钉鞋-钉子+皮鞋-皮子+皮鞋-皮+布鞋-布	调!
1312	hɔ:n6	han5	焊接	调!
1315	hɔ:i4	hai5	亥(地支第十二位)	调!

3.2.7 鼻音声母

鼻音声母概览

	声母对应	语音条件	重构	例证	核心	95%	99%	99.9%
30	m ⟺ m		*m	31	+	5	6	8
98	m ⟺ m̥		*hm	8(9)	+	2	3	4
45	m̥ ⟺ m̥	仅单数调	*m̥	3		1	1	2
16	n ⟺ n		*n	14	+	3	4	6
183	n̥ ⟺ n̥	仅单数调	*n̥	3		1	1	2
18	ȵ ⟺ ȵ		*ȵ	7	+	2	2	3
124	ȵ̥ ⟺ ȵ̥	仅单数调	*ȵ̥	2		1	1	1
214	ŋ ⟺ ŋ		*ŋ	4		1	1	2
147	ȵ ⟺ ŋ	仅2调	(*ŋj)	3		2	2	3

3 原始瑶语

声母对应 30: m <> m *m

支持例证 31 个，如下：

同音索引	勉瑶	标敏	匹配义	
203	ma:i2	ma2	有	
206	ma:i6	ma4	卖	
219	ma4	ma4	马 + 木马 + 马路 - 路	
232	muo6	mu4	帽子	
235	mun1	mun1	痛 (～得很)	
242	mou4	məu4	亩	
654	miaŋ2	miaŋ2	舅母	
756	mɛ:ŋ1	mɛ1	绿 + 青 (～天) + 青 (～一块) + 绿头苍蝇 - 蝇子 + 绿头苍蝇 - 苍蝇	
771	mien2	min2	人	
793	mɛ:ŋ6	mɛ4	命	
795	miu2	miau2	瞄	
903	muo7	mɔ7	掏	
1061	mən5	mən5	烦闷	
1165	muei4	mi4	蜜蜂	
1172	moŋ4	mə4	蝇子 + 苍蝇 + 绿头苍蝇 - 绿	
1253	man6	man4	慢 + 慢慢 - 慢	
236	muei4	məi2	你	韵！
238	muon6	mun4	细	韵！
244	mɔ6	mia4	磨 (～面粉) + 磨子 + 磨	韵！
522	muon2	mən2	门 (这～亲事)	韵！
1074	maŋ6	mə4	看 + 看,瞧	韵！
1229	mien4	man4	隐瞒	韵！
1446	maŋ2	məi2	蛋黄 - 蛋	韵！
54	mou1	məu2	模子	调！
186	mit8	mɛ5	抿 (～一口)	调！
200	mau1	mi4	软	调！
205	ma:i4	mau1	打 (～酒)	调！
220	ma4	ma7	马灯 - 灯	调！
231	ma:u4	mau7	卯 (地支第四位)	调！

(续表)

同音索引	勉瑶	标敏	匹配义	
1395	mui2	mui4	煤炭 - 炭	调！
1444	min3	mien4	水面 - 水	调！

声母对应 98: m <> m̥   *hm

支持例证 9 个，如下：

同音索引	勉瑶	标敏	匹配义	
786	mie3	m̥ia3	草 + 草药 - 药	
894	mien3	m̥iɛn3	鬼	
1359	mien3	m̥iɛn3	脚印 - 脚	
1407	muaŋ5	m̥ɔŋ5	听话 - 话	
227	min6	m̥ɛ4	麦子 + 面粉 - 粉末	韵！
373	məŋ5	m̥ɔŋ5	听（~报告）	韵！
715	ma:t8	m̥un4	袜子	韵！
1225	ma:t8	m̥ɔ4	墨 + 墨水 - 水	韵！
257	muon4	m̥ɔŋ5	晚（今~上）	调！

声母对应 45: m̥ <> m̥   *m̥

支持例证 3 个，如下：

同音索引	勉瑶	标敏	匹配义	
92	m̥ei1	m̥əi1	藤子	
226	m̥ien1	m̥in1	脸	
448	m̥ei3	m̥i3	米 + 黏米 - 黏 + 米粉末 - 粉末	

声母对应 16: n <> n   *n

支持例证 14 个，如下：

同音索引	勉瑶	标敏	匹配义	
32	na:i6	na4	盘问/询 + 问	
79	na:i3	na3	这 + 本月 - 月（一个~）	
148	noŋ6	noŋ4	脓（化~）	

同音索引	勉瑶	标敏	匹配义	
397	nam5	nan5	冷水 - 水	
765	nin2	nin2	他 / 她 / 它	
774	nɔ:m2	nan2	叶子 + 树叶 + 稻叶 - 稻谷 + 茶叶 - 茶	
785	naŋ1	naŋ1	蛇	
854	naŋ3	naŋ3	短 (长~)	
1402	na:ŋ1	naŋ1	水蛇 - 水	
845	nɔ:m1	nɔ1	口 (一~井) + 顶 (一~帽子) + 粒 (一~米) + 半个 - 半 (~斤)	韵!
907	noŋ2	nuə2	浓	韵!
1405	ni2	n̩2	今年 - 年 ; 岁	韵!
26	n̩3	n̩5	不要 (走) - 要	调!
602	nan3	nan4	捏 (~拳头) + 握 (~手)	调!

声母对应 183: ȵ ◇ ȵ   *ȵ

支持例证 3 个，如下：

同音索引	勉瑶	标敏	匹配义
732	ȵa:ŋ5	ȵaŋ5	饭
809	ȵie3	ȵi3	重
1210	ȵop7	ȵən7	咳嗽

声母对应 18: ȵ ◇ ȵ   *ȵ

支持例证 7 个，如下：

同音索引	勉瑶	标敏	匹配义	
121	ȵia:n2	ȵuan2	银子	
735	ȵia:m1	ȵan1	嫂嫂	
739	ȵiem3	ȵan3	哭	
762	ȵie1	ȵa1	醒	
799	ȵien6	ȵin4	吃	
443	ȵiom6	ȵin4	染	韵!
29	ȵie5	ȵa3	背 (孩子)	调!

声母对应 124: ȵ < > ȵ　*ȵ

支持例证 2 个，如下：

同音索引	勉瑶	标敏	匹配义
304	ȵou3	ȵau3	气量小 - 小
737	ȵiaŋ5	ȵaŋ5	年；岁

声母对应 214: ŋ <> ŋ　*ŋ

支持例证 4 个，如下：

同音索引	勉瑶	标敏	匹配义	
1287	ŋau1	ŋau1	弯曲	
1328	ŋa:u2	ŋau2	熬	
1387	ŋɔ6	ŋɔ4	饿死 - 死	
1200	ŋua4	ŋɔ4	瓦 + 瓦房 - 房屋	韵！

声母对应 147: ȵ <> ŋ（*ŋj）

支持例证 3 个，如下：

同音索引	勉瑶	标敏	匹配义
404	ȵia2	ŋa2	芽
1427	ȵia2	ŋa2	衙门 - 门（这～亲事）
1209	ȵie2	ŋɔ2	鹅

3.2.8　边音声母

边音声母概览

	声母对应	语音条件	重构	例证	核心	95%	99%	99.9%
19	l <> l		*l	34	+	7	8	10
125	ɬ <> ɬ	仅单数调	*ɬ	12	+	2	2	3
101	l <> ɬ	仅双数调	(*hl)	6		4	5	6

声母对应 19：l <> l   *1

支持例证 34 个，如下：

同音索引	勉瑶	标敏	匹配义	
31	lu3	lu3	呕	
146	lun2	luən2	缝（～衣）	
280	lou6	ləu4	显露 + 露（～出来）	
317	luŋ2	luə2	天 + 天亮 - 亮 + 半空 - 半（～碗）	
321	lei2	ləi2	离开（～家）- 开（～花）	
346	lai2	lai2	犁	
502	lun5	lun5	嫩（菜很～）+ 嫩	
706	liem2	lian2	淋（用水～）	
719	lou2	ləu2	风箱	
746	lɔ2	lɔ2	锣	
760	lɛ:ŋ6	lɛ4	双（一～鞋）	
801	lam4	lan4	仓库	
818	li:ŋ2	liɛ2	田 + 水田 - 水 + 田地 - 地（一块～）+ 田坎 - 坎儿	
822	lei6	ləi4	利息	
826	la:ŋ2	liɔ2	粮（上～）	
827	luŋ4	luə4	两（三～重）	
892	liou2	liau2	留（～给他）	
1042	lɔŋ5	lɔŋ5	好（～人）	
1121	lin6	liɛn4	炼（～油）	
1201	luei6	luəi4	懒	
1226	lau4	la4	窝（鸟～）	
1235	lai6	lai4	锋利	
1237	laŋ4	laŋ4	村子	
1238	lai1	lai1	菜 + 白菜 - 白（～吃）+ 白菜 - 白（～颜色）+ 酸菜 - 酸	
1243	lɔŋ2	lɔŋ2	笼子 + 鸟笼 - 鸟 + 鸡笼 - 鸡	
1341	lui1	luəi1	夹衣 - 夹（～住）	
704	lən2	liɛn2	轮（～到）	韵！
821	lei4	liaŋ4	里（路）+ 里（一～路）	韵！

(续表)

同音索引	勉瑶	标敏	匹配义	
281	lou6	la3	漏	调！
485	la:t8	lan2	拦（～住他）	调！
856	la:i6	lai5	赖账 - 账	调！
927	lien1	liaŋ2	麟	调！
928	lien1	liaŋ2	鱼鳞 - 鱼	调！
1296	lu4	lu5	旧	调！

声母对应 125：ɬ <> ɬ　*ɬ

支持例证 12 个，如下：

同音索引	勉瑶	标敏	匹配义	
306	ɬan1	ɬan1	**肝**	
345	ɬiaŋ3	ɬaŋ3	李子 + 李树 - 树	
816	ɬa:u1	ɬa1	量（～米）	
937	ɬu1	ɬu1	**大**	
945	ɬie7	ɬia7	铁 + 铁路 - 路	
949	ɬa5	ɬa5	月（一个～）+ 半月 - 半（～碗）	
952	ɬau3	ɬau3	竹子	
1212	ɬaŋ1	ɬaŋ1	高	
946	ɬa:ŋ1	ɬa:ŋ1	绳子	韵！
942	ɬɛ2	ɬia5	伸（～舌头）	调！
1076	ɬu7	ɬɔ4	捞取	调！
1198	ɬoŋ1	ɬui3	觅食（鹅鸭～）	调！

声母对应 101：l <> ɬ（*hl）

例证共 6 个，如下：

同音索引	勉瑶	标敏	匹配义	
233	lap8	ɬan4	斗笠	
1245	lom6	ɬən4	山林 + 树林	
1426	la:p8	ɬan4	腊肉 - 肉	
282	lou6	ɬu4	过滤	韵！

(续表)

同音索引	勉瑶	标敏	匹配义	
1230	la8	ɬun4	勒（～紧）	韵！
954	lui4	ɬuəi1	滑（～下去）	调！

3.2.9 舌尖塞擦音声母

舌尖塞擦音声母概览

	声母对应	语音条件	重构	例证	核心	95%	99%	99.9%
20	ts ⬄ ts		*ts	28	+	8	10	12
87	ts ⬄ tɕ		-	12（13）		8	9	11
11	tsh ⬄ tsh	仅单数调	*tsh	11		3	4	5
157	tsh ⬄ tɕh	仅单数调	-	7		2	3	4
53	dz ⬄ dz		*dz	14		3	4	5
42	ts ⬄ ʈ		*tr	38（39）	+	14	16	18
79	tsh ⬄ ʈh	仅单数调	*thr	11（12）		4	5	6
29	dz ⬄ ɖ		*dr	5		2	3	4

声母对应 20：ts ⬄ ts　*ts

支持例证 28 个，如下：

同音索引	勉瑶	标敏	匹配义
40	tsin2	tsin2	钱纸 - 纸 + 纸钱 - 纸
101	tsou3	tsəu3	坟墓
372	tsoŋ1	tsɔŋ1	钟（～表）
398	tsa:m1	tsan1	簪子
457	tsuei5	tsui5	最（～好）
497	tsai5	tsi5	祭（～桥）+ 祭（～鬼）
678	tsa:ŋ2	tsaŋ2	柴 + 生柴 - 生（与"熟"相对）+ 干柴 - 干（与"湿"相对）
871	tsiem5	tsan5	浸
872	tsau5	tsau5	**脚**
901	tsu2	tsu2	槽 + 水槽 - 水
1038	tsa:ŋ5	tsaŋ5	甑子

同音索引	勉瑶	标敏	匹配义	
1050	tsa:m3	tsan3	淡	
1057	tsei5	tsi5	梳	
1063	tsa:ŋ6	tsan4	瓦匠 - 瓦 + 银匠 - 银子 + 铁匠 - 铁	
1321	tsuei5	tsuəi5	臭	
1398	tsuei4	tsuəi4	坐下 - 下 (牛～崽) + 坐下 - 下 (能装～) + 坐下 - 下 (～去) + 坐下 - 下 (由上向下)	
33	tsin5	tsun5	箭	韵
340	tsui4	tsuai4	罪	韵!
1392	tsei3	tsan3	条子 (写～) - 条 (一～绳子)	韵!
400	tsei3	tsʅ7	子 (地支第一位)	调!
687	tsu4	tsu5	做 (～桌子)	调!
805	tsim1	tsi7	黏 + 黏米 - 米	调!
870	tsiem5	tsi4	浸 (～入)	调!
972	tsuəŋ5	tsɛ1	栽	调!
1014	tsi3	tsʅ7	只 (～有他)	调!
1371	tsi2	tsʅ7	尽管 - 管 (过问)	调!
1382	tsoŋ1	tsɔŋ7	棕树 - 树	调!
1428	tsa:m3	tsan7	崭新 - 新	调!

声母对应 87: ts ⇔ tɕ (-)

支持例证 13 个, 如下:

同音索引	勉瑶	标敏	匹配义	
198	tsi:ŋ3	tɕiɛ3	井 + 水井 - 水	
394	tsip7	tɕin7	承接 + 迎接	
651	tsiu5	tɕiu5	照射 (阳光～) + 照 (～镜子)	
652	tsiu5	tɕiau5	照 (～镜子)	
1052	tsiem1	tɕian1	楔子	
343	tseŋ3	tɕiɛ3	整 (～人)	韵!
406	tsun6	tɕiɛn4	旋儿 (牛马的～) + 旋 (头～)	韵!
992	tsuŋ1	tɕiɔ1	浆 (～衣裳)	韵!

（续表）

同音索引	勉瑶	标敏	匹配义	
1013	tsiep8	tɕi4	十一 - 一（十以后的～）	韵！
1272	tsi:ŋ2	tɕiɔ2	墙	韵！
697	tsiet8	tɕin3	紧（鞋）+ 紧	调！
968	tsei1	tɕi4	禁忌	调！
1260	tsiou3	tɕy7	主（作～）	调！

同义归一 1 例。

与声母对应 20 相对照，在带 -i- 介音韵母前有对立分布，因此不能处理为互补分布。对应 87 所辖的标敏瑶语例子在 -i 前均腭化，相比而言，该套匹配应为瑶语方言分化后借用造成。

声母对应 11：tsh <> tsh　　*tsh

支持例证 11 个，如下：

同音索引	勉瑶	标敏	匹配义	
380	tshui1	tshuəi1	催（～促）	
382	tshun5	tshuən5	寸（一～布）	
452	tshou1	tshəu1	粗 + 土布 - 布	
1019	tshien1	tshin1	亲（～兄弟）	
1257	tshai1	tshai1	猜	
17	tshu5	tshəu5	醋	
169	tshom1	tsha1	掺（～水）	韵！
441	tshiet7	tshan7	漆 + 漆树 - 树	韵！
1179	tshuei5	tshuai5	脆	韵！
644	tshɔ2	tshɔ5	锉（用锉子～）	调！
645	tshɔ2	tshan7	蹭（～痒）	调！

均为单数调。

声母对应 157：tsh <> tɕh　　(-)

支持例证 7 个，如下：

（续表）

同音索引	勉瑶	标敏	匹配义	
458	tshin2	tɕhiɛn1	千	
886	tsha:ŋ3	tɕhiɔ3	抢	
934	tshi:ŋ1	tɕhiɛ1	清（数不~）	
1440	tsha5	tɕhia5	岔路口-路	
450	tshei5	tɕhin5	砌	韵！
589	tshou1	tɕhiɛu1	抽（~掉）	韵！
882	tship7	tɕhiɛn7	插（用力~）	韵！

声调均为单数调。与声母对应 11 对照，类似于声母对应 87，也为后起借用造成。

声母对应 53: ʥ <> ʥ *ʥ

支持例证 14 个，如下：

同音索引	勉瑶	标敏	匹配义	
108	ʥop8	ʥən4	栖息（鸟）	
411	ʥou1	ʥəu1	租（~房子）	
470	ʥu5	ʥu5	洗（~衣服）	
712	ʥa:n5	ʥan5	散（分散）	
738	ʥa:ŋ3	ʥaŋ3	船	
838	ʥa:ŋ6	ʥaŋ4	字	
906	ʥa:i2	ʥa2	咸	
964	ʥɔ:i2	ʥuai2	齐（来~了）+ 齐心-心坎 + 齐心-心脏	
1037	ʥau3	ʥa3	盐	
117	ʥau6	ʥɔ4	泡（一~屎）	韵！
359	ʥa:5	ʥa3	淘（~米）	调！
412	ʥa:u5	ʥa3	洗（~脸）	调！
414	ʥaŋ2	ʥən4	层（一~楼）+ 上层-上（~面）	调！
1336	ʥuei2	ʥui5	口水-水	调！

声母对应 42: ts <> ȶ *tr

支持例证 39 个，如下：

同音索引	勉瑶	标敏	匹配义	
85	tsie5	ȶa5	几（询问数字）	
312	tsɔ7	ȶɔ7	捉	
329	tsɔ:ŋ1	ȶɔ1	装束	
330	tsɔ:ŋ1	ȶɔ1	安装（~板壁）	
363	tsuŋ4	ȶuə4	丈（一~布）	
434	tsa:ŋ1	ȶɔ1	蒸（~饭）+ 蒸	
466	tsuŋ5	ȶuə5	涨（豆子泡~了）	
504	tsa:ŋ5	ȶuə5	仗（打~）	
514	tsei4	ȶəi4	是	
527	tsou6	ȶəu4	筷子	
543	tsun3	ȶuən3	准（对~）	
670	tsun2	ȶuən2	传播	
676	tsei3	ȶəi3	纸 + 白纸-白（~吃）+ 白纸-白（~颜色）+ 油纸-油	
791	tsu7	ȶu7	穿（~衣服）	
925	tsuei2	ȶuəi2	捶	
973	tsa2	ȶa2	茶 + 茶油-油 + 茶叶-叶子	
979	tsie7	ȶa7	**认识**	
986	tsa5	ȶa5	榨（~油）	
1035	tsie7	ȶa7	织（~网）	
1045	tsun1	ȶuən1	砖 + 砖房-房屋	
1056	tsa:ŋ5	ȶuə5	账	
1231	tsuo3	ȶu3	守	
1252	tsai2	ȶai2	迟 + 晚稻-稻谷	
1256	tsuei2	ȶuəi2	锤（打一~）	
1264	tsa1	ȶa1	渣滓 + 油渣-油（动物~）	
1327	tsou3	ȶəu3	煮（~饭）	
1434	tsa:u5	ȶa5	鸡罩-鸡	
546	tsiaŋ5	ȶan5	端正	韵!
661	tsɔ:n6	ȶun4	赚	韵!

（续表）

同音索引	勉瑶	标敏	匹配义	
166	tsuŋ1	ʈuə5	把（一～刀）	调！
167	tsuŋ1	ʈuə4	张（一～纸）	调！
331	tsɔ:ŋ1	ʈɔ2	装	调！
544	tsa8	ʈan5	直	调！
634	tsuo8	ʈu3	等待	调！
763	tsi3	ʈa5	挤（～脓）	调！
830	tsiaŋ2	ʈuə3	长（菜～出来）	调！
955	tsia:u5	ʈa1	呼喊（～鸡）	调！
1169	tsei4	ʈui5	痣	调！
1260	tsiou3	ʈau7	主（作～）	调！

1 组同义归一。

声母对应 79: tsh <> ʈh　*thr

支持例证 12 个，如下：

同音索引	勉瑶	标敏	匹配义	
170	tshoŋ5	ʈhoŋ5	炮 + 枪	
643	tshoŋ1	ʈhoŋ1	冲刷（洪水～）	
727	tshie1	ʈha1	纺（～纱）	
842	tshu7	ʈhɔ7	戳（用棍子～）	
1032	tshou5	ʈhəu5	床 + 床铺	
1085	tshie1	ʈha1	车子 + 水车 - 水	
1125	tshɔ7	ʈhɔ7	撮（～土）	
1157	tsha:u3	ʈha3	炒	
1376	tshun1	ʈhuən1	回春 - 回（～信）	
877	tshuot7	ʈhuən7	出（～汗）	韵！
878	tshuot7	ʈhuə7	出门 - 门	韵！
374	tshun5	ʈhuən1	串（一～鱼）+ 穿（～孔）+ 穿（～针）	调！

同义归一 1 例。仅单数调出现。

声母对应 29: ʥ <> ɖ   *dr

支持例证 5 个，如下：

同音索引	勉瑶	标敏	匹配义
52	ʥu8	ɖu4	菜刀 + 刀子 + 刀把儿 - 把儿
619	ʥiaŋ5	ɖaŋ5	秤 + 秤（一把～）
1008	ʥu7	ɖu7	篾
1073	ʥie5	ɖa5	怕
1088	ʥuŋ1	ɖuə1	歌

3.2.10 舌面塞擦音声母

舌面塞擦音声母概览

	声母对应	语音条件	重构	例证	核心	95%	99%	99.9%
93	tɕ <> ʈ		*tj	14（15）	+	5	7	9
58	ʥ <> ɖ		(*dj)	3		1	2	3
60	tɕh <> tɕh		(-)	2		1	1	2

声母对应 93: tɕ <> ʈ   *tj

支持例证 15 个，如下：

同音索引	勉瑶	标敏	匹配义	
392	tɕuaŋ3	ʈɔŋ3	冷	
923	tɕiou2	ʈau2	恳求 + 央求	
956	tɕiou1	ʈau1	菌子	
963	tɕie7	ʈa7	只（一～手）+ 只（一～鞋）	
970	tɕiem1	ʈan1	金	
971	tɕiep7	ʈan7	紧急	
1006	tɕiou2	ʈəu2	桥	
1097	tɕia:n1	ʈuan1	筋	
1217	tɕou5	ʈəu5	句（一～话）	
1373	tɕuon2	ʈuən2	猜拳 - 猜	
1473	tɕun2	ʈuən2	裙子	
810	tɕia:i5	ʈuai5	贵	韵！

(续表)

同音索引	勉瑶	标敏	匹配义	
1442	tɕuo7	ta7	山麓 - 山	韵!
1474	tɕiun2	tuən2	*裙子*	韵!
214	tɕuo2	tu4	伯母	调!

1 组同义归一。

声母对应 58: dʑ <> ɖ (*dj)

支持例证 3 个，如下：

同音索引	勉瑶	标敏	匹配义
127	dʑie6	ɖa4	下(牛~崽)+下(能装~)+下(~去)+下(由上向下)
965	dʑiou5	ɖəu5	锯子
1043	dʑuŋ5	ɖuə5	吠

声母对应 60: tɕh <> tɕh

支持例证 2 个，如下：

同音索引	勉瑶	标敏	匹配义	
135	tɕhie5	tɕhi5	气(撒~了)	
862	tɕhie5	tɕhie5	斜(~眼)	韵!

理论上，将之重构为 *tɕh- 或者归为借用都可以。但从系统上考虑，有 *tɕh- 而没有 *tɕ- 很少见；而且 #135 与汉语"气"非常相似。因此，将之归为借用造成的匹配，不必重构到原始瑶语。

3.2.11 零声母

零声母概览

	声母对应	语音条件	重构	例证	核心	99%	99.9%
1	j <> ø		*j	16	+	5	7
2	ø <> ø		*ø	23	+	7	8
61	h <> ø		(-)	10		8	10

声母对应：1 j <> ø   *j

共 16 例，如下：

同音索引	勉瑶	标敏	匹配义	
18	jiou2	iau2	油＋茶油-茶＋油布-布＋油纸-纸	
361	juon2	iən2	均匀	
362	juon2	iuən2	匀	
405	jiem1	in1	阴（天～了）	
508	juŋ6	iɛn4	样（四～菜）+ 那样（做）- 那（忆指）+ 那样（做）- 那（远指）+ 那样（做）- 那（不远）	
733	jiem1	ian1	住	
820	juŋ2	yə2	羊＋山羊	
1100	juŋ4	yə4	养（～鸡）	
1255	jiet7	in7	一（十以后的～）	
1397	jiun2	yən2	匀出-出（～汗）	
1408	jia:ŋ1	iɔ1	秧田-田	
1	jiet8	i1	一	调！
327	jien4	in7	引（～水）	调！
1107	jien4	in7	瘾	调！
1113	jiu8	yə2	融化	调！
1124	jiou4	iu7	酉（地支第十位）	调！

声母对应：2 ø <> ø   *ø

共 23 例，如下：

同音索引	勉瑶	标敏	匹配义	
2	im1	in1	苦（味～）	
3	uo3	uə3	那（忆指）+ 那（远指）+ 那（不远）+ 那样（做）- 样（四～菜）+ 那些（忆指）- 些 + 那些（忆指）- 些（这～）+ 那些（较远指）- 些 + 那些（较远指）- 些（这～）+ 那些（较近指）- 些 + 那些（较近指）- 些（这～）	

同音索引	勉瑶	标敏	匹配义	
12	uom1	ən1	水 + 墨水 - 墨 + 水井 - 井 + 水桶 - 桶 + 水田 - 田 + 水槽 - 槽 + 水车 - 车子 + 水坑 - 坑	
15	in1	iɛn1	烟子 + 烟（吸~）	
30	i1	uəi1	二	
130	om5	ən5	肿	
316	uei6	uəi4	为	
337	ua:n6	uən4	万（一~）	
433	ip7	ian7	腌	
499	ui2	uəi2	回（~信）	
902	uən2	uan2	魂	
978	a:p7	an7	抵押	
1025	uei3	ui3	姐夫	
1080	im1	iɛn1	阉割 + 阉鸡 - 鸡	
1083	un1	uan1	温（~水）	
1099	i5	i5	亿	
1110	iu1	iɛu1	邀	
1160	a:p7	an7	鸭子 + 鸭蛋 - 蛋	
1220	ua4	ua4	画（~图）	
1269	ɛ:ŋ3	ɛ3	影子	
1320	a5	ɔ5	口（一~水）	
1368	uon1	uan1	瘟疫（发瘟）- 发（~芽）	
1211	u3	u7	午（地支第七位）	调！

声母对应 61：h <> ø （-）

共 10 例，如下：

同音索引	勉瑶	标敏	匹配义	
324	hyŋ1	uən1	绕（~道）	
354	ha4	ia4	撒（~种）	
1109	hi:ŋ2	iɛ2	赢	
137	hen3	a7	很（~好）	调！

（续表）

同音索引	勉瑶	标敏	匹配义	
182	hia:m5	ia4	洒（～灰）	调！
1070	hyeu5	ən1	稀（粥太～）	调！
1118	hyəŋ1	ɔ4	凶恶	调！
1219	hua5	ua4	划（～一下）	调！
1409	hie2	ia7	野狗 - 狗	调！
1463	hu3	yə2	溃烂	调！

3.2.12　瑶语声母对应及重构总表

	声母对应	语音条件	重构	核心
23	p ◇ p		*p	+
68	ph ◇ ph	仅单数调	*ph	
34	b ◇ b		*b	
180	b <> bl	仅双数调	*bl	+
131	p ◇ pl	仅单数调	(*pl)	+
28	p ◇ b		(-)	
3	t ◇ t		*t	+
10	th ◇ th	仅单数调	*th	
4	d ◇ d		*d	+
31	s ◇ s		*s	+
43	f ◇ s	无带 -i- 韵母	*sʰ	
70	f ◇ ɕ	带 -i- 韵母	*sʰ	
38	k ◇ k		*k	+
145	tɕ ◇ k		(-)	
54	kh ◇ kh	仅单数调	*kh	
97	g ◇ g		*g	
164	dʑ <> g	仅单数调	*gl	
37	k ◇ kl		*kl	+
118	g ◇ k		(*Nk)	
8	h ◇ h		*h	+
30	m ◇ m		*m	+

（续表）

	声母对应	语音条件	重构	核心
98	m <> m̥		*hm	+
45	m̥ <> m̥	仅单数调	*m̥	
16	n <> n		*n	+
183	n̥ <> n̥	仅单数调	*n̥	
18	ɲ <> ɲ		*ɲ	+
124	ɲ̥ <> ɲ̥	仅单数调	*ɲ̥	
214	ŋ <> ŋ		*ŋ	
147	ɲ̥ <> ŋ	仅2调	(*ŋj)	
19	l <> l		*l	+
125	ɬ <> ɬ	仅单数调	*ɬ	+
101	l <> ɬ	仅双数调	(*hl)	
20	ts <> ts		*ts	+
87	ts <> tɕ		-	
11	tsh <> tsh	仅单数调	*tsh	
157	tsh <> tɕh		-	
53	dʑ <> dʑ		*dʑ	
42	ts <> ʈ		*tr	
79	tsh <> ʈh	仅单数调	*thr	
29	dʑ <> ɖ		*dr	
93	tɕ <> ʈ		*tj	+
58	dʑ <> ɖ		(*dj)	
60	tɕh <> tɕh		(-)	
1	j <> ø		*j	
2	ø <> ø		*ø	
61	h <> ø		(-)	

以上重构形式加括号表示没有达到99.9%置信水平。如果按照前文讨论的"-"表示后期接触性质，可见严格的概率要求可以剔除其中的一部分（计4套），但仍有一部分（计2套）并不能剔除。可见：1.在语言接触中，如果深度达到一定程度，也就是某个匹配达到了非随机的阈值，就能与分化造成的非随机匹配混同起来；2.语言接触过程中，不同的匹配非随机化的

速度是不一致的，这表明接触时实际的匹配单位应是大于声韵调之类的音节成分，至少是语素音节。

假定以上这些可以重构的原始声母来自纵向传递，从 99% 的置信水平（40 个）到 99.9% 的置信水平（35 个），还可以看到其中原始声母（*pl，*Nk，*ŋj，*hl，*dj）也可能被剔除了。可见：1. 在语言分化的过程中，如果时间达到一定的长度，某些对应就随机化了，与偶然匹配混同起来；2. 在语言分化的过程中，不同的对应随机化的速度也是不一致的，这表明语言分化时实际的对应单位也应是大于声韵调之类的音节成分，至少是语素音节。

3.3 瑶语方言的韵母对应及重构

勉瑶语的韵母为 115 个，标敏瑶语的韵母为 47 个，共有 115*47=5045 种可能的匹配形式。为了减轻类似生日悖论的随机混入造成的影响，我们需要首先结合语言学专业知识进行判断，缩小需要检验的潜在对应的范围，因此，我们仍然坚持以声调对应为必要条件，不符合的例证删除，在删除后例证不足 2 个的韵母匹配组则不视为韵母对应，不再分析。

王辅世（1980:12）处理只有一条例证支持的对应规则时，提出了如下的处理办法：

> 当我们找到一条声母或韵母对应规则，但合于这一条对应规则的只有一个例字，我们怎么办呢？我们处理的办法是首先看声调，如果声调在各点属于同一调类，然后看声母。如果有两个以上的字具有相同的声母对应规则，那末，尽管合于声母对应规则的例字中的一个是一条韵母对应规则的唯一的例字，我们也把它看做一个韵类。例如作"二"讲的字在九个点都是 1 调（宗地的 1a 调、复员的清声母 A 调都相当于其他各点的 1 调），声母都是喉塞音。九个点声母比较表中以喉塞音作声母的有对应关系的字，除作"二"讲的字以外，还有十个。当然各点喉塞音对应是一条声母对应规则。虽然并无第二个字合于作"二"讲的字的韵母对应规则，我们也把作"二"讲的字看做一个韵类。同样，如果有两个以上的字具有相同的韵母对应规则，那末，尽管合于韵母对应规则的例字中的一个是一条声母对应规则的唯一的例字，我们也把它看做一个声类。例如作"蛋"讲的字，除吉伟不同源暂时空着以外，其余八个点都是 5 调（宗地的 5a 调、复员的清声母 c 调都相当于其他点的 5 调），和它具有同一条韵母对应规则的字在比

较表中还有三十三个，虽无第二个合于作"蛋"讲的字的声母对应规则，我们也把作"蛋"讲的字看做一个声类。这里面有两种可能，一种可能是还有同声类、同韵类的字有待进一步去发现；另一种可能是个别的字脱离了一般语音对应规则，在某个或某几个方言、次方言中发生特殊变化，那就没有别的字和它同声类或同韵类了。总之，我们的目的是要排除非同源字。如果有某个字，它既是一条声母对应规则的唯一例字，又是一条韵母对应规则的唯一例字，那它就很可能是个非同源字。这样的字我们一定要排除，不能让它参加比较。

这是一种类推的方法，其背后的假设是：一个音节的的声调对应和声母对应就决定了该音节是同源的。如前文所述，只有一条对应例证的规则是**推导对应**，根据其他成分的对应确定关系语素，再来说明该音节成分也构成对应。其证据力度与平行例证支持的直接对应是不一样的。

语言接触研究说明这一假设并不一定成立，因为语言接触也会同样造成这样情况。王辅世（1980）对此也有考虑：

> 进行这样的比较，我们只能选用苗语固有的字。其中有一些与汉语在来源上相同，是苗汉同源字还是汉语借字，一时尚不能确定。这样的字其调类都和汉语的调类对应。苗语的 A、B、C、D 相当汉语的平、上、去、入，苗语的 1(A_1)、2(A_2)，3(B_1)、4(B_2)，5(C_1)、6(C_2)，7(D_1)、8(D_2) 相当汉语的阴平、阳平、阴上、阳上、阴去、阳去、阴入、阳入。现代汉语借字与古苗语的声类、韵类、调类无关，因此一律不用。

问题是，如何保证比较的词是"苗语固有的字"。声调对应似乎是一个标准，一些明显的现代汉语文化类新词似乎可以排除。但他也意识到造成麻烦的是所谓早期借词，即同时符合苗语方言之间的调类对应规则，也符合与汉语的调类对应规则。也就是，对应本身并不能区分是同源分化造成的对应，还是接触的对应。

如果考虑到汉语和苗瑶语的同源关系并不确定，假定汉语和苗瑶语同源，它们共同的是不是"苗语固有的字"？这里其实还有一个更深层的问题，王辅世（1980）并没有明确给出的假定，即，苗语方言之间的对应，如果没有找到汉语对应，则是苗语同源字。事实上，仍然存在以下可能：偶然匹配的可能（文中并没有概率计算来排除），苗语之间的借贷，苗语从其他非汉语中的借贷。解决随机的问题涉及对应认定的基础，而各种语言借贷与同源成分的区分需以之为前提，但概率计算并不能为区分提供方法，需要有其他方面的考量。

偶然匹配的可能几乎在研究中都没有提到，但这却是历史比较最先要面对的。通过上文的声调对应和确认声母对应的情况和下文要讨论的韵母对应的情况，可以看到其他任何一个音节成分的对应与否并不能决定其他音节成分的对应情况。

除此之外，所谓的"苗语固有的字"的认定似乎有很大的主观性。从历史比较的角度来看，"固有的字"不是同源字，否则，王辅世（1980）就直接用同源字这个概念了。从文中推测，"固有的字"就是苗语中的非借词，即从祖语遗传下来的词，或者内部新造的词。而历史比较中一个重大任务就是要区分同源与借用，并不能通过定义来解决，需要通过标准或者特征来解决。因此，我们比较的基础库是《苗瑶语方言词汇集》中收录的所有词汇。

需要根据概率计算判定的韵母匹配共 129 套，按韵腹分别总结分析如下文。置信水平选择 99% 和 99.9%，跟声母对应判断类似，符合前者的构拟形式加上括号，表示有可能是偶然因素造成的，而符合后者的有较大把握排除偶然性。

方便起见，概览首先列出符合非随机对应的韵母匹配，根据音理重构出一个形式，如果能根据对应之间的分布关系确定出来的借用，就不重构，也就是说，目前默认勉瑶语和标敏瑶语方言之间的这些对应主要是遗传自二者的共同祖语，尤其是包含了核心词的对应，除非能证明是借用的。

3.3.1 韵腹 a

韵腹 a 对应概览

	韵母对应	语音条件	重构	例证	核心	99%	99.9%
26	a ⌢ a		*a	15	+	7	9
15	ie ⌢ ia	P_, K_	*(r)a	14	+	4	6
18	ie ⌢ a	舌尖声母	*(r)a	13	+	10	12
151	ia ⌢ a		*ia	8		5	5
186	aŋ ⌢ aŋ		*aŋ	6		3	4
10	ɔːŋ ⌢ aŋ		-	7		4	6
95	ap ⌢ an		(*ap)	3	+	2	3
3	at ⌢ an		*at	4		2	3

（续表）

	韵母对应	语音条件	重构	例证	核心	99%	99.9%
59	iaŋ ◇ iaŋ	P_,D_	(*iaŋ)	3	+	2	3
131	iaŋ ◇ aŋ		*iaŋ	5	+	3	4
109	ua ◇ ua		*ua	4		1	2
115	yaŋ ◇ uaŋ		*uaŋ	2		1	1
127	yŋ ◇ uaŋ		*iuaŋ	2		1	1
92	ai ◇ ai		*ai	13	+	3	4
85	au ◇ au		*au	13	+	6	7
219	iou ◇ au		(*jau)	7		5	7
12	iou ◇ iau		*iau	8		4	5
28	eu ◇ iau		(-)	7		2	3
164	iu ◇ iau		(-)	6		4	5

韵母对应 26: a ◇ a *a

支持例证共 15 例。

同音索引	勉瑶	标敏	匹配义	
83	pa2	pa2	耙	
219	ma4	ma4	马 + 木马 + 马路 - 路	
323	ba1	ba1	吧 (表商量语气)+ 吧 (嘱咐语气)+ 吧 (一般催促有请求的语气)	
352	pa1	pla1	五	
410	sa1	sa1	发痧 - 发 (～芽)	
949	ɬa5	ɬa5	月 (一个～)+ 半月 - 半 (～碗)	
973	tsa2	ta2	茶 + 茶油 - 油 + 茶叶 - 叶子	
986	tsa5	ta5	榨 (～油)	
1264	tsa1	ta1	渣滓 + 油渣 - 油 (动物～)	
1233	kha7	khla7	力气	声!
1383	ba6	gla4	拐棍 - 棍子	声!
44	pa3	na4	把 (一～菜)	调!
209	ma6	na2	母亲 + 父母 - 父亲	调!
220	ma4	ma7	马灯 - 灯	调!
261	ka4	kha7	卡 (鱼刺～在喉咙)	调!

韵母对应 15: ie < > ia *(r)a

支持例证共 14 个，如下：

同音索引	勉瑶	标敏	匹配义	
98	bie3	bia3	补助 + 补（～衣服）	
295	bie7	bia7	糠	
506	bie6	bia4	步	
786	mie3	m̥ia3	草 + 草药 - 药	
915	kie7	kia7	黑色	
945	ɬie7	ɬia7	铁 + 铁路 - 路	
1104	bie6	bia4	舔	
1086	fie3	çia3	写	
982	die1	hia1	药 + 草药 - 草	声！
23	tshie5	ɬia3	倾斜	调！
24	tshie5	hia4	斜	调！
87	tie5	ṭia1	父亲 + 父母 - 母亲	调！
1400	çie2	ia7	野鸭 - 鸭子	调！
1409	hie2	ia7	野狗 - 狗	调！

韵母对应 18: ie <> a   *(r)a

支持例证共 13 个，如下：

同音索引	勉瑶	标敏	匹配义	
85	tsie5	ṭa5	几（询问数字）	
127	dzie6	ḍa4	下（牛～崽）+ 下（能装～）+ 下（～去）+ 下（由上向下）	
727	tshie1	ṭha1	纺（～纱）	
762	ȵie1	ṇa1	醒	
963	tɕie7	ṭa7	只（一～手）+ 只（一～鞋）	
979	tsie7	ṭa7	认识	
1035	tsie7	ṭa7	织（～网）	
1073	dzie5	ḍa5	怕	
1075	sie3	sa3	舍（～不得）	
1085	tshie1	ṭha1	车子 + 水车 - 水	
975	tsie8	ṭha4	燃	

同音索引	勉瑶	标敏	匹配义	
983	kie2	ʈa2	茄子	
29	n̠ie5	n̠a3	背（孩子）	调！

从声母分布看，韵母对应 18 可以与对应 15 呈互补分布，前者主要是唇音和舌根音声母，而后者主要是舌尖音声母。参照之前的声母对应，可拟做 (r) a，在勉瑶语中 *(r) a → ie；而在标敏瑶语中则 *(r) a → ia/ _[+ 唇音声母 / 舌根声母 / 边音]→ie/ _[+ 舌尖音声母]。

韵母对应 151: ia ◇ a *ia

支持例证共 8 个，如下：

同音索引	勉瑶	标敏	匹配义	
404	n̠ia2	ŋa2	芽	
1414	kia1	ka1	亲家 - 亲（～兄弟）	
1427	n̠ia2	ŋa2	衙门 - 门（这～亲事）	
439	tɕia1	ka1	加 + 加（～上）	
1285	tɕia5	ka5	价（～钱）	
1288	tɕia5	ka5	架（～桥）	
1308	tɕia5	ka5	嫁	
731	bia6	gla4	拄（～拐棍）	声！

韵母对应 186: aŋ ◇ aŋ *aŋ

支持例证共 6 例，如下：

同音索引	勉瑶	标敏	匹配义
580	taŋ5	taŋ5	断（绳子～了）
785	naŋ1	naŋ1	蛇
854	naŋ3	naŋ3	短（长～）
1212	ɬaŋ1	ɬaŋ1	高
1237	laŋ4	laŋ4	村子
1389	taŋ5	taŋ5	长凳子 - 长 + 长凳子 - 长度

韵母对应 10：ɔ:ŋ <> aŋ -

支持例证共 7 个，如下：

同音索引	勉瑶	标敏	匹配义	
16	thɔ:ŋ1	thaŋ1	汤	
628	tɔ:ŋ1	taŋ1	当（担当）	
638	tɔ:ŋ5	taŋ5	当成（～小孩）	
639	tɔ:ŋ2	taŋ2	糖 + 白糖 - 白（～吃）+ 白糖 - 白（～颜色）+ 蜂蜜 - 蜜蜂	
74	tɔ:ŋ5	taŋ2	场地	调！
575	kɔ:ŋ1	taŋ2	阵（一～风）	调！
640	tɔ:ŋ2	daŋ4	黄糖 - 黄	调！

与对应 186 aŋ <> aŋ（*aŋ）和对应 44 ɔ:ŋ <> ɔ（*ɔ:ŋ）相比，从词汇性质看，对应 10 符合声调对应的 4 例明显与汉语的"汤、（担）当、当（成）、糖"相似，尤其是"糖"是一个文化词汇，借贷的可能性大；从语音上看，如果将对应 10 重构为不同于 186 和 44 的形式，可以考虑拟为 *ɑŋ，但在实际音值上，一般与 -ŋ 搭配的都是偏后的 ɑ，从类型学上看，很少见到 aŋ 与 ɑŋ 的对立，在有前 a 与后 ɑ 对立的川黔滇苗语中，也没有这两种鼻音韵母的对立。综合来看，可能与之接触的汉语方言该韵母的韵腹偏后偏圆，勉瑶语就用 ɔ:ŋ 来匹配了。

韵母对应 95：ap <> an （*ap）

支持例证共 3 个，如下：

同音索引	勉瑶	标敏	匹配义	
233	lap8	ɬan4	斗笠	
1150	kap7	klan7	剪（～下来）	
605	tap8	than4	咬（猫～老鼠）	

韵母对应 3：at <> an *at

支持例证共 4 个，如下：

同音索引	勉瑶	标敏	匹配义	
6	dat7	dan7	织（～布）	
347	pat7	pan7	笔	

（续表）

同音索引	勉瑶	标敏	匹配义	
509	kat7	klan7	笑	
764	ŋat7	an7	压（用力～）	声！

韵母对应 59: iaŋ <> iaŋ （*iaŋ）

支持例证共 3 个，如下：

同音索引	勉瑶	标敏	匹配义
100	piaŋ2	piaŋ2	花（一朵～）+ 花（绣～）
592	diaŋ5	diaŋ5	树 + 漆树 - 漆 + 李树 - 李子
654	miaŋ2	miaŋ2	舅母

韵母对应 131: iaŋ <> aŋ *iaŋ

支持例证共 5 个，如下：

同音索引	勉瑶	标敏	匹配义	
345	ɬiaŋ3	ɬaŋ3	李子 + 李树 - 树	
619	dziaŋ5	dzaŋ5	秤 + 秤（一把～）	
737	ȵiaŋ5	ȵaŋ5	年；岁	
1213	siaŋ1	saŋ1	新	
498	jiaŋ2	ȵaŋ2	走访（～亲友）+ 走	声！

韵母对应 #131 与韵母对应 #59 声母互补，可以合并。标敏瑶语在唇塞音和舌尖塞音声母后保留 -i- 介音。

韵母对应 109: ua <> ua   *ua

支持例证共 4 个，如下：

同音索引	勉瑶	标敏	匹配义	
266	kua1	kua1	瓜 + 瓜种 - 种子	
1220	ua4	ua4	画（～图）	
1423	kua3	kua3	寡蛋 - 蛋	
1219	hua5	ua4	划（～一下）	调！

3 原始瑶语

韵母对应 115: yaŋ <> uaŋ *uaŋ

支持例证共 2 个,如下:

同音索引	勉瑶	标敏	匹配义
277	gyaŋ1	guaŋ1	亮 + 天亮 - 天
279	gyaŋ3	kuaŋ3	宽 + 宽敞

韵母对应 127: yŋ <> uaŋ *iuaŋ

支持例证共 2 个,如下:

同音索引	勉瑶	标敏	匹配义	
325	hyŋ1	huaŋ1	旋转	
913	khyŋ1	huaŋ1	圈(跑一~)	声!

韵母对应 92: ai <> ai *ai

支持例证共 13 个,如下:

同音索引	勉瑶	标敏	匹配义	
223	tai5	tai5	杀 + 杀(~猪)	
346	lai2	lai2	犁	
624	tai6	tai4	死 + 旱死 - 旱	
824	bai1	pai1	跛(~足)	
1017	pai6	pai4	笼子	
1116	dai5	dai5	飞	
1235	lai6	lai4	锋利	
1238	lai1	lai1	菜 + 白菜 - 白(~吃)+ 白菜 - 白(~颜色)+ 酸菜 - 酸	
1252	tsai2	tai2	迟 + 晚稻 - 稻谷	
1257	tshai1	tshai1	猜	
1280	gai3	kai3	屎	
1401	bai6	blai4	笋壳叶 - 壳(蛋~)	
438	hai2	hai7	会(~做)	调!

韵母对应 85： au <> au   *au

支持例证共 13 个，如下：

同音索引	勉瑶	标敏	匹配义	
195	tau2	tau2	只（一～狗）	
196	tau2	tau2	裤腰 - 裤子	
780	bau2	blau2	稻谷 + 稻叶 - 叶子	
782	dau6	dau4	下（～蛋）	
872	tsau5	tsau5	脚	
952	ɬau3	ɬau3	竹子	
1142	kau5	klau5	蛋 + 鸭蛋 - 鸭子 + 蛋白 - 白（～吃）+ 蛋白 - 白（～颜色）+ 蛋皮 - 皮子 + 蛋皮 - 皮	
1193	tau5	tau5	亲（～咀）	
1287	ŋau1	ŋau1	弯曲	
1295	kau5	kau5	够	
309	au3	kau3	妻子 + 妻子，老婆	声！
745	ɲau5	nau5	皱（～眉头）	声！
481	gau5	khau1	敲（敲门）	调！

韵母对应 219： iou <> au   (*jau)

支持例证共 7 个，如下：

同音索引	勉瑶	标敏	匹配义	
923	tɕiou2	ȶau2	恳求 + 央求	
956	tɕiou1	ȶau1	菌子	
1164	dziou3	sau3	蚂蚁	
1480	fiou1	sau1	修（～路）	
851	liou5	ȡau1	丘（一～田）	调！
1260	tsiou3	ȶau7	主（作～）	调！
1393	liou2	sau3	轮流 - 轮（～到）	调！

韵母对应 12: iou ◇ iau *iau

支持例证共 8 个，如下：

同音索引	勉瑶	标敏	匹配义	
18	jiou2	iau2	油 + 茶油 - 茶 + 油布 - 布 + 油纸 - 纸	
175	biou2	biau2	漂浮	
344	piou3	piau3	果子 + 茶籽 - 茶	
429	dziou3	diau3	早	
892	liou2	liau2	留（～给他）	
1021	fiou1	ɕiau1	削	
750	tɕhiou3	khiau3	搅 + 搅拌	声！
1279	tsiou6	thiau1	就	调！

韵母对应 28: eu ◇ iau (-)

支持例证共 7 个，如下：

同音索引	勉瑶	标敏	匹配义	
109	peu1	piau1	承包	
110	peu1	piau1	包（一～药）	
111	peu1	piau1	包（～庇）	
128	beu5	biau5	涌出	
1060	peu3	piau3	饱	
173	pheu5	biau5	疱	声！
46	heu6	hiau3	叫（～什么名）+ 喊 + 叫（～人）	调！

对比 28 套与 12 套，可见前者词汇文化词性质非常明显，尤其是 109 "承包" 111 "包（～庇）"，应该是当代的汉借词。

韵母对应 164: iu ◇ iau (-)

支持例证共 6 个，如下：

同音索引	勉瑶	标敏	匹配义	
795	miu2	miau2	瞄	
1151	dziu3	giau3	剪刀	
464	fiu1	ɕiau1	火硝 + 火药	

(续表)

同音索引	勉瑶	标敏	匹配义	
652	tsiu5	tɕiau5	照（～镜子）	
1149	ɲiu3	tɕiau3	爪子	声！
552	dʑiu5	dʑiau4	翘（木板～了）+ 翘棱（木板～）	调！

对比 #164 套与 #12 套，其中词条如下：

1021	fiou1	ɕiau1	削
464	fiu1	ɕiau1	火硝 + 火药

二者与汉语"削【心药开三入】""硝【心宵开三平】"的现代音很近似，提示其声音是清入派入平声后，大概源头是普通话这样的特点。在标敏瑶语中是同样的音，在勉瑶语中是韵母的最小对。#464'剪刀'或许对应汉语的'绞'。#795'瞄'如果对应汉语，其 2 调对应汉语阳平，应该是后起的对应。因此，这一套韵母 164 源自晚期接触的可能性大。

韵腹 a 对应概览

	韵母对应	语音条件	重构	例证	核心	99%	99.9%
148	a:m ◇ an		*a:m	11		4	5
185	a:ŋ ◇ aŋ		*a:ŋ	12	+	4	5
198	a:p ◇ an		(*a:p)	4		3	4
20	a:i ◇ a		*a:i	12		6	8
241	ia:i ◇ iɛ		(*ia:i)	2		1	2
154	a:u ◇ a		*a:u	8	+	5	6
230	ia:u ◇ ia		(*ia:u)	2		1	2
163	a:n ◇ an		*a:n	10		5	7
65	ia:n ◇ uan		*ia:n	3		1	1
222	ia:ŋ ◇ ɔ		*ia:ŋ	2		1	1
120	ua:ŋ ◇ uaŋ		*ua:ŋ	2		1	1

韵母对应 148: a:m <> an *a:m

支持例证共 11 个，如下：同音索引

	勉瑶	标敏	匹配义	
398	tsa:m1	tsan1	簪子	
671	ta:m2	tan2	谈（～到这里）	
866	ka:m2	klan2	燎	
1047	ta:m3	tan3	胆小-小	
1050	tsa:m3	tsan3	淡	
1291	ka:m1	kan1	甜	
1293	ka:m3	kan3	敢	
510	la:m5	ṭhan4	跨（～过沟）	调！
696	na:m5	ṭhan4	拃（拇指与食指张开的距离	调！
1046	ta:m3	tan4	胆	调！
1428	tsa:m3	tsan7	崭新-新	调！

韵母对应 185: a:ŋ <> aŋ *a:ŋ

支持例证共 12 个，如下：

同音索引	勉瑶	标敏	匹配义	
572	da:ŋ1	daŋ1	香	
678	tsa:ŋ2	tsaŋ2	柴 + 生柴-生（"熟"）+ 干柴-干（与湿相对）	
732	n̥a:ŋ5	n̥aŋ5	饭	
738	dza:ŋ3	dzaŋ3	船	
838	dza:ŋ6	dzaŋ4	字	
1038	tsa:ŋ5	tsaŋ5	甑子	
1063	tsa:ŋ6	tsaŋ4	瓦匠-瓦 + 银匠-银子 + 铁匠-铁	
1275	ka:ŋ1	klaŋ1	颈子	
1281	ka:ŋ2	klaŋ2	肠子	
1334	dza:ŋ2	glaŋ2	塘水-水	
1402	na:ŋ1	naŋ1	水蛇-水	
632	ta:ŋ3	taŋ7	党（～派）	调！

韵母对应 198：a:p ◇ an （*a:p）

支持例证共 4 个，如下：

同音索引	勉瑶	标敏	匹配义	
978	a:p7	an7	抵押	
1160	a:p7	an7	鸭子 + 鸭蛋 - 蛋	
1426	la:p8	ɬan4	腊肉 - 肉	
716	n̪a:p7	n̪an7	锄（～草）	声！

韵母对应 20：a:i ◇ a　*a:i

支持例证共 12 个，如下：

同音索引	勉瑶	标敏	匹配义	
32	na:i6	na4	盘问/询 + 问	
79	na:i3	na3	这 + 本月 - 月（一个～）	
93	pa:i6	pa4	败（打～了）	
203	ma:i2	ma2	有	
206	ma:i6	ma4	卖	
554	ha:i5	ha5	哪（疑问词）	
612	ta:i2	ta2	来（客人～了）+ 以来（自古～）	
906	dza:i2	dza2	咸	
920	ka:i3	kla3	腰	
1333	da:i2	da2	天河（即银河）- 天	
1351	pha:i5	pha5	剖开 - 开（～花）	
1344	tsa:i5	dza5	左手 - 手	声！

韵母对应 241：ia:i ◇ iε （*ia:i）

支持例证共 2 个，如下：

同音索引	勉瑶	标敏	匹配义	
1261	tɕia:i1	kiε1	街道	
1424	tɕia:i5	kiε5	戒烟 - 烟子 + 戒烟 - 烟（吸～）	

韵母对应 154: a:u <> a *a:u

支持例证共 8 个, 如下:

同音索引	勉瑶	标敏	匹配义	
415	fa:u5	sa5	上(~课)+上(~山)	
620	da:u3	da3	长+长度	
816	ɬa:u1	ɬa1	量(~米)	
1157	tsha:u3	tha3	炒	
1434	tsa:u5	ta5	鸡罩-鸡	
412	dza:u5	dza3	洗(~脸)	调!
419	fa:u5	pla2	爬(~树)	调!
790	na:u4	kla5	老鼠	调!

韵母对应 230: ia:u <> ia (*ia:u)

支持例证共 2 个, 如下:

同音索引	勉瑶	标敏	匹配义	
1467	bia:u4	bia4	泡沫	
974	dzia:u5	hia5	风	

韵母对应 163: a:n <> an *a:n

支持例证共 10 个, 如下:

同音索引	勉瑶	标敏	匹配义	
462	fa:n5	san5	伞	
708	tha:n5	than5	炭+木炭	
712	dza:n5	dzan5	散(分散)	
989	tha:n1	than1	瘫痪	
995	la:n2	glan2	栏(牛~)	
1266	pha:n5	phan5	襻	
1394	pa:n1	pan1	轮班-轮(~到)	
1267	pha:n5	pan5	绊(~脚)	声!
1129	ha:n4	lan4	旱+旱死-死	声!
1349	ta:n1	tan3	被面-被子	调!

韵母对应 65: ia:n ◇ uan　*ia:n

支持例证共 3 个，如下：

同音索引	勉瑶	标敏	匹配义	
121	ȵia:n2	ȵuan2	银子	
1097	tɕia:n1	tuan1	筋	
987	tɕia:n1	tuan1	斤	声！

韵母对应 222: ia:ŋ ◇ iɔ　*ia:ŋ

支持例证共 2 个，如下：

同音索引	勉瑶	标敏	匹配义	
883	sia:ŋ1	ɕiɔ1	箱子	声！
1408	jia:ŋ1	iɔ1	秧田 - 田	

韵母对应 120: ua:ŋ ◇ uaŋ　*ua: ŋ

支持例证共 2 个，如下：

同音索引	勉瑶	标敏	匹配义	
300	hua:ŋ1	huaŋ1	慌张	
299	hua:ŋ1	guaŋ1	荒芜	声！

3.3.2　韵腹 ε

韵腹 ε 对应概览

	韵母对应	语音条件	重构	例证	核心	99%	99.9%
54	ε ◇ ε		(*ε)	4	+	3	4
9	in ◇ iεn		-	11		5	6
83	iεn ◇ iεn		*iεn	9		5	6
96	ε:ŋ ◇ ε		*ε:ŋ	11	+	4	6
123	ε:ŋ ◇ iε		*iε:ŋ	8		4	5

韵母对应 54: ε <> ε (*ε)
支持例证共 4 个，如下：

同音索引	勉瑶	标敏	匹配义	
90	pε7	pε7	百	
1436	pε7	pε7	伯祖父 - 祖父	
454	pε8	phε4	白 (~吃) + 白 (~颜色) + 白糖 - 糖 + 白纸 - 纸 + 白菜 - 菜 + 蛋白 - 蛋	声！
581	dzε7	bε1	裂 (~痕)	调！

韵母对应 9: in <> iεn -
支持例证共 11 个，如下：

同音索引	勉瑶	标敏	匹配义	
15	in1	iεn1	烟子 + 烟 (吸~)	
152	phin1	phiεn1	篇	
342	din1	tiεn1	疯	声！
458	tshin2	tɕhiεn1	千	调！
724	tin6	tiεn4	兰靛	
1121	lin6	liεn4	炼 (~油)	
1223	kin3	ɕiεn3	选择	声！
39	tsin2	dziεn4	钱 (一~二分)	调！
1325	tin6	diεn5	电灯 - 灯	调！
1358	min6	biεn2	脚背 - 脚	调！
1444	min3	miεn4	水面 - 水	调！

韵母对应 83: iεn <> iεn   *iεn
支持例证共 9 个，如下：

同音索引	勉瑶	标敏	匹配义	
183	biεn3	biεn3	翻 (船~了) + 翻 (~身) + 反脸 - 脸	
864	piεn2	biεn2	木盘	?
894	miεn3	miεn3	鬼	
951	biεn4	piεn4	胎盘 + 胎膜 (牲口的~)	声！

(续表)

同音索引	勉瑶	标敏	匹配义	
1111	pien1	pien1	搬(～家)	
1359	mien3	m̥iɛn3	脚印 - 脚	
1380	phien5	phiɛn5	骗子 - 子(地支第一位)	
633	pien2	pien5	半(～斤)	调!
1432	m̥ien2	mien4	对面(河～)- 对(一～猪)	调!

对比对应 83 套与 9 套，以下近似最小对比很有启发性。

152	phin1	phiɛn1	篇
1380	phien5	phiɛn5	骗子 - 子(地支第一位)

#152 与汉语"篇"【溏仙开三平 phjen】音义近似，而 #138。与汉语"骗"近似【溏仙开三去 phjens】，二者在汉语中从古至今声韵均相同，因此，勉瑶语中的两种韵母表现应该体现的是不同时间层次的关系语素。相对来说，9 套所辖词汇都有明显的汉字关联，对应 83 则不然，而且词汇相比而言更为基本；从语音上看，对应 83 的对应与早期汉语的形式更为接近。故而，9 套可定为后期借用造成的。

韵母对应 96: ɛ:ŋ <> ɛ * ɛ:ŋ

支持例证共 11 个，如下：

同音索引	勉瑶	标敏	匹配义
234	pɛ:ŋ6	pɛ4	病 + 疾病
496	pɛ:ŋ5	pɛ5	把儿 + 刀把儿 - 刀子
521	kɛ:ŋ2	klɛ2	门 + 门闩 - 闩(～门)
756	mɛ:ŋ1	mɛ1	绿 + 青(～天)+ 青(～一块)+ 绿头苍蝇 - 蝇子 + 绿头苍蝇 - 苍蝇
760	lɛ:ŋ6	lɛ4	双(一～鞋)
793	mɛ:ŋ6	mɛ4	命
1162	kɛ:ŋ1	klɛ1	虫
1269	ɛ:ŋ3	ɛ3	影子
1410	pɛ:ŋ2	pɛ2	均分 - 分(路)+ 均分 - 分 + 均分 - 分(与"合"相对)

（续表）

同音索引	勉瑶	标敏	匹配义
1411	pɛ:ŋ2	pɛ2	平地 - 地（一块～）
666	pɛ:ŋ1	phlɛ4	拉

韵母对应 123: ɛ:ŋ ◇ iɛ   *iɛ:ŋ

支持例证共 8 个，如下：

同音索引	勉瑶	标敏	匹配义	
1051	hɛ:ŋ2	hiɛ2	行（不～）	
1119	pɛ:ŋ1	piɛ1	士兵，勇	
1236	ʥɛ:ŋ1	diɛ1	争执	
1377	tshɛ:ŋ1	thiɛ1	锅盖儿 - 盖儿（棺材～）+ 锅盖儿 - 盖子	
1433	hɛ:ŋ2	hiɛ2	檩条 - 条（一～绳子）	
310	tɕhɛ:ŋ1	thiɛ1	锅	声!
596	tshɛ:ŋ5	thiɛ5	支撑	声!
484	gɛ:ŋ5	ʥiɛ5	噎	声!

3.3.3 韵腹 e

韵腹 e 对应概览

	韵母对应	语音条件	重构	例证	核心	99%	99.9%
71	ie ◇ i		*ie	11		7	8
194	ye ◇ ua		(*ye)	2		1	2
197	iem ◇ ian		*iem	3		2	2
74	ien ◇ in		*ien	13	+	5	7
38	iep ◇ an		(*iep)	3		2	3
196	iet ◇ in		*iet	5	+	3	4
24	ei ◇ əi		*ei	21		5	6
125	uei ◇ uəi		*uei	8	+	2	3

韵母对应 71: ie <> i *ie

支持例证共 11 个，如下：

同音索引	勉瑶	标敏	匹配义	
609	die3	ti3	下（位置在地处）	?
610	bie5	bi5	麻痹（失去知觉）+ 麻（手～）	
809	ṇie3	ṇi3	重	
1053	tie3	ti3	值（～钱）	
1174	pie1	pi1	臭虫	
1468	die1	di1	布 + 油布 - 油 + 布鞋 - 鞋	
1476	nie1	ṇi1	土 + 泥土 + 红土 - 红 + 稀泥 - 稀（～泥）+ 稀泥 - 泥泞	
135	tɕhie5	tɕhi5	气（撒～了）	声！
1066	sie6	ni4	七	声！
1147	kie1	bi5	麻（～咀）	调！
1475	nie2	ṇi1	土	调！

韵母对应 194: ye <> ua （*ye）

支持例证共 2 个，如下：

同音索引	勉瑶	标敏	匹配义
685	kye5	kua5	过（走～了）
1036	kye1	kua1	磨损

韵母对应 197: iem <> ian *iem

支持例证共 3 个，如下：

同音索引	勉瑶	标敏	匹配义
706	liem2	lian2	淋（用水～）
733	jiem1	ian1	住
1052	tsiem1	tɕian1	楔子

韵母对应 74: ien <> in   *ien

支持例证共 13 个，如下：

同音索引	勉瑶	标敏	匹配义	
226	m̥ien1	m̥in1	脸	
445	sien5	ɕin5	相信	声！
526	n̥ien5	n̥in5	韧性（不脆）	
771	mien2	min2	人	
799	n̥ien6	n̥in4	吃	
1019	tshien1	tshin1	亲（～兄弟）	
149	tɕien4	tɕin4	肫子	声！
327	jien4	in7	引（～水）	调！
865	pien2	thin4	盘子	调！
1107	jien4	in7	瘾	调！
1123	n̥ien4	in7	忍受＋忍耐	调！

韵母对应 38: iep <> an   (*iep)

支持例证共 3 个，如下：

同音索引	勉瑶	标敏	匹配义	
60	diep7	dan7	滴	
971	tɕiep7	t̪an7	紧急	
1012	tsiep8	t̪han4	十	？

韵母对应 196: iet <> in   *iet

支持例证共 5 个，如下：

同音索引	勉瑶	标敏	匹配义	
728	biet8	blin4	舌头＋舌根 - 根（树～）＋舌根 - 根部	
1255	jiet7	in7	一（十以后的～）	
698	tsiet8	din4	紧（土～）	声！
1034	siet7	hin7	痒	声！
697	tsiet8	tɕin3	紧（鞋）＋紧	调！

韵母对应 24: ei <> əi *ei

支持例证共 21 个, 如下：

同音索引	勉瑶	标敏	匹配义	
38	pei3	pəi3	比	
92	m̥ei1	m̥əi1	藤子	
141	pei1	pəi1	**知道**	
192	bei2	bəi2	扁	
321	lei2	ləi2	离开（～家）- 开（～花）	
425	sei5	səi5	世	
503	thei1	thəi1	梯子	
514	tsei4	tɕəi4	是	
579	sei1	səi1	尸体	
676	tsei3	tɕəi3	纸 + 白纸 - 白（～吃）+ 白纸 - 白（～颜色）+ 油纸 - 油	
689	thei5	thəi5	剃	
822	lei6	ləi4	利息	
863	dei6	təi4	**地**（一块～）+ 土地 + 田地 - 田	声！
926	pei1	pləi1	四	
1031	tei2	təi2	蹄子	
1089	fei1	səi1	诗	
1091	fei1	səi1	丝（蚕吐～）	
1417	phei1	phəi1	砖胚子 - 砖	
1425	ɖei1	səi1	鸡虱 - 鸡	
154	tei5	nəi5	些 + 些（这～）+ 那些（忆指）- 那（忆指）+ 那些（忆指）- 那（远指）+ 那些（忆指）- 那（不远）+ 那些（较远指）- 那（忆指）+ 那些（较远指）- 那（远指）+ 那些（较远指）- 那（不远）+ 那些（较近指）- 那（忆指）+ 那些（较近指）- 那（远指）+ 那些（较近指）- 那（不远）	声！
1374	tei2	təi4	第一 - 一（十以后的～）	调！

韵母对应 125: uei ◇ uəi　　*uei

支持例证共 8 个，如下：

同音索引	勉瑶	标敏	匹配义
316	uei6	uəi4	为
876	kuei6	kuəi4	跪
925	tsuei2	tṣuəi2	捶
1185	khuei1	khuəi1	亏（～本）
1201	luei6	luəi4	懒
1256	tsuei2	tṣuəi2	锤（打一～）
1321	tsuei5	tṣuəi5	臭
1398	tsuei4	tṣuəi4	坐下-下（牛～崽）+ 坐下-下（能装～）+ 坐下-下（～去）+ 坐下-下（由上向下）

3.3.4　韵腹 i

韵腹 i 对应概览

	韵母匹配	语音条件	重构	例证	核心	99%	99.9%
161	ei ◇ i		*i	10	+	7	8
180	i ◇ i		*i	6		4	5
162	uei ◇ ui		(*ui)	3		2	3
106	im ◇ iɛn		*i:m	7	+	3	4
97	ip ◇ in		(*ip)	3		2	3
84	i:ŋ ◇ iɛ		*i:ŋ	10		3	4

韵母对应 161: ei ◇ i　　*i

支持例证共 10 个，如下：

同音索引	勉瑶	标敏	匹配义	
448	m̥ei3	m̥i3	米 + 黏米-黏 + 米粉末-粉末	
637	pei5	pi5	滗	
889	pei1	pli1	毛	
959	kei2	tɕi2	骑	声！
967	kei2	tɕi2	旗子	声！
1057	tsei5	tsi5	梳	

同音索引	勉瑶	标敏	匹配义	
576	pei2	phi1	匹（一～马）	调！
968	tsei1	tɕi4	禁忌	调！
1182	pei6	ti2	被（～打）	调！
1449	pei2	bi4	脾气 - 气（撒～了）	调！

韵母对应 180: i <> i *i

支持例证共 6 个，如下：

同音索引	勉瑶	标敏	匹配义	
548	di7	di7	踢	
1099	i5	i5	亿	
1108	fi7	ɕi7	锡	？
1360	si1	ɕi1	西瓜 - 瓜	？
1018	dʑi7	tɕhi7	尺子	声！
1195	tsi5	kli5	胳肢	声！

与 161 套并不对立，呈现出互补状态，尚未发现对立环境。可以归并为同一个来源，即 *i。

韵母对应 162: uei <> ui （*ui）

支持例证共 3 个，如下：

同音索引	勉瑶	标敏	匹配义	
457	tsuei5	tsui5	最（～好）	
1025	uei3	ui3	姐夫	
1336	dʑuei2	dʑui5	口水 - 水	调！

韵母对应 106: im <> iɛn *i:m

支持例证共 7 个，如下：

同音索引	勉瑶	标敏	匹配义	
807	tim6	tiɛn4	垫	
811	ɲim1	ɲiɛn1	种子 + 白薯种 - 薯 + 瓜种 - 瓜	

（续表）

同音索引	勉瑶	标敏	匹配义	
1004	sim1	tɕiɛn1	针	
1080	im1	iɛn1	阉割 + 阉鸡 - 鸡	
259	fim1	ɕiɛn1	树心 + 树心儿 + 放心 - 放下（下垂）+ 放心 - 放（～走）	
371	dʑim1	tɕiɛn1	尖（针很～）	声！
600	tsim2	niɛn2	追踪	声！

韵母对应 97: ip <> in （*ip）
支持例证共 3 个，如下：

同音索引	勉瑶	标敏	匹配义	
394	tsip7	tɕin7	承接 + 迎接	
1286	dʑip7	hin7	闭（～眼）	声！
243	dʑip7	din4	折叠	调！

韵母对应 84: i:ŋ <> iɛ　*i:ŋ
支持例证共 10 个，如下：

同音索引	勉瑶	标敏	匹配义	
185	pi:ŋ5	piɛ5	藏（收～）	
198	tsi:ŋ3	tɕiɛ3	井 + 水井 - 水	
479	ti:ŋ1	tiɛ1	钉 + 钉子 + 钉鞋 - 鞋	
761	fi:ŋ3	ɕiɛ3	苏醒	
818	li:ŋ2	liɛ2	田 + 水田 - 水 + 田地 - 地（一块～）+ 田坎 - 坎儿	
934	tshi:ŋ1	tɕhiɛ1	清（数不～）	声！
1322	dʑi:ŋ1	dʑiɛ1	腥	
1369	fi:ŋ1	ɕiɛ1	秤星 - 秤 + 秤星 - 秤（一把～）	
1109	hi:ŋ2	iɛ2	赢	声！
534	ti:ŋ2	ɕiɛ3	停（雨～了）	调！

3.3.5 韵腹 ə

韵腹 ə 对应概览

	韵母匹配	语音条件	重构	例证	核心	99%	99.9%
149	ən <> ən		(*ən)	2		1	2
73	un <> uən		*uən	10		4	5
2	on <> uən		(*uən)	2		1	2
142	ui <> uəi		*uəi	9		3	4
40	uaŋ <> ɔŋ		*uəŋ	8	+	3	4
34	op <> ən		*əp	5	+	2	3
33	ou <> əu		*əu	21		5	6

韵母对应 149：ən <> ən （*ən）

支持例证共 2 个，如下：

同音索引	勉瑶	标敏	匹配义
399	hən5	hən5	恨
1061	mən5	mən5	烦闷

韵母对应 73：un <> uən *uən

支持例证共 10 个，如下：

同音索引	勉瑶	标敏	匹配义	
146	lun2	luən2	缝（～衣）	
382	tshun5	tshuən5	寸（一～布）	
543	tsun3	ʈuən3	准（对～）	
668	tun1	ʈuən1	桥墩 - 桥	
670	tsun2	ʈuən2	传播	
950	fun1	suən1	孙子	
1045	tsun1	ʈuən1	砖 + 砖房 - 房屋	
1376	tshun1	ʈhuən1	回春 - 回（～信）	
1473	tɕun2	ʈuən2	裙子	
374	tshun5	ʈhuən1	串（一～鱼）+ 穿（～孔）+ 穿（～针）	调！

韵母对应 2: on <> uən *uən

支持例证共 2 个，如下：

同音索引	勉瑶	标敏	匹配义
4	ton5	tuən5	炖
563	ton5	tuən5	顿（一～饭）

对比以上两例与 73 套的 #668：

668	tun1	tuən1	桥墩 - 桥

分别可以与汉语的"墩"【端魂合一平】、"炖"【定魂合一上】、"顿【端魂合一去】"比较，从声调和声母的变化来看，后二者应该是"浊上归去"后的时间层次，可以考虑为后来的借用。

韵母对应 142: ui <> uəi *uəi

支持例证共 9 个，如下：

同音索引	勉瑶	标敏	匹配义	
380	tshui1	tshuəi1	*催（～促）*	
381	tshui1	thuəi1	*催促*	
499	ui2	uəi2	回（～信）	
1020	kui5	kuəi5	生（～火）	
1096	sui1	suəi1	酸 + 酸菜 - 菜	
1341	lui1	luəi1	夹衣 - 夹（～住）	
590	dui1	tuəi1	堆（一～柴）+ 堆（一～土）+ 堆积	声！
773	n̥ui5	suəi1	酸（腰～）	调！
954	lui4	ɬuəi1	滑（～下去）	调！

韵母对应 40: uəŋ <> ɔŋ *uəŋ

支持例证共 8 个，如下：

同音索引	勉瑶	标敏	匹配义	
62	puəŋ3	pɔŋ3	**满**	
104	puəŋ6	pɔŋ4	靠（梯子）	
139	suəŋ5	sɔŋ5	被子	

（续表）

同音索引	勉瑶	标敏	匹配义	
392	tɕuəŋ3	tɔŋ3	冷	
734	buəŋ4	bɔŋ4	儿媳妇 + 新娘 - 新	
1249	phuəŋ3	phɔŋ3	捧着（～水）	
1407	muəŋ5	mɔŋ5	听话 - 话	
393	tɕuəŋ3	tɔŋ5	冻死 - 死	调！

韵母对应 34: op <> ən *əp

支持例证共 5 个，如下：

同音索引	勉瑶	标敏	匹配义
55	sop7	sən7	涩
108	ʥop8	ʥən4	栖息（鸟）
603	top8	thən4	豆子
1210	ŋop7	ŋən7	咳嗽
1318	hop7	hən7	喝

韵母对应 33: ou <> əu *əu

支持例证共 21 个，如下：

同音索引	勉瑶	标敏	匹配义
101	tsou3	tsəu3	坟墓
180	pou6	pəu4	部（一～书）
242	mou4	məu4	亩
280	lou6	ləu4	显露 + 露（～出来）
411	ʥou1	ʥəu1	租（～房子）
452	tshou1	tshəu1	粗 + 土布 - 布
527	tsou6	tɕəu4	筷子
656	pou3	bəu3	斧头
674	sou1	səu1	书
719	lou2	ləu2	风箱
1024	phou1	phəu1	铺（～床）
1032	tshou5	thəu5	床 + 床铺

(续表)

同音索引	勉瑶	标敏	匹配义	
1194	khou5	khəu5	扣（～钱）	
1217	tɕou5	tɛu5	句（一～话）	
1304	hou5	khəu5	裤子+裤裆-裆(裤～)	声！
1317	hou2	həu2	壶	
1327	tsou3	tɛu3	煮（～饭）	
1378	tou4	thəu4	火炭-炭	
711	khou1	kəu1	箍儿+箍	声！
1005	kou3	əu3	股（一～绳子）	声！
54	mou1	məu2	模子	调！

3.3.6 韵腹 ɔ

韵腹 ɔ 对应概览

	韵母匹配	语音条件	重构	例证	核心	99%	99.9%
45	ɔ ⇔ ɔ		*ɔ	12	+	6	8
172	u ⇔ ɔ		*cu	11		9	10
14	oŋ ⇔ ɔŋ		*ɔŋ	21	+	5	6
184	ɔ:n ⇔ uan		*ɔ:n	4	+	2	3
44	ɔ:ŋ ⇔ ɔ		*ɔ:ŋ	8	+	5	7
70	ɔ:i ⇔ uai		*ɔ:i	9		2	3
37	ɔ:t ⇔ an		(*ɔ:t)	2		1	2

韵母对应 45: ɔ ⇔ ɔ　*ɔ

支持例证共 12 个，如下：

同音索引	勉瑶	标敏	匹配义	
312	tsɔ7	tɔ7	捉	
477	fɔ3	sɔ3	锁（～门）	
505	tɔ5	tɔ5	剁（～肉）	
691	thɔ1	thɔ1	拖	
746	lɔ2	lɔ2	锣	

（续表）

同音索引	勉瑶	标敏	匹配义	
778	nɔ8	ŋɔ4	鸟 + 鸟笼 - 笼子	
1125	tshɔ7	ƫhɔ7	撮（～土）	
1387	ŋɔ6	ŋɔ4	饿死 - 死	
72	kɔ5	kɔ1	哥哥	调！
644	tshɔ2	tshɔ5	锉（用锉子～）	调！
1302	mɔ7	ɔ1	凹下	调！
1482	tsɔ6	kɔ5	修理	调！

韵母对应 172：u <> ɔ   *uɔ

支持例证共 11 个，如下：

同音索引	勉瑶语	标敏瑶语	匹配义	
524	ku7	klɔ7	六	
681	tu8	ƫhɔ4	读（～书）	
842	tshu7	ƫhɔ7	戳（用棍子～）	
1023	hu8	hɔ4	学 + 学习	
1069	tsu8	tshɔ4	少	
1282	ku5	kɔ5	告发	
1385	du7	dɔ7	脚趾头 - 脚 + 脚趾 - 脚	
1197	dzu5	khɔ5	炕	声！
1206	su7	ŋɔ7	收缩 + 退缩	声！
1061	ɬu7	ɬɔ4	捞取	调！
1317	dzu8	nɔ7	浑水 - 水	调！

韵母对应 14：oŋ <> ɔŋ   *ɔŋ

支持例证共 21 个，如下：

同音索引	勉瑶	标敏	匹配义	
148	noŋ6	nɔŋ4	脓（化～）	
170	tshoŋ5	ƫhɔŋ5	炮 + 枪	
172	foŋ1	sɔŋ1	松（绳子变～）+ 松（～紧）	
372	tsoŋ1	tsɔŋ1	钟（～表）	

3 原始瑶语 151

（续表）

同音索引	勉瑶	标敏	匹配义	
437	ȡoŋ1	tsɔŋ1	鬃 + 鬃（马~）	
491	thoŋ3	dɔŋ3	桶 + 木桶 + 水桶 - 水	声！
586	toŋ2	tɔŋ2	铜	
593	doŋ5	dɔŋ5	戴（~斗笠）	
643	tshoŋ1	ƫhɔŋ1	冲刷（洪水~）	
650	tsoŋ1	ƫhɔŋ1	舂（~粑粑）	声！
669	toŋ5	tɔŋ5	冻（鱼~）	
718	thoŋ1	thɔŋ1	通（可以穿过）	
741	toŋ4	tɔŋ4	动（扛不~）	
932	foŋ1	sɔŋ1	宽裕（生活~）	
1042	loŋ5	lɔŋ5	好（~人）	
1243	loŋ2	lɔŋ2	笼子 + 鸟笼 - 鸟 + 鸡笼 - 鸡	
21	loŋ6	nɔŋ4	要 + 用（~笔写）	声！
1258	oŋ1	kɔŋ1	祖父	声！
35	oŋ5	mɔŋ4	水瓮 - 水	调！
1064	toŋ6	ƫhɔŋ1	撞击（用棍子~）	调！
1382	tsoŋ1	tsɔŋ7	棕树 - 树	调！

韵母对应 184: ɔ:n ⇔ uan   *ɔ:n

支持例证共 4 个，如下：

同音索引	勉瑶	标敏	匹配义
567	tɔ:n1	tuan1	儿子
568	tɔ:n1	tuan7	崽子 + 小斧头 - 斧头 + 小盖儿 - 盖儿（棺材~）+ 小盖儿 - 盖子 + 小鱼 - 鱼
1001	kɔ:n1	kuan1	根（树~）+ 根部
1448	kɔ:n1	kuan1	舌根 - 舌头

韵母对应 44: ɔ:ŋ <> ɔ *ɔ:ŋ

支持例证共 8 个，如下：

同音索引	勉瑶	标敏	匹配义	
255	kɔ:ŋ3	tɔ3	说+议论(在背后~)+说(小声~)+说(~话)+讲+说(他~)	
329	tsɔ:ŋ1	tɔ1	装束	
330	tsɔ:ŋ1	tɔ1	安装(~板壁)	
622	sɔ:ŋ1	sɔ1	霜	
991	kɔ:ŋ5	kɔ5	木杠	
1128	kɔ:ŋ1	klɔ1	角儿	
71	nɔ:ŋ6	bɔ4	裆(裤~)+裤裆-裤子	声！
331	tsɔ:ŋ1	tɔ2	装	调！

韵母对应 70: ɔ:i <> uai *ɔ:i

支持例证共 9 个，如下：

同音索引	勉瑶	标敏	匹配义	
133	tɔ:i5	tuai5	对(一~猪)	
515	tɔ:i5	tuai5	正确	
753	tɔ:i5	tuai5	碓杵+碓	
779	dɔ:i2	duai2	薯+白薯种-种子	
964	dzɔ:i2	dzuai2	齐(来~了)+齐心-心坎+齐心-心脏	
1314	khɔ:i3	khuai3	海	
221	khɔ:i1	khuai1	开(~个窗眼)	
177	gɔ:i1	khuai1	开(~花)	声！
1431	gɔ:i1	khuai1	隔开-隔	

韵母对应 37: ɔ:t <> an (*ɔ:t)

支持例证共 2 个，如下：

同音索引	勉瑶	标敏	匹配义	
59	dɔ:t7	dan7	掉落+落(~叶)	
453	sɔ:t7	tshan7	擦(~枪)+擦(~桌子)	声！

3.3.7 韵腹 o

韵腹 o 对应概览

	韵母对应	语音条件	重构	例证	核心	99%	99.9%
49	uo ◇ u		(*uo)	7		5	6

韵母对应 49: uo ◇ u (*uo)

支持例证共 7 个，如下：

同音索引	勉瑶	标敏	匹配义	
80	puo6	pu4	孵	
232	muo6	mu4	帽子	
286	buo8	hu4	服从+信从	
1062	buo5	bu5	告诉	
1231	tsuo3	tu3	守	
214	tɕuo2	tu4	伯母	调！
634	tsuo8	tu3	等待	调！

3.3.8 韵腹 u

韵腹 u 对应概览

	韵母对应	语音条件	重构	例证	核心	99%	99.9%
19	u ◇ u		*u	30	+	7	9
51	un ◇ un		*un	8		4	5
53	uŋ ◇ uə		*uŋ	14		4	5
157	uŋ ◇ ə	Cl-, P-	*uŋ	4	+	2	3
212	uŋ ◇ yə		*((j)uŋ)	2		1	2
55	iu ◇ iu		*iu	11		3	4
111	ut ◇ un		*ut	4		2	3

韵母对应 19: u <> u *u

支持例证共 30 个，如下：

同音索引	勉瑶	标敏	匹配义	
31	lu3	lu3	呕	
52	dzu8	du4	菜刀 + 刀子 + 刀把儿 - 把儿	
115	pu3	pu3	宝物	
116	pu3	pu3	保卫 + 保护	
339	ku5	ku5	老（人～）	
432	tsu8	tshu4	凿子 + 凿（～一个孔）	
470	dzu5	dzu5	洗（～衣服）	
599	thu3	thu3	讨（～债）	
642	du1	du1	深	
655	ku1	ku1	远	
658	tu7	tu7	值得 - 值（～钱）	
663	tu6	du4	放毒 - 放下（下垂）+ 放毒 - 放（～走）	
683	tu8	du4	狠毒	
791	tsu7	tu7	穿（～衣服）	
798	du6	du4	麻	
875	lu2	glu2	监牢	
901	tsu2	tsu2	槽 + 水槽 - 水	
921	ku3	klu3	狗	
937	ɬu1	ɬu1	大	
1008	dzu7	du7	篾	
1323	su5	su5	馊	
1399	dzu4	du4	铜鼓 - 铜	
1462	hu3	hu3	破	
1319	su7	tu7	草鞋	声！
1211	u3	u7	午（地支第七位）	调！
68	du7	tsu2	深谷 + 山谷 - 山	调！
144	du7	tshu4	低（～着头）	调！
573	gu5	bu3	丈夫	调！
687	tsu4	tsu5	做（～桌子）	调！

（续表）

同音索引	勉瑶	标敏	匹配义	
1296	lu4	lu5	旧	调！
1381	tsu8	tu7	得罪 - 罪	调！

韵母对应 51：un <> un　*un

支持例证共 8 个，如下：

同音索引	勉瑶	标敏	匹配义	
86	fun5	sun5	推算	
235	mun1	mun1	痛（～得很）	
265	kun3	kun3	管（过问）	
332	hun1	hun1	园子（菜～）	
502	lun5	lun5	嫩（菜很～）+ 嫩	
817	sun1	sun1	闩（～门）+ 门闩 - 门	
910	dzun5	tsun5	钻（～山）	
1250	kun4	kun3	管辖	调！

韵母对应 53：uŋ <> uə　*uŋ

支持例证共 14 个，如下：

同音索引	勉瑶	标敏	匹配义	
89	tuŋ4	tuə4	猪	
317	luŋ2	luə2	天 + 天亮 - 亮 + 半空 - 半（～碗）	
363	tsuŋ4	ʈuə4	丈（一～布）	
466	tsuŋ5	ʈuə5	涨（豆子泡～了）	
475	fuŋ5	suə5	送（～客人）	
827	luŋ4	luə4	两（三～重）	
931	duŋ1	duə1	聋	
1043	dzuŋ5	dzuə5	吠	
1088	dzuŋ1	dzuə1	歌	
1090	huŋ1	huə1	香（烧～）	
1309	khuŋ5	khuə5	空（～闲）	
119	buŋ3	suə3	骨头 + 骨	声！

（续表）

同音索引	勉瑶	标敏	匹配义	
166	tsuŋ1	tuə5	把（一～刀）	调！
167	tsuŋ1	tuə4	张（一～纸）	调！

韵母对应 157: uŋ <> ə　　*uŋ

支持例证共 4 个，如下：

同音索引	勉瑶	标敏	匹配义
802	buŋ6	blə4	雨
1242	kuŋ1	klə1	虹
1365	puŋ2	pə2	蜜蜂窝 - 蜜蜂
422	puŋ5	pə5	放下（下垂）+ 放（～走）

与韵母对应 53 套声母互补，可以合并。如果这样重构，则可以预设标敏瑶语中有以下变化：*-uŋ → uə → ə / Cl-, P-。

韵母对应 212: uŋ <> yə　（*(j)uŋ）

支持例证共 2 个，如下：

同音索引	勉瑶	标敏	匹配义
820	juŋ2	yə2	羊 + 山羊
1100	juŋ4	yə4	养（～鸡）

韵母对应 55 iu <> iu　　*iu

支持例证共 11 个，如下：

同音索引	勉瑶	标敏	匹配义	
94	tiu2	tiu2	首（一～歌）+ 条（一～绳子）	
377	thiu5	diu5	跳（～芦笙）	
465	fiu1	ɕiu1	销（～了多少货）	
511	tiu1	tiu1	雕（～刻）	
768	kiu3	kiu3	绞	
984	dziu6	dziu4	嚼	
1007	tiu3	tiu3	酒	

（续表）

同音索引	勉瑶	标敏	匹配义	
651	tsiu5	tɕiu5	照射（阳光～）+ 照（～镜子）	
156	fiu4	ɕiu1	消（～肿）	调！
378	thiu5	tiu2	跳（鼓）	调！
490	diu6	diu5	跳（向上～）	调！

3.3.9 韵母对应及重构总表

根据以上分析，韵母对应及重构总结如下：

	韵母对应	语音条件	重构
26	a ◇ a		*a
15	ie ◇ ia	P_,K_	*(r)a
18	ie ◇ a	舌尖声母	*(r)a
151	ia ◇ a		*ia
186	aŋ ◇ aŋ		*aŋ
10	ɔ:ŋ ◇ aŋ		-
95	ap ◇ an		(*ap)
3	at ◇ an		*at
59	iaŋ ◇ iaŋ	P_,D_	(*iaŋ)
131	iaŋ ◇ aŋ		*iaŋ
109	ua ◇ ua		*ua
115	yaŋ ◇ uaŋ		*uaŋ
127	yŋ ◇ uaŋ		*iuaŋ
92	ai ◇ ai		*ai
85	au ◇ au		*au
219	iou ◇ au		(*jau)
12	iou ◇ iau		*iau
28	eu ◇ iau		(-)
164	iu ◇ iau		(-)
148	a:m ◇ an		*a:m
185	a:ŋ ◇ aŋ		*a:ŋ
198	a:p ◇ an		(*a:p)

（续表）

	韵母对应	语音条件	重构
20	a:i ◇ a		*a:i
241	ia:i ◇ iɛ		(*ia:i)
154	a:u ◇ a		*a:u
230	ia:u ◇ ia		(*ia:u)
163	a:n ◇ an		*a:n
65	ia:n ◇ uan		*ia:n
222	ia:ŋ ◇ iɔ		*ia:ŋ
120	ua:ŋ ◇ uaŋ		*ua:ŋ
54	ɛ ◇ ɛ		(*ɛ)
9	in ◇ iɛn		-
83	ien ◇ iɛn		*iɛn
96	ɛ:ŋ ◇ ɛ		*ɛ:ŋ
123	ɛ:ŋ ◇ iɛ		*iɛ:ŋ
71	ie ◇ i		*ie
194	ye ◇ ua		(*ye)
197	iem ◇ ian		*iem
74	ien ◇ in		*ien
38	iep ◇ an		(*iep)
196	iet ◇ in		*iet
24	ei ◇ əi		*ei
125	uei ◇ uəi		*uei
161	ei ◇ i		*i
180	i ◇ i		*i
162	uei ◇ ui		(*ui)
106	im ◇ iɛn		*i:m
97	ip ◇ in		(*ip)
84	i:ŋ ◇ iɛ		*i:ŋ
149	ən ◇ ən		(*ən)
73	un ◇ uən		*uən
2	on ◇ uən		(*uən)
142	ui ◇ uəi		*uəi

（续表）

	韵母对应	语音条件	重构
40	uəŋ ◇ ɔŋ		*uəŋ
34	op ◇ ən		*əp
33	ou ◇ əu		*əu
45	ɔ ◇ ɔ		*ɔ
172	u ◇ ɔ		*uɔ
14	oŋ ◇ ɔŋ		*ɔŋ
184	ɔ:n ◇ uan		*ɔ:n
44	ɔ:ŋ ◇ ɔ		*ɔ:ŋ
70	ɔ:i ◇ uai		*ɔ:i
37	ɔ:t ◇ an		(*ɔ:t)
49	uo ◇ u		(*uo)
19	u ◇ u		*u
51	un ◇ un		*un
53	uŋ ◇ uə		*uŋ
157	uŋ ◇ ə	Cl-, P-	*uŋ
212	uŋ ◇ yə		(*(j)uŋ)
55	iu ◇ iu		*iu
111	ut ◇ un		*ut

3.4 瑶语完全对应表

根据陈保亚（1999a）对完全对应的定义，要求每一个音节成分（如：声、韵、调）都能对应起来。这里涉及对"对应"的理解。对应不仅仅是匹配（重复的模式），而且应是非随机的匹配。

在处理语言比较材料时，第一步能找到的就是匹配，比如，勉瑶语和标敏瑶语声母上 s ◇ tɕ 的匹配，如下：

同音索引	勉瑶	标敏	匹配义
1004	sim1	tɕien1	针
1300	sai1	tɕi1	扎
1196	sou1	tɕin5	抖动

有 3 个平行例证的支持，但这一匹配是否为偶然因素造成的呢？需要通过概率计算，需要考虑到两个声母在所比较的两个方言中的实际分布，运用 3.1 中计算声调匹配是否非随机一样的方法，设定置信水平为 95%，则随机匹配的例证上限是 4，以上只有 3 个例证，因此，不能推翻原假设，也就是，这 3 个例证支持的 s ⟷ tɕ 的匹配有较大的可能是因偶然因素造成的，不能确定为"对应"。

另一种观察角度是以语素为基点，目的是判断该语素是否为关系语素。比如，以 1196 '抖动' 为例，从以上 3 个例证可以得出，其声母匹配 s ⟷ tɕ 得到平行例证支持；再观察其声调匹配 1⟷5，共有 19 个例证，如下：

同音索引	勉瑶	标敏	匹配义
1196	sou1	tɕin5	抖动
48	mou1	tɕiɛn5	埋伏
66	pun1	piu5	分给（一人～一份）
166	tsuŋ1	tuə5	把（一～刀）
305	phom1	bun5	肺
480	ti:ŋ1	kuai5	钉耙 - 耙
574	kɔ:ŋ1	tshin5	阵（一～雨）
606	dau1	dəi5	地（与"天"相对）
629	tɔ:ŋ1	tuai5	当（面对着）
673	an1	tuən5	搁
846	nɔ:m1	tɕuə5	辆（一～车）
852	khaŋ1	khuai5	道（一～门）
861	neŋ1	tie5	挤（～虱子）
947	ła:ŋ1	ta5	裤带 - 裤子
1117	pun1	iaŋ5	样子
1138	da:m1	da5	担（一～米）
1147	kie1	bi5	麻（～咀）
1412	kɔ:n1	ɕi5	起初 - 起（～床）+ 起初 - 起（～疱）
1429	tsha:ŋ1	tsun5	鱼叉 - 鱼

注意，根据 3.1 声调匹配的概率计算，以上声调匹配也没有达到非随机所需的数目。最后来看其韵母匹配 ou⟷in，在词汇集中没有找到平行例证的支持。这样，是否可以总结说 '抖动' 这个语素在勉瑶语和标敏瑶语中得

到部分对应（声母、声调）的支持呢？从概率的角度上讲，这是否就犯了"生日悖论"的问题呢？

另一种处理方式是着眼于系统，先考虑声调匹配的偶然性问题，如 3.1 节所述，先把勉瑶语和标敏瑶语中的非随机匹配，即声调对应，确定下来。这是完全对应的必要条件。按照这样的操作，1<>5 的声调匹配就不是声调对应了；同理，声母 s <> tɕ 的匹配也不是对应，因为当前的例证不足以排除随机的假设。据此，就可以确定'抖动'不是瑶语的关系语素了。严格来说，是根据当前的对应情况不能确认其为关系语素了。这样，可以设定最严格的完全对应要求，即，声、韵、调的例证数都超过随机匹配的上限。我们在 3.2 和 3.3 部分的声母匹配和韵母匹配都考虑了相应随机概率的情况。

从完全对应的角度来看，声调上的不对应可以帮助排除 #1196，但剩余的 #1004 和 #1300 分别都能得到声、韵、调上的平行例证支持，但严格来说并不是完全对应的支持，因为声母匹配例证不足以排除随机对应。另外，从音理角度上看，s 与 tɕ 之间的历史演变关系很难建立，不仅二者之间的相互演变没有可见的例证支持，就是二者共同来源与第三个音的假设也难以提出。从语言学经验上看，这套符合完全对应支持的例子 (#1004；#1300) 最大的可能是偶然因素造成的。也就是说，就算在概率上看，这样可以算作完全对应的匹配，也不能确定是关系语素。

因此，声韵调的匹配都需要通过随机概率检测，方可确定为关系语素。（参见附录一）

概率标准分 99% 水平和 99.9% 水平（没达到 99.9% 的语素用括号标志），以下是高阶、低阶的分布情况。**高阶** 25（1）：舌、长、飞、喝、根、黑、颈子、蛋、角、好、绿、吃、人、知道、新、杀、死、冷、脚、坐、树、(毛)、老、狗、大。**低阶** 20（5）：漂浮、(掉)、怕、草、海、肠子、笑、虫、锋利、缝、短、重、年、正确、(宽)、(花)、(五)、(四)、洗、远。无论哪种标准之下，高阶都大于低阶，表现出亲缘关系，而非接触关系。从中也可以看出，在更严格的概率标准下，低阶词减少的速度更快，高阶减少了 1 个，而低阶减少了 5 个。

3.5　原始瑶语的语素

数词 1-10 中，只有'六'符合完全对应的标准，且通过 99.9% 的概率检验，可以重构出来；而'四''五'在 99% 的置信水平方可完全重构出来;'二'和'三'均缺乏韵母对应的支持。

序号	勉瑶语	标敏瑶语	语义	重构
1	jiet8	i1	一	
30	i1	uəi1	二	*ø-1
36	puo1	pau1	三	*p-1
926	pei1	pləi1	四	*plei1
352	pa1	pla1	五	*pla1
524	ku7	klɔ7	六	*kluɔ7
1066	sie6	ni4	七	*- -6
1112	hiet8	hiɛn4	八	*h-8
976	duo2	iu2	九	*-2
1012	tsiep8	ṯhan4	十	*-iep8

六畜之中,唯有'狗'可以重构出来,如下:

序号	勉瑶语	标敏瑶语	语义	重构
921	ku3	klu3	狗	*klu3

4 原始苗语

4.1 苗语方言的声调对应及重构

基于上文提取的语素，苗语方言中语素最少的是滇东北苗语（1358），采用与3.1处理瑶语声调相同的方法，根据五个苗语方言声调的个数，P=1/8*1/6*1/8*1/8*1/11=1/33792 为随机匹配的概率，M=n*P=1358/33792=0.0402。根据泊松分布计算，（http://www.99cankao.com/statistics/poisson-distribution-calculator.php）实际出现的匹配例证只要达到两例，其累计泊松分布就达到了100%；也就是说，如果要判定某一套特定的苗语五个方言之间的声调匹配达到置信水平的非随机匹配，确定其为语音对应，只需要2个例证来支持该套匹配。计算机程序找出202套对应，根据同义归一原则处理后，实际共得到90套声调匹配。根据其例证数，按从多到少排列如下：

表1 例证数目变化与苗语方言声调匹配

匹配序号	黔东	湘西	川黔滇	滇东北	布努	例证	
2	1	1	1	1	1	32	核心词>3
12	5	5	5	5	5	25	核心词>3
19	3	7	3	3	3	17	核心词>3
16	2	2	2	2	2	14	核心词>3
10	4	8	4	4	4	13	核心词>3
42	7	7	7	7	7	9	核心词>3
61	6	6	6	6	6	8	核心词>3
20	1	1	1	1	1'	6	
49	1	7	1	1	1	5	
15	3	7	3	3	1	5	核心
25	3	7	5	3	3	5	
48	2	2	2	2	2'	5	核心

（续表）

匹配序号	黔东	湘西	川黔滇	滇东北	布努	例证	
74	5	7	5	5	5	4	
1	1	7	1	1	1'	4	核心
7	8	8	8	8	8	4	
21	5	5	5	7	5	4	
32	1	1	1	1	5	4	
33	5	5	3	3	3	4	
41	3	1	3	3	3	4	核心
6	1	1	2	1	1	3	
17	6	5	6	6	6	3	
23	6	1	8	3	6	3	
30	5	2	5	5	5	3	
34	4	7	4	4	4	3	
51	1	1	1	1	3	3	
54	6	1	1	1	1	3	
57	5	5	5	5	4	3	
58	1	2	7	7	3	3	
60	3	7	3	5	5	3	
62	7	7	5	7	7	3	
110	1	5	5	5	1	3	
5	5	7	5	5	6	2	
13	5	5	5	5	6	2	
14	5	5	5	1	5	2	
18	3	5	5	5	3	2	
22	5	7	7	4	4	2	
24	2	2	6	2	2	2	
26	6	7	5	3	3	2	
28	2	1	1	1	2	2	
29	5	5	7	7	3	2	
31	7	7	1	1	1	2	
35	4	6	4	4	4	2	
36	3	7	7	7	3	2	

（续表）

匹配序号	黔东	湘西	川黔滇	滇东北	布努	例证
37	1	1	1	1	2	2
38	2	5	3	1	3'	2
40	4	7	3	3	4	2
43	7	7	7	7	5	2
44	5	1	7	7	8	2
46	2	6	2	2	2'	2
47	6	7	1	1	1	2
53	3	7	3	3	6	2
56	7	5	5	7	7	2
59	1	7	1	3	1	2
63	5	7	6	6	5	2
65	2	8	4	4	4	2
68	3	7	5	5	5	2
69	4	1	1	1	1	2
70	6	2	3	5	4	2
72	3	6	3	3	6	2
75	5	5	8	5	3	2
76	5	5	6	3	5	2
78	1	7	1	1	3	2
79	5	1	5	1	5	2
80	1	5	5	5	2	2
84	2	2	5	2	5	2
86	5	7	6	6	8	2
87	4	5	5	3	5	2
88	5	7	5	1	5	2
92	3	5	5	5	1'	2
93	5	2	2	2	2'	2
94	4	5	3	5	6	2
95	5	1	5	5	1	2
96	7	1	5	7	5	2
98	4	7	7	7	4	2

（续表）

匹配序号	黔东	湘西	川黔滇	滇东北	布努	例证
99	6	6	6	6	2	2
100	6	6	1	1	6	2
101	6	6	1	7	8	2
103	2	2	2	1	2	2
106	3	5	5	5	5	2
108	5	2	2	2	5	2
113	1	7	3	3	3	2
114	4	8	4	6	4	2
115	1	7	3	3	1	2
117	3	7	3	3	3'	2
118	1	7	8	8	3	2
120	4	5	4	4	5	2
131	5	1	1	1	1	2
143	3	7	7	7	6	2
174	7	1	1	1	1	2
183	2	7	3	3	1	2

如前文3.1节所述，以上判断都是假设各个声调在各个所比较的语言中都均匀分布，实际上并非如此，例如，在布努瑶语1626个语素中，三个声调的分布列在括号中：1'（150），2'（94），3'（84），出现频率差别不小。因此，同样要参照前文3.1节的方法，根据实际分布来测算各套匹配的概率情况。以下是5个苗语方言中各个声调在所比较的语素中的分布情况。

表 2　苗语方言声调分布

声调	黔东	湘西	川黔滇	滇东北	布努
1	245	389	251	245	209
2	105	178	142	105	129
3	213	1	194	213	206
4	121	1	130	121	150
5	239	282	256	239	245

（续表）

声调	黔东	湘西	川黔滇	滇东北	布努
6	195	152	186	195	192
7	163	415	150	163	68
8	77	174	134	77	99
1'	0	0	0	0	150
2'	0	0	0	0	94
3'	0	0	0	0	84

但与3.1节不同的是，之前是2个方言的匹配，现在是5个方言的声调匹配情况。这就提出了新的问题。对于某一套匹配，如果五个方言中，有两个方言为非偶然对应，若混在一起算，整体上仍然为非偶然对应。因此，5个方言之间的匹配，可以拆开为两两对应，再应用3.1节提出的概率算法，从而排除以上这种非偶然的随机混入。以第1套和第49套匹配为例，黔东-湘西的两方言比较中，1⇔7是否为非偶然对应？以此类推。这可以称为概率辅助法。以黔东方言为基础，构建与其他四个方言的4种两两比较检测。

黔东苗语-湘西苗语声调比较

黔东和湘西苗语的声调匹配中非偶然对应共8套，如果将置信水平逐步提到99%和99.9%，则有如下变化：

序号	黔东	湘西	实际例证	95%	99%	99.9%
2	1	1	153	97	102	108
4	3	7	122	85	90	96
8	8	8	25-1	19	22	25
10	2	2	80	34	38	41
13	5	5	111-1	70	74	79
15	7	7	54-2	50	53	58
17	4	8	51	27	30	33
29	6	6	56-2	27	30	34

从上表中可以看出，声调7⇔7和8⇔8的对应可能是最早随机化的两套。也就是，随着时间的推移，方言间支持这两套对应的例证再失落数例，根据方言比较就无法找回其历史渊源了。这就说明：一、**通过方言比较重溯**

原始语有时间限度；二、声调系统的**历史对应在各个调位上并不均匀体现，也不匀速变化**。

如果某套声调匹配的支持例证数目小于随机匹配可达到的上限，可以看作偶然造成的匹配，或者说不能确证是非偶然的对应如下（共24套）：

序号	黔东	湘西	实际例证	95%
1	1	7	94	112
3	3	1	42	74
5	5	7	75	97
6	5	1	65	84
7	1	5	45	81
9	1	2	25-1	53
11	2	7	35-5	72
12	5	2	23	46
16	2	5	31-2	52
18	4	7	36-1	57
20	6	5	29	50
21	6	7	43-4	68
23	2	8	21-1	33
24	2	6	21	28
26	3	5	52	62
28	6	1	43	59
31	2	1	41	62
32	4	1	30	49
34	7	1	31-1	43
36	4	5	33	41
37	6	2	21	33
38	7	5	29-1	36
#	4	6	<20	23
#	3	6	<20	34

根据黔东 - 湘西声调比较剔除随机匹配

以下为随机匹配：

声调匹配	黔东	湘西	川黔滇	滇东北	布努	例证	
49	1	7	1	1	1	5	
74	5	7	5	5	5	4	
1	1	7	1	1	1'	4	核心
41	3	1	3	3	3	4	核心
17	6	5	6	6	6	3	
23	6	1	8	3	6	3	
30	5	2	5	5	5	3	
34	4	7	4	4	4	3	
54	6	1	1	1	1	3	
58	1	2	7	7	3	3	
110	1	5	5	5	1	3	
5	5	7	5	5	6	2	
18	3	5	5	5	3	2	
22	5	7	7	4	4	2	
26	6	7	5	3	3	2	
28	2	1	1	1	2	2	
35	4	6	4	4	4	2	
38	2	5	3	1	3'	2	
40	4	7	3	3	4	2	
44	5	1	7	7	8	2	
46	2	6	2	2	2'	2	
47	6	7	1	1	1	2	
56	7	5	5	7	7	2	
59	1	7	1	3	1	2	
63	5	7	6	6	5	2	
65	2	8	4	4	4	2	
69	4	1	1	1	1	2	
70	6	2	3	5	4	2	
72	3	6	3	3	6	2	
78	1	7	1	1	3	2	
79	5	1	5	1	5	2	
80	1	5	5	5	2	2	

（续表）

声调匹配	黔东	湘西	川黔滇	滇东北	布努	例证
86	5	7	6	6	8	2
87	4	5	5	3	5	2
88	5	7	5	1	5	2
92	3	5	5	5	1'	2
93	5	2	2	2	2'	2
94	4	5	3	5	6	2
95	5	1	5	5	1	2
96	7	1	5	7	5	2
98	4	7	7	7	4	2
106	3	5	5	5	5	2
108	5	2	2	2	5	2
113	1	7	3	3	3	2
115	1	7	3	3	1	2
118	1	7	8	8	3	2
120	4	5	4	4	5	2
131	5	1	1	1	1	2
174	7	1	1	1	1	2
183	2	7	3	3	1	2

以下是黔东 - 湘西非随机的匹配，如下：

声调匹配	黔东	湘西	川黔滇	滇东北	布努	例证	
2	1	1	1	1	1	32	核心词 >3
12	5	5	5	5	5	25	核心词 >3
19	3	7	3	3	3	17	核心词 >3
16	2	2	2	2	2	14	核心词 >3
10	4	8	4	4	4	13	核心词 >3
42	7	7	7	7	7	9	核心词 >3
61	6	6	6	6	6	8	核心词 >3
20	1	1	1	1	1'	6	
15	3	7	5	3	1	5	核心

(续表)

声调匹配	黔东	湘西	川黔滇	滇东北	布努	例证	
25	3	7	5	3	3	5	
48	2	2	2	2	2'	5	核心
7	8	8	8	8	8	4	
21	5	5	5	7	5	4	
32	1	1	1	1	5	**4**	
33	5	5	3	3	3	4	
6	1	1	2	1	1	3	
51	1	1	1	1	3	3	
57	5	5	5	5	4	3	
60	3	7	3	5	5	3	
62	7	7	5	7	7	3	
13	5	5	5	5	6	2	
14	5	5	5	1	5	2	
24	2	2	6	2	2	2	
29	5	5	7	7	3	2	
31	7	7	1	1	1	2	
36	3	7	7	7	3	2	
37	1	1	1	1	2	2	
43	7	7	7	7	5	2	
53	3	7	3	3	6	2	
68	3	7	5	5	5	2	
75	5	5	8	5	3	2	
76	5	5	6	3	5	2	
84	2	2	5	2	5	2	
99	6	6	6	6	2	2	
100	6	6	1	1	6	2	
101	6	6	1	7	8	2	
103	2	2	2	1	2	2	
114	4	8	4	6	4	2	
117	3	7	3	3	3'	2	
143	3	7	7	7	6	2	

黔东苗语 - 川黔滇苗语声调比较

非偶然匹配如下（共8套）：

序号	黔东	川黔滇	例证	95%	99%	99.9%
1	1	1	142-10	68	73	78
2	3	3	84-2	44	48	52
5	5	5	109-6	59	63	68
10	8	8	28	15	17	19
13	7	7	34-1	19	21	24
21	4	4	50-4	20	23	26
24	6	6	69-2	34	37	41
26	2	2	60-1	26	29	32

偶然匹配的情况如下（共10套）：

序号	黔东	川黔滇	例证	95%
4	5	7	36-2	35
6	1	2	24-1	39
11	2	5	24	46
14	3	5	47-2	54
15	5	6	32-2	44
28	2	6	29-4	35
31	6	1	32-1	45
36	7	1	18-3	30
39	3	7	22-6	32
44	7	5	22	31

根据黔东 - 川黔滇声调比较剔除随机匹配

以下为随机匹配：

匹配序号	黔东	川黔滇	湘西	滇东北	布努	例证
25	3	5	7	3	3	5
6	1	2	1	1	1	3
24	2	6	2	2	2	2
29	5	7	5	7	3	2

（续表）

匹配序号	黔东	川黔滇	湘西	滇东北	布努	例证
31	7	1	7	1	1	2
36	3	7	7	7	3	2
62	7	5	7	7	7	3
68	3	5	7	5	5	2
76	5	6	5	3	5	2
84	2	5	2	2	5	2
100	6	1	6	1	6	2
101	6	1	6	7	8	2
143	3	7	7	7	6	2

以下为需要进一步检测的声调匹配：

匹配序号	黔东	川黔滇	湘西	滇东北	布努	例证	
2	1	1	1	1	1	32	核心词>3
12	5	5	5	5	5	25	核心词>3
19	3	3	7	3	3	17	核心词>3
16	2	2	2	2	2	14	核心词>3
10	4	4	8	4	4	13	核心词>3
42	7	7	7	7	7	9	核心词>3
61	6	6	6	6	6	8	核心词>3
15	3	3	7	3	1	5	核心
20	1	1	1	1	1'	6	
48	2	2	2	2	2'	5	核心
7	8	8	8	8	8	4	
21	5	5	5	7	5	4	
32	1	1	1	1	5	4	
33	5	3	5	3	3	4	
51	1	1	1	1	3	3	
57	5	5	5	5	4	3	
60	3	3	7	5	5	3	
13	5	5	5	5	6	2	
14	5	5	5	1	5	2	

（续表）

匹配序号	黔东	川黔滇	湘西	滇东北	布努	例证
37	1	1	1	1	2	2
43	7	7	7	7	5	2
53	3	3	7	3	6	2
72	3	3	6	3	6	2
75	5	8	5	5	3	2
78	1	1	7	1	3	2
99	6	6	6	6	2	2
103	2	2	2	1	2	2
114	4	4	8	6	4	2
117	3	3	7	3	3'	2

黔东苗语 - 滇东北苗语声调比较

黔东和滇东北的声调匹配如下：

序号	黔东	滇东北	例证	95%	99%	99.9%
1	1	1	119-9	66	70	
17	4	4	43-2	20	22	
6	5	5	94-2	57	61	
25	2	2	48	20	23	
9	3	3	85-2	47	50	
13	7	7	47-5	20	22	
26	6	6	55	34	37	
8	8	8	16-1	11	13	
5	5	7	30	43	47	
20	5	3	39-1	52	55	
37	2	1	35-3	44	49	
2	3	5	49-1	51	55	
18	4	6	21-2	27	30	
#	5	3	<12	52	55	
19	5	1	35	61	65	
22	2	6	29-2	32	35	

根据黔东 - 滇东北声调比较剔除随机匹配

以下为随机匹配：

匹配序号	黔东	滇东北	川黔滇	湘西	布努	例证
21	5	7	5	5	5	4
33	5	3	3	5	3	4
60	3	5	3	7	5	3
14	5	1	5	5	5	2
103	2	1	2	2	2	2
114	4	6	4	8	4	2

以下为需要进一步计算的匹配：

匹配序号	黔东	滇东北	川黔滇	湘西	布努	例证	
2	1	1	1	1	1	32	核心词 >3
12	5	5	5	5	5	25	核心词 >3
19	3	3	3	7	3	17	核心词 >3
16	2	2	2	2	2	14	核心词 >3
10	4	4	4	8	4	13	核心词 >3
42	7	7	7	7	7	9	核心词 >3
61	6	6	6	6	6	8	核心词 >3
15	3	3	3	7	1	5	核心
20	1	1	1	1	1'	6	
48	2	2	2	2	2'	5	核心
7	8	8	8	8	8	4	
32	1	1	1	1	5	4	
51	1	1	1	1	3	3	
57	5	5	5	5	4	3	
13	5	5	5	5	6	2	
37	1	1	1	1	2	2	
43	7	7	7	7	5	2	
53	3	3	3	7	6	2	
72	3	3	3	6	6	2	
75	5	5	8	5	3	2	

（续表）

匹配序号	黔东	滇东北	川黔滇	湘西	布努	例证
78	1	1	1	7	3	2
99	6	6	6	6	2	2
117	3	3	3	7	3'	2

黔东苗语 - 布努苗语声调比较

黔东和布努苗语的声调匹配如下：

匹配序号	黔东	布努	例证	95%	99%	99.9%
2	1	1	107-2	55	59	
24	4	4	53-2	25	28	
26	5	5	98-3	57	62	
11	2	2	55	25	28	
38	3	3	72	40	43	
56	7	7	26-1	10	12	
31	6	6	50	30	33	
9	8	8	20	10	11	
1	1	1'	49-1	33	36	
44	2	2'	21	16	19	
3	3	3'	22	19	21	
10	3	1	27-1	43	46	
6	1	5	33-1	67	72	
47	5	3	29	44	48	
7	1	3	40-2	52	55	
42	1	2	21	36	40	
5	5	6	24	40	43	
13	5	4	26	39	42	
57	7	5	27	28	31	
29	3	6	28-2	36	40	
71	6	2	16	21	24	

根据黔东 - 布努声调比较剔除随机匹配

以下为随机匹配：

匹配序号	黔东	布努	滇东北	川黔滇	湘西	例证	
15	3	1	3	3	7	5	核心
32	1	5	1	1	1	4	
51	1	3	1	1	1	3	
57	5	4	5	5	5	3	
13	5	6	5	5	5	2	
37	1	2	1	1	1	2	
43	7	5	7	7	7	2	
53	3	6	3	3	7	2	
72	3	6	3	3	6	2	
75	5	3	5	8	5	2	
78	1	3	1	1	7	2	
99	6	2	6	6	6	2	

以下为达到置信水平的声调匹配：

匹配序号	黔东	布努	滇东北	川黔滇	湘西	例证	
2	1	1	1	1	1	32	核心词 >3
12	5	5	5	5	5	25	核心词 >3
19	3	3	3	3	7	17	核心词 >3
16	2	2	2	2	2	14	核心词 >3
10	4	4	4	4	8	13	核心词 >3
42	7	7	7	7	7	9	核心词 >3
61	6	6	6	6	6	8	核心词 >3
20	1	1'	1	1	1	6	
48	2	2'	2	2	2	5	核心
7	8	8	8	8	8	4	
117	3	3'	3	3	7	2	

按照通常的苗瑶语声调顺序，重新组织如下：

匹配序号	黔东苗语	湘西	川黔滇	滇东北	布努	例证	
2	1	1	1	1	1	32	核心词 >3
20	1	1	1	1	1'	6	
16	2	2	2	2	2	14	核心词 >3
48	2	2	2	2	2'	5	核心
19	3	7	3	3	3	17	核心词 >3
117	3	7	3	3	3'	2	
10	4	8	4	4	4	13	核心词 >3
12	5	5	5	5	5	25	核心词 >3
61	6	6	6	6	8	核心词 >3	
42	7	7	7	7	7	9	核心词 >3
7	8	8	8	8	8	4	

以上11套声调对应是重构原始苗语声调的基础。从中可以看出前六套的二分都有赖于布努语的区分，这就是需进一步根据语音条件的分布来确立它们之间的对立/互补关系，并进一步根据词汇性质等证据来确定其纵向/横向来源。湘西方言中8调对应其他方言的4调和8调，属于一对多，也需要根据语音条件确定其对立/互补关系及来源。

苗语方言声调对应的具体例证及分析如下：（其中 Swadesh 100 核心词在最后一列加黑标明；同义归一的则以斜体标出。）

声调对应 2：1◇1◇1◇1◇1

共37项例证，如下：

同音索引	黔东	湘西	川黔滇	滇东北	布努	匹配义
2	i1	ε1	ʔa1	ie1	iŋ1	苦（味~）
16	o1	ɯ1	ʔao1	a1	au1	二
19	pi1	pu1	pe1	tsi1	pe1	三
20	pi1	pɯ1	pe1	pi1	pe1	我们/咱们
64	ɣi1	zu1	ze1	və1	ɣe1	石头
118	moŋ1	moŋ1	mao1	mo1	muŋ1	痛（~得很）
139	fhen1	pe1	fai1	fai1	puŋ1	分
146	fha1	ça1	ʂe1	ʂi1	khwai1	轻

（续表）

同音索引	黔东	湘西	川黔滇	滇东北	布努	匹配义
181	tsa1	pɹa1	tʂʅ1	pɯ1	tsu1	五
316	ta1	ta1	tua1	ta1	tai1	厚
339	to1	tɔ1	to1	to1	to1	深
402	niaŋ1	n̪i1	n̪ao1	nio1	ɲi1	住
454	n̥hiaŋ1	n̥hen1	n̥aŋ1	n̥aɯ1	n̥ʏŋ1	穗儿
479	lei1	tɕo1	la1	lie1	cʁu1	猴子
524	l̥iu1	pi1	pl̥əu1	tɬao1	tɬa1	毛
537	l̥o1	pɹei1	pl̥əu1	tɬao1	tɬa1	四
557	tɕi1	n̪a1	tɕua1	tɕa1	ti1	呼喊（~鸡）
558	tɕi1	tɕe1	tɕo1	tɕu1	cuŋ1	蒸
559	tɕi1	gɯ1	ntɕe1	ntɕi1	ɲce1	菌子
567	tɕin1	ɟe1	ko1	ku1	cuŋ1	金
611	tɕhaŋ1	tɕhaŋ1	tɕhao1	tɕho1	khi1	穿（~针）
615	tɕhu1	tɕhi1	plaŋ1	tɬaɯ1	tɬʏŋ1	胃
722	ka1	ca1	ki1	tɕi1	cai1	炒
753	xhi1	ʂɛ1	ʂa1	sie1	hiŋ1	高
754	xhi1	ɕɛ1	tʂha1	tʂhie1	ɕiŋ1	新
761	xha1	ʂa1	ʂue1	fɯ1	hu1	稀（种~了）
781	ɣo1	zei1	zəu1	zao1	ɣa1	菜
805	l̥hɛ1	l̥hʏ1	ɬu1	l̥y1	ɬau1	髓
909	m̥hu1	dei1	ntəu1	ntao1	nta1	*布*
909	m̥hu1	dei1	ntau1	ntao1	nta1	*布*
909	m̥hu1	dei1	nto1	ntao1	nta1	*布*
911	to1	dei1	ntəu1	ntao1	nta1	*布*
911	to1	dei1	ntau1	ntao1	nta1	*布*
911	to1	dei1	nto1	ntao1	nta1	*布*
961	tei1	tɛ1	ta1	tie1	tʏŋ1	*裙子*
961	tei1	tɛ1	ɟa1	tie1	tʏŋ1	*裙子*
985	ta1	tɯ1	te1	ti1	te1	答（~话）

以上例证中，'布'由于黔东苗语有两个形式，而湘西有三个形式，其他苗语方言均只有一个形式，就造成了6个匹配可能，应该减去5个，就是

前文所说的"同义归一"。这样,这套例证数目为37-5=32。

声调对应 20:1◇1◇1◇1◇1'

9个例证,如下:

同音索引	黔东	湘西	川黔滇	滇东北	布努	匹配义
46	qei1	qa1	qa1	qai1	ka1'	鸡冠-冠子
90	phaŋ1	ʨei1	phɑo1	pho1	phi1'	床(一~被子)
91	phaŋ1	phaŋ1	phɑo1	pho1	phi1'	张(一~席子)
237	shaŋ1	tshɛ1	tsa1	tɕhie1	ɕin1'	千
483	lɛ1	le1	lo1	lu1	luŋ1'	个(碗)+把(一~锁)+幢+顶(一~帽子)+道(一~门)
484	lɛ1	le1	lo1	u1	luŋ1'	口(一~井)
489	lɛ1	dze1	lo1	lu1	luŋ1'	道(一~门)
594	tɕu1	tɕu1	koŋ1	kao1	caŋ1'	针
937	xɯ1	ʂɔ1	ʂuɑ1	ʂau1	kʁu1'	声音

根据同义归一原则,例证数目为9-3=6。跟其他几套对应相比,该套中没有核心词。根据#46,布努语'鸡'在"鸡冠"的组合中表现为1',进一步检索'鸡'在其他组合中的声调表现,如下:

		黔东	湘西	川黔滇	滇东北	布努
2525	鸡蛋	ki5 qei1	nɯ6 qa1	qe5 qai1	qa5 qai1	ce5 ka1
2870	鸡笼	ɣu2 qei1	tɕu2 qa1	tɕoŋ2 qai1	tɕoey8 qai1	caŋ2' ka1'
2882	阉鸡	qei1 ɕhen5	cɛ37① qa1	ʂɿ1 qai2	soey7 qai1	ka1 jen1'
202	公鸡	pa3 qei1	pɑ37 qo5 qa1	lau5 qai1	a5 lao5 qai1	ka1 pu3'
366	母鸡	mi8 qei1	ne37 qa1	po2 qai1	a1 nie1 qai1	ka1 mi8
1502	鸡冠	ȵa1 qei1	qo1 ŋo6 qa1	ʐua6 qa1	qai1 za6	vai1 ka1'
1519	野鸡	nioŋ2	nu6 nu2	tʂen2	nao6 tsi6 pi2	ta1 ke1'

同一个语素'鸡'在布努语中有两类声调:1调和1'调;后者的分布条件是后字,且前字声调为1调或2'。当然,这并没有穷尽分布环境,但可以确定的是后字这一分布条件。①

蒙朝吉(1993)研究了布努瑶语中这类声调的来源,提出1'调、

---

① 表示湘西的7调并入3调。

2'调、3'调等来源于连读变调,从 1 调、2 调、3 调等基本调变化而来,之后被用于命名新词,进入声调系统。也就是,这些变化是苗语方言分化之后,布努瑶语独立产生的。但布努瑶语独立命名的新词自然就很难跟其他方言形成对应,唯有之前从连读变调而来的一些例子可以处理为原调的变调。但随着语言的变化,比如,之前造成连读变调的前缀变化或者消失等,连读变调的条件消失,就有可能造成**假原始音类**,这是在重构原始语言时需要注意的。

声调对应 16: 2◇2◇2◇2◇2

14 个例证,如下:

同音索引	黔东	湘西	川黔滇	滇东北	布努	匹配义
31	pə2	pi2	pəu2	pao2	pa2	还(~债)
52	paŋ2	pen2	paŋ2	pauɯ2	pen2	花(一朵~)
63	ni2	ŋoŋ2	ȵa2	mie2	ȵiŋ2	银子
104	mɛ2	me2	muɑ2	ma2	moŋ2	有
135	faŋ2	qwen2	tlaŋ2	vauɯ2	kwen2	黄
304	tə2	toŋ2	toŋ2	tao2	loŋ2	铜
404	niaŋ2	ŋaŋ2	ŋkɑo2	ŋko2	ȵci2	船
436	na2	nuɯ2	mple2	ntɬi2	ntɬe2	稻谷
450	noŋ2	noŋ2	nuɑ2	nao2	nau2	吃
495	la2	lɤ2	lu2	ly2	juŋ2	烂(煮~)
499	la2	luɯ2	le2	li2	le2	久(来~了)
572	tɕɔ2	tɕo2	tɕuɑ2	tɕa2	cɤu2	九
743	ɲi2	ɳa2	ɴqa2	qai2	ŋka2	肉
784	ɣoŋ2	zoŋ2	zɑŋ2	zauɯ2	ɣoŋ2	龙

声调对应 48: 2◇2◇2◇2◇2'

5 个例证,如下:

同音索引	黔东	湘西	川黔滇	滇东北	布努	匹配义
175	l̥en2	qwa2	tluɑ2	tɬa2	tɬai2'	桃子
273	tioŋ2	toŋ2	taŋ2	tauɯ2	toŋ2'	筒(管状物)
434	nə2	nu2	mploŋ2	ntɬao2	ntɬaŋ2'	叶子 + 树叶 - 树
437	na2	nuɯ2	mple2	ntɬi2	ntɬe2'	稻种 - 种子

（续表）

同音索引	黔东	湘西	川黔滇	滇东北	布努	匹配义
930	sɛ2	qa2	se2	qai2	ɕat2'	斜

声调对应 19: 3◇7◇3◇3◇3

17 个例证，如下：

同音索引	黔东	湘西	川黔滇	滇东北	布努	匹配义
44	l̥a3	qwɯ7	tle3	tɬa3	tɬe3	狗
127	m̥hi3	ɕɛ7	na3	n̥ie3	m̥iŋ3	牙齿 + 锯齿 - 锯子
136	faŋ3	qwen7	tlaŋ3	faɯ3	kwen3	宽
324	ta3	dɯ7	nte3	nti3	nte3	长
451	noŋ3	nen7	na3	ni3	nau3	这
457	n̥hioŋ3	xen7	n̥aŋ3	n̥iaɯ3	n̥oŋ3	重
531	l̥ə3	pha7	te3	ti3	po3	剥（～玉米粒）
533	l̥a3	qwa7	tlua3	tɬa3	tɬo3	腰
535	l̥aŋ3	qwen7	tloŋ3	tɬaɯ3	tɬɤŋ3	老鹰
597	tɕu3	tɕɯ7	tɕeu3	tɕoey3	cu3	酒
660	ɕhɔ3	ɕɔ7	ʂo3	ʂo3	ɕo3	暖和 + 温（～水）
667	ɕhaŋ3	dʑhen7	ɳtʂhaŋ3	ɳtʂaɯ3	ntshɤŋ3	血
775	ɣə3	ɔ7	vo3	vɔ3	vo3	盖（～被子）
810	qa3	qa7	qua3	qa3	ko3	屎
812	ɕhu3	ɕi7	tʂhou3	tʂhao3	ɕa3	灰
830	qhaŋ3	qhu7	qhao3	qho3	khi3	洞儿
988	tu3	dɣ7	nteu3	ntoey3	ntu3	纸

声调对应 117: 3◇7◇3◇3◇3'

3 个例证，如下：

同音索引	黔东	湘西	川黔滇	滇东北	布努	匹配义
725	tɛ3	dʑhi7	to3	tu3	tuŋ3'	虱
725	tɛ3	dʑhi7	to3	ɳtʂhao3	tuŋ3'	虱
726	ɕhu3	dʑhi7	tʂhou3	ɳtʂhao3	ntsha3'	头虱

同义归一处理后，支持例证为 2 例。从 1 调 /1' 调、2 调 /2' 调、3 调

/3'调的例证分布来看，1调、2调、3调的数量远大于后者，可见前者更为基本，后者应该为变调。在历史比较的操作中，各方言在比较之前，最理想的是先进行内部重构，能还原到基本调的尽量还原，以减少单个方言自身的变化带来的干扰。但这样的工作顺序并不是绝对的。如上述所分析的，方言之间的历史比较也可以为方言自身的变化，如连读变调等提供线索。

声调对应 10：4◇8◇4◇4◇4

共 16 个例证，如下：

同音索引	黔东	湘西	川黔滇	滇东北	布努	匹配义
22	pi4	tɯ8	dfie4	ti4	pe4	手
111	ma4	me8	nen4	mɯ4	mu4	马
120	moŋ4	moŋ8	mɑo4	mo4	moŋ4	细
334	taŋ4	taŋ8	dɑo4	to4	ti4	等待
360	tu4	tɤ8	deu4	toey4	tu4	火
361	tu4	tɤ8	deu4	toey4	tu4	柴
405	niaŋ4	ȵɜ8	ȵa4	nie4	ɲɤŋ4	薄
418	niu4	ȵu8	ȵoŋ4	niao4	ɲaŋ4	生（"熟"）
419	niu4	ȵu8	ȵoŋ4	tsə4	ɲaŋ4	生柴-柴
746	ŋi4	ȵe8	ŋgen4	ŋkɯ4	ɲu4	懒
859	va4	zɑ8	ʐɿ4	vɯ4	ɣu4	尿
859	va4	zɑ8	ze4	vɯ4	ɣu4	尿
859	va4	zɑ8	ʐɿ4	vɯ4	ɣu4	尿
1025	nɛ4	mɹɯ8	ndze4	mpə4	ntse4	鱼
1025	nɛ4	mɹɯ8	ndze4	mpə4	ntse4	鱼
1041	la4	nɤ8	dlu4	ntɬy4	ntɬau4	流

以上有两项同义归一，分别为'尿'和'鱼'。这种情况是由于川黔滇苗语的材料体现出这样的变异[①]，也需要根据声母和韵母的对应情况来确认哪一项符合规律。这样，该套对应的支持例证为16-3=13。

---

① 可能是方言中存在的语音变异，也有可能是印刷问题或者语音记录前后系统不一致的问题。

声调对应 12: 5◇5◇5◇5◇5

29 项支持例证，如下：

同音索引	黔东	湘西	川黔滇	滇东北	布努	匹配义
24	pi5	pɤ5	pu5	py5	pau5	睡 / 躺
25	pi5	bu5	mpe5	ntsi5	mpe5	叫（~什么名）
30	pɛ5	be5	mpo5	mpu5	mpuŋ5	雪
42	pa5	ba5	mpuɑ5	mpa5	mpai5	猪油 - 油（动物~）
147	fha5	sa5	suɑ5	sa5	phai5	糠
147	fha5	sa5	sɑ5	sa5	phai5	糠
242	shoŋ5	soŋ5	soŋ5	sau5	θoŋ5	送（~客人）
275	tiu5	to5	tau5	tɬao5	tɤu5	六
301	tɛ5	te5	to5	tu5	tuŋ5	断（绳子~了）
305	tə5	du5	ntoŋ5	ntao5	ntaŋ5	树 + 树叶 - 叶子
307	tə5	du5	ntoŋ5	ntao5	ntaŋ5	戴（~斗笠）
326	ta5	tɯ5	te5	ti5	te5	霜
327	ta5	dɯ5	nte5	nti5	nte5	烤（~火）
501	la5	lɑ5	nti5	li5	lo5	挤（~虱子）
548	l̥hiu5	ɕʴɤ5	ɬe5	l̥i5	ɬo5	擤
551	l̥hə5	l̥ho5	ɬeu5	l̥ao5	ɬɤu5	铁
565	tɕi5	dʑu5	ntɕe5	ntɕi5	ɲce5	上（~山）+ 爬（~树）
568	tɕin5	ci5	tɕuɑ5	tɕa5	ci5	风
608	tɕhə5	bha5	puɑ5	pa5	pi5	铺（~床）
625	ɣu5	zu5	zoŋ5	zao5	ɣaŋ5	好（~人）
635	ɕaŋ5	tʂaŋ5	tsao5	tʂo5	ɕi5	放（~走）
698	zaŋ5	zi5	zaŋ5	zau5	jɤŋ5	飞
815	qa5	qa5	qua5	qa5	ko5	叫（公鸡~）
829	qha5	qha5	qhuɑ5	qha5	khai5	客人
899	ta5	ta5	tuɑ5	n̥o5	to5	杀
899	ta5	ta5	tuɑ5	ta5	to5	杀
899	ta5	ta5	tuɑ5	no5	to5	杀
987	to5	to5	təu5	tao5	tau5	得到
987	to5	to5	tau5	tao5	tau5	得到

按同义归一原则，需要减去 4 例，这套对应则有 29-4=25。

声调对应 61：6◇6◇6◇6◇6

10 个例证，如下：

同音索引	黔东	湘西	川黔滇	滇东北	布努	匹配义
265	tiaŋ6	ṭɑŋ6	ɖao6	ntɬo6	ţi6	肥
266	tiaŋ6	ṭɑŋ6	ɖao6	phaɯ6	ţi6	胖
272	tio6	n̠i6	ɕao6	ʐo6	ţau6	是
328	ta6	tɑ6	dua6	nta6	to6	死
406	niaŋ6	n̠ɛ6	na6	nie6	ɲiŋ6	偷窃
435	nə6	nu6	noŋ6	nao6	naŋ6	鸟
438	na6	qwei6	nde6	nti6	nte6	下（～蛋）
438	na6	nɯ6	nde6	nti6	nte6	下（～蛋）
452	noŋ6	noŋ6	naŋ6	naɯ6	noŋ6	雨
778	ɣa6	ẓa6	zɑ6	za6	ɣai6	梳子

如上"同义归一"处理原则，#438'下（蛋）'由于湘西有两种说法，只应取其中一条，具体为哪一个应该根据之后的声母和韵母对应情况，目前先减去例证数1；查看例证，#265'肥'和#266'胖'在四个方言中都是一个语素，只有滇东北有区分，因此，其情况与#438类似，可做同样的处理。这样，该套对应的例证数实际为10-2=8。

声调对应 42：7◇7◇7◇7◇7

9 个例证，如下：

同音索引	黔东	湘西	川黔滇	滇东北	布努	匹配义
144	fhə7	pɹo7	ho7	fə7	hɤu7	熄（～灯）
229	shen7	tsha7	tsai7	tsa7	θai7	接
330	ta7	tei7	ti7	ti7	tu7	翅膀
618	tɕhu7	ɕu7	ti7	tɬoey7	chu7	系（～疙瘩）
633	ɕa7	dʑi7	ntsʐ7	ɳtʂi7	ntsu7	梳
716	ki7	ku7	keu7	tɕoey7	ɕo7	啃
786	qei7	tɑ7	tai7	tai7	ta7	挟（～菜）
839	hə7	xu7	heu7	hao7	hɤu7	喝
840	hə7	xu7	həu7	l̥y7	nta7	吸（～血）

声调对应 7: 8◇8◇8◇8◇8

支持例证 4 个，如下：

同音索引	黔东	湘西	川黔滇	滇东北	布努	匹配义
9	na8	mɹei8	ntʂʅ8	mpɯ8	ntsu8	辣
600	tɕu8	ku8	kəu8	kao8	cɤu8	十
683	ʑi8	zɑ8	za8	zai8	ja8	舔
748	ŋi8	ŋɑ8	ɴqe8	ɴqai8	ŋka8	窄

与声调对应 10 对比，从声韵等语音条件和词汇分布等条件来看，二者应属于对立分布，可重构为两个原始调类。若重构为一个调类，则很难给出合理的分化条件。

综上所述，原始苗语的调类系统重构及其对应支持如下：

原始苗语	黔东苗语	湘西	川黔滇	滇东北	布努
*1	1	1	1	1	1
	1	1	1	1	1'
*2	2	2	2	2	2
	2	2	2	2	2'
*3	3	7	3	3	3
	3	7	3	3	3'
*4	4	8	4	4	4
*5	5	5	5	5	5
*6	6	6	6	6	6
*7	7	7	7	7	7
*8	8	8	8	8	8

王辅世（1994）列出了 9 个方言点的声调对应，确定了原始苗语的四调系统，用 A、B、C、D 来表示，也就是川黔滇苗语方言罗泊河次方言野鸡坡的声调系统。由于本研究的材料并没有接近该点的材料，从声调系统对应的角度（如上所示），无法将 8 调系统直接归纳为 4 调系统。有可能的是，待声母和韵母的原始系统重构完毕后，如果可以观察 8 调系统实际上是按照声韵的条件呈现互补合作的分布，可以做这样的归并。当然，这里将野鸡坡苗语作为罗泊河次方言是依靠了早期的方言划分，但严格来说，按照历史比较工作的一般程序，方言划分的工作应该是在初步重构之后，因为作为方言分群的标准的**独特共享创新**（Unique shared innovation），需要在

重构原始语之后才能确定。但从声调系统来看，如果野鸡坡的 4 调系统是原始苗语的状态，该方言在分化树的节点上很高，其他非四调方言应该都是在与之分化后形成的。不过，根据田口（2008）的研究，罗泊河苗语有三个声调 A(42), B(55), C(24)，原始苗瑶语的 D 调并入 A 调，但实际上，在连读的语流中会出现新的 [13] 调值，被看做 C 调的变体，句末出现的 [51] 被看作 B 调的变体。这些变调究竟是早期的遗存还是近期的新变化，值得进一步调查研究。

4.2 苗语方言的声母对应及重构

五个苗语方言的声母数目如下：

黔东	湘西	川黔滇	滇东北	布努
32	71	79	57	60

当要求五个方言的普遍对应时，支持例证的阈值为 2，即可达到概率判断上的置信水平，程序找到匹配 105 套，根据同义归一原则处理，再加上声调对应的要求，则可剔除其中的 89 套。以下是 16 套声母的情况。

苗语声母对应 1: p ◇ p ◇ p ◇ p ◇ p（*p）

7 个例证，如下：

同音索引	黔东	湘西	川黔滇	滇东北	布努	匹配义	
20	pi1	pɯ1	pe1	pi1	pe1	我们 / 咱们	
24	pi5	pɤ5	pu5	py5	pau5	**睡** / 躺	
31	pə2	pi2	pəu2	pao2	pa2	还（～债）	
50	pa6	pa1	pai8	pai6	pe6	败（打～了）	
52	paŋ2	pen2	paŋ2	paɯ2	pen2	花（一朵～）	
861	pɛ2	pe2	poŋ1	pao1	pu2	掉	
48	pa5	pa5	puɑ5	pa7	pai5	百	调！

苗语声母对应 2: p ◇ b ◇ mp ◇ mp ◇ mp（*mp）

共 3 个例证，因 #41 和 #42 同义归一，余 2 例。

同音索引	黔东	湘西	川黔滇	滇东北	布努	匹配义
30	pε5	be5	mpo5	mpu5	mpuŋ5	雪
41	pa5	ba5	mpuɑ5	mpa5	mpai5'	猪
42	pa5	ba5	mpuɑ5	mpa5	mpai5	猪油 - 油（动物～）

苗语声母对应 3: l̥ ◇ qw ◇ tl ◇ tɬ ◇ tɬ（*ql）①

共 5 例，如下：

同音索引	黔东	湘西	川黔滇	滇东北	布努	匹配义
44	l̥a3	qwɯ7	tle3	tɬa3	tɬe3	狗
175	l̥en2	qwa2	tluɑ2	tɬa2	tɬai2'	桃子
533	l̥a3	qwa7	tluɑ3	tɬa3	tɬo3	腰
535	l̥aŋ3	qwen7	tloŋ3	tɬaɯ3	tɬɤŋ3	老鹰
540	l̥u1	qwɤ1	tlen2	tɬoey1	tɬu1	白纸 - 纸

苗语声母对应 4: q ◇ q ◇ q ◇ q ◇ k（*q）

共 5 例，#45 和 #46 同义归一，则余 4 例。如下：

同音索引	黔东	湘西	川黔滇	滇东北	布努	匹配义
45	qei1	qa1	qai2	qai1	ka1	鸡
46	qei1	qa1	qa1	qai1	ka1'	鸡冠 - 冠子
810	qa3	qa7	quɑ3	qa3	ko3	屎
815	qa5	qa5	quɑ5	qa5	ko5	叫（公鸡～）
820	qo5	qɔ5	qo1	qu1	kɤu5	旧

苗语声母对应 7: m ◇ m ◇ m ◇ m ◇ m（*m）

共 4 例，如下：

同音索引	黔东	湘西	川黔滇	滇东北	布努	匹配义	
104	mε2	me2	muɑ2	ma2	moŋ2	有	
118	moŋ1	moŋ1	mao1	mo1	muŋ1	痛（～得很）	
120	moŋ4	moŋ8	mɑo4	mo4	moŋ4	细	
121	mu2	mɯ5	mo3	mu1	mɤu3'	亩	调！

---

① 词汇集之前的音系中并没有列出这个声母。

#121 '亩'声调对应并不符合原始苗语调,应该是苗语方言分化后各自借自汉语的。

苗语声母对应 19: t ◇ t ◇ t ◇ t ◇ t（*t）

共 15 例,因 3 组同义归一,则余 13 例。如下:

同音索引	黔东	湘西	川黔滇	滇东北	布努	匹配义	
301	tɛ5	te5	to5	tu5	tuŋ5	断（绳子～了）	
316	ta1	ta1	tuɑ1	ta1	tai1	厚	
326	ta5	tɯ5	te5	ti5	te5	霜	
330	ta7	tei7	ti7	ti7	tu7	*翅膀*	
330	ta7	tei7	ti5	ti7	tu7	*翅膀*	
339	to1	tɔ1	to1	to1	to1	深	
899	ta5	tɑ5	tuɑ5	ta5	to5	**杀**	
961	tei1	tɛ1	ta1	tie1	tʳŋ1	裙子	
985	ta1	tɯ1	te1	ti1	te1	答（～话）	
987	to5	to5	təu5	tao5	tau5	*得到*	
987	to5	to5	tau5	tao5	tau5	*得到*	
343	to3	tɯ7	teu3	ty5	tu5	斗（一～米）	调!
350	to5	to5	tau7	tao7	ta5	斧头	调!
982	tu7	ta5	teu7	toey7	tu7	点（～灯）	调!
983	tə7	ta5	teu7	toey7	tu7	点（～灯）	调!

苗语声母对应 20: t ◇ d ◇ nt ◇ nt ◇ nt（*nt）

共 8 例,因同义归一,余 6 例。如下:

同音索引	黔东	湘西	川黔滇	滇东北	布努	匹配义
305	tə5	du5	ntoŋ5	ntao5	ntaŋ5	树 + 树叶 - 叶子
307	tə5	du5	ntoŋ5	ntao5	ntaŋ5	戴（～斗笠）
324	ta3	dɯ7	nte3	nti3	nte3	*长*
327	ta5	dɯ5	nte5	nti5	nte5	烤（～火）
911	to1	dei1	ntəu1	ntao1	nta1	*布*
911	to1	dei1	ntau1	ntao1	nta1	*布*
911	to1	dei1	nto1	ntao1	nta1	*布*
988	tu3	dʳ7	nteu3	ntoey3	ntu3	*纸*

#911 '布'在川黔滇苗语中有三个变体，单念是 ntau1，其他 ntəu1、nto1。根据同义归一原则，先暂时取单念读法作为代表。

苗语声母对应 22：t ◇ t ◇ d ◇ t ◇ t（*d）

共 3 例，如下：

同音索引	黔东	湘西	川黔滇	滇东北	布努	匹配义
334	taŋ4	taŋ8	dao4	to4	ti4	等待
360	tu4	tʁ8	deu4	toey4	tu4	火
361	tu4	tʁ8	deu4	toey4	tu4	柴

苗语声母对应 24：n ◇ ȵ ◇ ȵ ◇ n ◇ ɲ（*ɲ）

共 3 例，如下：

同音索引	黔东	湘西	川黔滇	滇东北	布努	匹配义
402	niaŋ1	ȵi1	ȵao1	nio1	ɲi1	住
405	niaŋ4	ȵɛ8	ȵa4	nie4	ɲʁ4	薄
406	niaŋ6	ȵɛ6	ȵa6	nie6	ɲiŋ6	偷窃

苗语声母对应 25：n ◇ n ◇ n ◇ n ◇ n（*n）

共 5 例，如下：

同音索引	黔东	湘西	川黔滇	滇东北	布努	匹配义
426	nei8	ne8	na7	nai7	niŋ7	挤（～脓）
435	nə6	nu6	noŋ6	nao6	naŋ6	鸟
450	noŋ2	noŋ2	nua2	nao2	nau2	吃
451	noŋ3	nen7	nɑ3	ni3	nau3	这
452	noŋ6	noŋ6	naŋ6	nauɯ6	noŋ6	雨

苗语声母对应 26：n ◇ n ◇ mp ◇ ntɬ ◇ ntɬ（*mpl-）

共 3 例，同义归一后余 2 例，如下：

同音索引	黔东	湘西	川黔滇	滇东北	布努	匹配义
434	nə2	nu2	mploŋ2	ntɬao2	ntɬaŋ2'	叶子 + 树叶 - 树
436	na2	nɯ2	mple2	ntɬi2	ntɬe2	稻谷
437	na2	nɯ2	mple2	ntɬi2	ntɬe2'	稻种 - 种子

苗语声母对应 27: l ◇ l ◇ l ◇ l ◇ l (*l)

共 3 例，如下：

同音索引	黔东	湘西	川黔滇	滇东北	布努	匹配义	
483	lɛ1	le1	lo1	lu1	luŋ1'	个(碗)+把(一～锁)+幢+顶(一～帽子)+道(一～门)	
499	la2	lɯ2	le2	li2	le2	久(来～了)	
493	lɛ3	le7	lo5	lu3	luŋ3	短(长～)	调!

苗语声母对应 29: l̥h ◇ l̥h ◇ ɬ ◇ l̥ ◇ ɬ (*l̥h)

共 3 例，如下：

同音索引	黔东	湘西	川黔滇	滇东北	布努	匹配义	
551	l̥hə5	l̥ho5	ɬəu5	l̥ao5	ɬɤu5	铁	
805	l̥hɛ1	l̥hɤ1	ɬu1	l̥y1	ɬau1	髓	
554	l̥ha5	l̥ha5	ɬi5	l̥i7	ɬu5	月(一个～)	调!

注意 #554 滇东北苗语中，'月'的 7 调表现有点奇怪。从其在其他方言的表现来看，*5 调应为其原始调。

苗语声母对应 30: tɕ ◇ tɕ ◇ tɕ ◇ tɕ ◇ c (*c)

共 4 例，如下：

同音索引	黔东	湘西	川黔滇	滇东北	布努	匹配义	
558	tɕi1	tɕe1	tɕo1	tɕu1	cuŋ1	蒸	
572	tɕə2	tɕɔ2	tɕua2	tɕa2	cɤu2	九	
597	tɕu3	tɕɯ7	tɕeu3	tɕoey3	cu3	酒	
959	tɕaŋ3	tɕe8	tɕo1	tɕo5	cu1	块(一～地)	调!

苗语声母对应 35: ɣ ◇ ʐ ◇ ʐ ◇ z ◇ ɣ (*ʐ)

共 4 例，如下：

同音索引	黔东	湘西	川黔滇	滇东北	布努	匹配义
625	ɣu5	ʐu5	ʐoŋ5	zao5	ɣaŋ5	好(～人)
778	ɣa6	ʐa6	ʐua6	za6	ɣai6	梳子

同音索引	黔东	湘西	川黔滇	滇东北	布努	匹配义
781	ɣo1	ʑei1	ʑəu1	zao1	ɣa1	菜
784	ɣoŋ2	ʑoŋ2	ʑaŋ2	zaɯ2	ɣoŋ2	龙

苗语声母对应 40: ʐ ◇ ʑ ◇ ʑ ◇ z ◇ j（*ʐ）

共 4 例，如下：

同音索引	黔东	湘西	川黔滇	滇东北	布努	匹配义	
683	ʐi8	ʑɑ8	ʑa8	zai8	ja8	舔	
698	ʐaŋ5	ʑi5	ʑaŋ5	zaɯ5	jɤŋ5	飞	
685	ʐen1	ʑɛ7	ʑen1	zi6	jen1	烟（吸~）	调!
686	ʐen2	ʑen5	ʑen4	zin1	jin6	瘾	调!

苗语声母对应 45: qh ◇ qh ◇ qh ◇ qh ◇ kh（*qh）

共 2 例，如下：

同音索引	黔东	湘西	川黔滇	滇东北	布努	匹配义
829	qha5	qha5	qhuɑ5	qha5	khai5	客人
830	qhaŋ3	qhu7	qhɑo3	qho3	khi3	洞儿

综上，16 套对应可以初步重构出 16 个原始苗语声母。如下：

表 10 苗语声母对应表及重构

	黔东	湘西	川黔滇	滇东北	布努	原始苗语
1	p	p	p	p	p	*p
2	p	b	mp	mp	mp	*mp
3	l̥	qw	tl	tɬ	tɬ	*ql
4	q	q	q	q	k	*q
7	m	m	m	m	m	*m
19	t	t	t	t	t	*t
20	t	d	nt	nt	nt	*nt
22	t	t	d	t	t	*d
24	n	n̥	n̥	n	ɲ	*ɲ
25	n	n	n	n	n	*n

（续表）

	黔东	湘西	川黔滇	滇东北	布努	原始苗语
26	n	n	mp	ntɬ	ntɬ	*mpl-
27	l	l	l	l	l	*l
29	l̥h	l̥h	ɬ	l̥	ɬ	*l̥h
30	tɕ	tɕ	tɕ	tɕ	c	*c
35	ɣ	ʐ̥	ʐ̥	z	ɣ	*ʐ̥
40	ʐ	ʐ	ʐ	z	j	*ʐ
45	qh	qh	qh	qh	kh	*qh

王辅世（1980）重构了121个原始苗语声类，之后，王辅世（1988：1989）、先后做过一些修订，直至《苗语古音构拟》（1994）重构出130个声类，如下：

1. 百 p	2. 破 ph	3. 抱 b	4. 病 ʔm̥	5. 晚 m̥	6. 麦 m	7. 梦 mp	8. 撒 mph	9. 拍 mb	10. 箕 ʔv̥	11. 头 f	12. 万 v
13. 三 pts	14. 劈 ptsh	15. 手 bdz	16. 齿 m̥n̥	17. 马 mn	18. 补 mpts	19. 女 mphtsh	20. 辫 mbdz		21. 雷 fs	22. 锅 vz
23. 簸 ptʂ	24. 吹 ptʂh	25. 套 bdʐ	26. 苗 m̥ʂ̥	27. 听 mʐ	28. 肺 mptʂ	29. 鼻 mbdʐ	30. 石 ʔvʐ̥	31. 写 fʂ	32. 梨 vʐ
33. 四 pl	34. 抚 phl	35. 顿 bl		36. 柔 ml	37. 片 mpl	38. 环 mphl	39. 叶 mbl			
40. 毛 pl̥		41. 魂 bl̥								
42. 宠 ts	43. 千 tsh	44. 钱 dz			45. 早 nts	46. 糙 ntsh	47. 瘦 ndz		48. 送 s	
49. 答 t	50. 炭 th	51. 铜 d	52. 这 ʔn̥	53. 弩 n̥	54. 鸟 n	55. 戴 nt	56. 摊 nth	57. 麻 nd	58. 短 ʔl̥	59. 绳 l̥	60. 老 l
61. 爪 ʈ	62. 插 ʈh	63. 笛 ɖ	64. 种 ʔɳ̥	65. 饭 ɳ̥	66. 事 ɳ	67. 中 ɳʈ	68. 裹 ɳʈh	69. 摘 ɳɖ			
70. 笑 tɬ	71. 门 dɬ			72. 浑 n̥tɬ	73. 滴 ndɬ	74. 兔 ʔl̥	75. 烧 l̥	76. 镰 l			
77. 甑 tʂ	78. 车 tʂh	79. 匠 dʐ		80. 眨 nʂ	81. 清 nʂh	82. 量 nʐ	83. 熟 ʂ				
84. 蒸 tɕ	85. 穿 tɕh	86. 骑 dʑ	87. 娘 ʔɲ̥	88. 肠 ɲ̥	89. 银 ɲ	90. 啄 nɕ	91. 泼 nɕh	92. 柱 nʑ	93. 秧 ʔʑ̥	94. 岁 ɕ	95. 羊 ʑ
96. 药 c	97. 鞋 ch	98. 十 ɟ			99. 菌 ɲc	100 尘 ɲch	101 船 ɲɟ				
102 沟 k	103 蜈 kh	104 蚱 g	1 0 5 杯 ʔŋ̥	106 鹅 ŋ	107 泞 ŋk	108 桠 ŋkh	109 圈 ŋg		110 磨 x		

（续表）

111 鸡 q	112 客 qh	113 叫 G			114 鸽 Nq	115 渴 Nqh	116 肉 NG		
117 狗 ql		118 桃 Gl			119 觉 Nql		120 褴 NGl		
121 鬼 ql		122 庚 Gl							
123 过 qlw		124 黄 Glw					125 天 NGlw		
126 蛋 qwj	127 姜 qhwj	128 蜗 Gwj							
129 鸭 ʔ							130 喝 h		

相比而言，本研究重构出的16个原始声类，仅及其十分之一。数量上相差如此之大，应源于重构的基础以及重构的目的上的巨大差别。王辅世选取了9个方言代表点，其中川黔滇方言7个次方言点都包括，由于在普遍对应上并不做要求，就可以找出更多的对应，但如前所述，所付出的代价就是晚期的创新（共同创新或者共同借用）就可以混入了。虽然本研究重构的声类少，但这是基于普遍对应以及完全对应上的严格要求，让我们对这"十分之一"有足够的信心，可以在此基础上做进一步的历史推论。

不过，如果利用概率计算辅助，或许我们应该可以在概率置信水平99.9%的情况下，通过如4.1节提出的两两比较的对应概率辅助方法来找出更多的相对可靠的声母对应，但显然这涉及很大的工作量，下一步我们需要进一步整合本研究中提出的各程序模块，提高自动化的程度，以处理方言增多和音类数目增多情况下的概率计算。

4.3 苗语方言的韵母对应及重构

五个苗语方言的韵母数目如下：

黔东	湘西	川黔滇	滇东北	布努
26	15	35	27	38

如果设定苗语方言韵母对应支持例证的阈值为2，则有对应137套。以下分析同义归一处理后剩余的17套对应情况。

苗语韵母对应 1：i ◇ ε ◇ a ◇ ie ◇ iŋ（*iŋ）

共 4 例，如下：

同音索引	黔东	湘西	川黔滇	滇东北	布努	匹配义
2	i1	ε1	ʔa1	ie1	iŋ1	苦（味～）
127	m̥hi3	çε7	na3	n̥ie3	m̥iŋ3	牙齿 + 锯齿 - 锯子
753	xhi1	ʂε1	ʂa1	sie1	hiŋ1	高
754	xhi1	çε1	tʂha1	tʂhie1	çiŋ1	新

苗语韵母对应 5：i ◇ u ◇ e ◇ i ◇ e（*e）

共 2 例，如下：

同音索引	黔东	湘西	川黔滇	滇东北	布努	匹配义
19	pi1	pu1	pe1	tsi1	pe1	三
25	pi5	bu5	mpe5	ntsi5	mpe5	叫（什么名）

苗语韵母对应 6：i ◇ ɯ ◇ e ◇ i ◇ e（*ɯ）

共 5 例，如下：

同音索引	黔东	湘西	川黔滇	滇东北	布努	匹配义
20	pi1	pɯ1	pe1	pi1	pe1	我们 / 咱们
22	pi4	tɯ8	dʑe4	ti4	pe4	手
559	tɕi1	gɯ1	ntɕe1	ntɕi1	ɲce1	菌子
565	tɕi5	dʑɯ5	ntɕe5	ntɕi5	ɲce5	上（～山）+ 爬（～树）
601	tɕhi1	kɯ7	tɕhe1	tɕhi1	che1	扫

苗语韵母对应 7：ε ◇ e ◇ o ◇ u ◇ uŋ（*uŋ）

共 6 例，如下：

同音索引	黔东	湘西	川黔滇	滇东北	布努	匹配义
30	pε5	be5	mpo5	mpu5	mpuŋ5	雪
301	tε5	te5	to5	tu5	tuŋ5	断（绳子～了）
483	lε1	le1	lo1	lu1	luŋ1'	个（碗）+ 把（一～锁）+ 幢 + 顶（一～帽子）+ 道（一～门）
484	lε1	le1	lo1	u1	luŋ1'	口（一～井）

同音索引	黔东	湘西	川黔滇	滇东北	布努	匹配义
489	lɛ1	dʑe1	lo1	lu1	luŋ1'	道（一～门）
493	lɛ3	le7	lo5	lu3	luŋ3	短（长～）

苗语韵母对应 11：ɑ <> a <> uɑ <> a <> ai（*ɑ）

共 8 例，如下：

同音索引	黔东	湘西	川黔滇	滇东北	布努	匹配义	
41	pa5	ba5	mpuɑ5	mpa5	mpai5'	猪	
42	pa5	ba5	mpuɑ5	mpa5	mpai5	猪油-油（动物～）	
48	pa5	pa5	puɑ5	pa7	pai5	百	
147	fha5	sa5	suɑ5	sa5	phai5	糠	
316	ta1	ta1	tuɑ1	ta1	tai1	厚	
778	ɣa6	za̪6	zuɑ6	za6	ɣai6	梳子	
829	qha5	qha5	qhuɑ5	qha5	khai5	客人	
828	qha1	qha7	ɴqhuɑ3	ɴqha1	ɴkhai1'	干涸	调！

苗语韵母对应 12：aŋ <> en <> ɑŋ <> aɯ <> en（*iaŋ）

共 2 例，如下：

同音索引	黔东	湘西	川黔滇	滇东北	布努	匹配义
52	paŋ2	pen2	pɑŋ2	paɯ2	pen2	花（一朵～）
135	faŋ2	qwen2	tlɑŋ2	vaɯ2	kwen2	黄
136	faŋ3	qwen7	tlɑŋ3	faɯ3	kwen3	宽

苗语韵母对应 13：oŋ <> oŋ <> ɑŋ <> aɯ <> oŋ（*oŋ）

共 5 例，如下：

同音索引	黔东	湘西	川黔滇	滇东北	布努	匹配义	
452	noŋ6	noŋ6	nɑŋ6	naɯ6	noŋ6	雨	
592	tɕoŋ2	tɕoŋ2	tɕɑŋ2	tɕaɯ1	coŋ2	根（树～）	
784	ɣoŋ2	zoŋ2	zɑŋ2	zaɯ2	ɣoŋ2	龙	
62	shoŋ3	soŋ7	tshɑŋ5	tshaɯ5	θoŋ3'	骨头	调！
640	ɕoŋ6	tɕoŋ6	ɕɑŋ5	ɕaɯ5	ɕoŋ6	七	调！

苗语韵母对应 17: a ◇ ɑ ◇ uɑ ◇ a ◇ o (*uɑ)

共 8 例，因同义归一，去掉 1 例，则余 7 例。

同音索引	黔东	湘西	川黔滇	滇东北	布努	匹配义	
328	ta6	tɑ6	duɑ6	ntɑ6	to6	死	
533	l̥a3	qwa7	tluɑ3	tɬɑ3	tɬo3	腰	
810	qa3	qa7	quɑ3	qɑ3	ko3	屎	
815	qa5	qa5	quɑ5	qɑ5	ko5	叫（公鸡～）	
899	ta5	tɑ5	tuɑ5	tɑ5	to5	杀	
86	pha1	phɑ1	phuɑ5	phɑ5	pho7	劈（柴）	调！
577	tɕa1	ga1	kuɑ1	tsɑ4	co1	药	调！
898	ma8	tɑ5	tuɑ5	tɑ5	to5	杀	调！

苗语韵母对应 18: aŋ ◇ ɑŋ ◇ ao ◇ o ◇ i (*iaŋ)

共 3 例，如下：

同音索引	黔东	湘西	川黔滇	滇东北	布努	匹配义
91	phaŋ1	phaŋ1	phao1	pho1	phi1'	张（一～席子）
611	tɕhaŋ1	tɕhaŋ1	tɕhao1	tɕho1	khi1	穿（～针）
635	ɕaŋ5	tɕaŋ5	tʂao5	tʂo5	ɕi5	放（～走）

苗语韵母对应 31: iaŋ ◇ ɑŋ ◇ ao ◇ o ◇ i (*iaŋ)

共 2 例，如下：

同音索引	黔东	湘西	川黔滇	滇东北	布努	匹配义
265	tiaŋ6	ʈaŋ6	ɖao6	ntɬo6	ʈi6	肥
404	niaŋ2	ŋaŋ2	ŋkao2	ŋko2	ɲci2	船

苗语韵母对应 19: u ◇ ɤ ◇ eu ◇ oey ◇ u (*eu)

共 4 例，如下：

同音索引	黔东	湘西	川黔滇	滇东北	布努	匹配义	
360	tu4	tɤ8	deu4	toey4	tu4	火	
361	tu4	tɤ8	deu4	toey4	tu4	柴	
988	tu3	dɤ7	nteu3	ntoey3	ntu3	纸	
96	phu3	tɤ6	deu6	toey8	tu6	开（～花）	调！

苗语韵母对应 24: a ◇ ɑ ◇ ɿ ◇ ɯ ◇ u (*ɯ)

共 2 例,如下:

同音索引	黔东	湘西	川黔滇	滇东北	布努	匹配义
181	tsa1	pɹɑ1	tʂɿ1	pɯ1	tsu1	五
859	va4	zɑ8	zɿ4	vɯ4	ɣu4	尿

苗语韵母对应 37: ə ◇ u ◇ oŋ ◇ ao ◇ aŋ (*eŋ)

共 4 例,如下:

同音索引	黔东	湘西	川黔滇	滇东北	布努	匹配义
305	tə5	du5	ntoŋ5	ntao5	ntaŋ5	树 + 树叶 - 叶子
307	tə5	du5	ntoŋ5	ntao5	ntaŋ5	戴(~斗笠)
434	nə2	nu2	mploŋ2	ntɬao2	ntɬaŋ2'	叶子 + 树叶 - 树
435	nə6	nu6	noŋ6	nao6	naŋ6	鸟

苗语韵母对应 56: u ◇ u ◇ oŋ ◇ ao ◇ aŋ (*eŋ)

共 2 例,如下:

同音索引	黔东	湘西	川黔滇	滇东北	布努	匹配义
594	tɕu1	tɕu1	koŋ1	kao1	caŋ1'	针
625	ɣu5	zu5	zoŋ5	zao5	ɣaŋ5	好(~人)

苗语韵母对应 39: a ◇ ɯ ◇ e ◇ i ◇ e (*aɯ)

共 8 例,同义归一减少 1 组,则余 7 例。如下:

同音索引	黔东	湘西	川黔滇	滇东北	布努	匹配义
324	ta3	dɯ7	nte3	nti3	nte3	长
326	ta5	tɯ5	te5	ti5	te5	霜
327	ta5	dɯ5	nte5	nti5	nte5	烤(~火)
436	na2	nɯ2	mple2	ntɬi2	ntɬe2	稻谷
437	na2	nɯ2	mple2	ntɬi2	ntɬe2'	稻种 - 种子
438	na6	nɯ6	nde6	nti6	nte6	下(~蛋)
499	la2	lɯ2	le2	li2	le2	久(来~了)
985	ta1	tɯ1	te1	ti1	te1	答(~话)

苗语韵母对应 52: o ◇ ei ◇ əu ◇ ao ◇ a（*oi）

共 3 例，如下：

同音索引	黔东	湘西	川黔滇	滇东北	布努	匹配义
537	ȵo1	pɹei1	pləu1	tɬao1	tɬa1	四
781	ɣo1	ʑei1	zəu1	zao1	ɣa1	菜
911	to1	dei1	ntəu1	ntao1	nta1	布

苗语韵母对应 61: u ◇ i ◇ əu ◇ ao ◇ a（*ui）

共 4 例，如下：

同音索引	黔东	湘西	川黔滇	滇东北	布努	匹配义
726	ɕhu3	dʑhi7	tʂhəu3	ɳtʂhao3	ntsha3'	头虱
812	ɕhu3	ɕi7	tʂhəu3	tʂhao3	ɕa3	灰
642	ɕu5	tɕi6	tʂəu5	tɬao7	ɕa5	浸	调！
674	ɕhu7	tɕi6	dzəu6	tsao6	ɕa6	箭猪	调！

综上，只得到 17 套对应，根据它们的音韵条件配合关系，可以重构出 15 个原始苗语韵母。如表 3 所示：

表 3 苗语韵母对应表及重构

	黔东	湘西	川黔滇	滇东北	布努	原始苗语
1	i	ɛ	a	ie	iŋ	*iŋ
5	i	u	e	i	e	*e
6	i	ɯ	e	i	e	*ɯ
7	ɛ	e	o	u	uŋ	*uŋ
11	ɑ	a	uɑ	a	ai	*ɑ
12	ɑŋ	en	ɑŋ	aɯ	en	*aŋ
13	oŋ	oŋ	ɑŋ	aɯ	oŋ	*oŋ
17	a	ɑ	uɑ	a	o	*uɑ
18/31	ɑŋ / iɑŋ	ɑŋ	ao	o	i	*iɑŋ
19	u	ɤ	eu	oey	u	*eu
24	a	ɑ	ʅ	ɯ	u	*ɯ
37/56	ə/u	u	oŋ	ao	aŋ	*eŋ

(续表)

	黔东	湘西	川黔滇	滇东北	布努	原始苗语
39	a	ɯ	e	i	e	*aɯ
52	o	ei	əu	ao	a	*oi
61	u	i	əu	ao	a	*ui

王辅世（1979：11）重构了32个原始苗语韵类，《苗语古音构拟》（1994）重构了30个韵类，如下：

1 果 i				18 新 in	
2 一 e	10 窄 ei	13 酒 eu		19 人 en	24 疮 eŋ
3 地 æ				20 千 æn	
4 借 a	11 买 ai	14 二 au			25 重 aŋ
5 拍 ɑ		15 搓 ɑu			26 匠 ɑŋ
6 凿 ɔ		16 粑 ɔu		21 放 ɔn	27 冷 ɔŋ
7 笑 o	12 毛 oi	17 烧 ou		22 断 on	28 羊 oŋ
8 髓 u					29 桶 uŋ
9 收 ə				23 金 ən	30 鬃 əŋ

相比而言，本书重构的15类原始苗语韵母只是其总量的一半。

4.4　苗语完全对应表

完全对应的苗语方言关系语素共有30例，其中高阶8个：**火、鸟、雨、长、树、叶、杀、好**，低阶4个：雪、花、我们、厚。

如果放宽完全对应的要求，声调对应必须符合，声母对应或韵母对应有一即可，则可能有偶然造成的匹配进入。放宽后的词汇表参见附录二。其中高阶22个，低阶11个。**高阶**：火、鸟、雨、长、树、叶、杀、好；黄、牙、新、手、根、灰、死、吃、这、睡、翅膀、狗、白、飞。**低阶**：雪、花、我们、厚；宽、三、五、四、短、薄、掉。

可见，语素增长的效率比较高，高阶语素达到之前的2倍多。

根据词阶法，无论放宽与否，都呈现高阶多于低阶的同源分布。

4.5　原始苗语的语素

数词

数词 1—10 中，符合声调对应且声母或者韵母对应的，只有'三''四''五''九'。

索引	黔东	湘西	川黔滇	滇东北	布努	语素义	原始苗语
19	pi1	pu1	pe1	tsi1	pe1	三	*-e1
537	lo1	pɹei1	pleu1	tɬao1	tɬa1	四	*-oi1
181	tsa1	pɹa1	tʂʅ1	pɯ1	tsu1	五	*-ɯ1
572	tɕo2	tɕo2	tɕua2	tɕa2	cɤu2	九	*C-2

#19 '三' 如果参照王辅世（1994:11），滇东北的声母 ts- 与 p- 按照韵母分布互补，但本书程序并未检测出平行的互补情况。#537 '四' 在王辅世（1994:16）支持的声母平行例证很少，如果去掉其认为可能属于"毛母"的'胃''面粉'只表现出 pl- 的，其他几个声母形式都没有找到对照的例子。#181 '五' 在王辅世（1994:13）中最齐整的平行例子是'房子、家'，但我们的材料中滇东北方言并没有显示期待的 p- 声母，而是 "ŋka2"。#572 '九' 在王辅世（1994:31）中野鸡坡方言有浊音表现，因此声母重构为浊的；而在韵母方面，本书程序并未检测出平行例证。

六畜

六畜之中，符合完全对应的是'猪'；符合声调对应且声母或者韵母对应的是'狗'和'鸡'，如下：

索引	黔东	湘西	川黔滇	滇东北	布努	语素义	原始苗语
41	pa5	ba5	mpua5	mpa5	mpai5	猪	*mpa5
44	la3	qwɯ7	tle3	tɬa3	tɬe3	狗	*ql-3
45	qei1	qa1	qai2	qai1	ka1	鸡	*q-1

#41 '猪' 在王辅世（1994：9；46）中重构为 *mpaᶜ，与本研究一致。#44 '狗' 在王辅世（1994：38；44）中重构为 *qlæᴮ，其韵母与上述 #19 '三' 重构为同一个韵。但在本文材料中，二者的韵母表现并不平行，其中的音变关系尚待确认。#45 '鸡' 在王辅世（1994：37；50）中重构为 *qeᴬ，其韵母在本书材料中未发现平行例证。

5 原始苗瑶语

原始苗瑶语的重构通常可以在原始苗语和原始瑶语的基础上进一步重构，譬如，将第 3 章重构出的原始瑶语语素和第 4 章重构出的原始苗语语素做进一步的对应比较，也就是通常所谓的层级重构。但也可以有其他的路径，比如，将 7 个苗瑶语方言一起比较，直接提取语音对应，进行重构。本章就尝试此路径，探讨其中的方法与机理。

根据前文的计算，如果直接比较 5 个苗语方言和 2 个瑶语方言，阈值只要设定为对应模式最基本的 2 个例证即可。

5.1 苗瑶语方言的声调对应及重构

苗瑶语 7 个方言一起比较，阈值为 2 时，可得声调匹配 163 套，这远远大于各个方言的声调数。需要通过概率计算辅助剔除随机匹配，也还需要根据同义归一原则做进一步的处理。

声调随机匹配剔除

根据第 3 章瑶语方言比较和第 4 章苗语方言比较时的操作程序和原则，首先排除不能确定为非随机匹配的，如下表所示：

索引	黔东	湘西	川黔滇	滇东北	布努	勉瑶	标敏	例证
11	3	7	3	3	1	3	3	3
4	1	1	2	1	1	1	1	2
19	4	6	4	4	4	4	4	2
31	7	7	5	7	7	7	7	2
7	1	1	1	1	1	1	3	2
15	2	2	2	6	2	2	2	2
18	5	2	5	5	5	5	5	2
22	1	7	1	1	1'	1	1	2
27	6	1	1	1	1	1	1	2
29	1	7	1	3	1	1	1	2

(续表)

索引	黔东	湘西	川黔滇	滇东北	布努	勉瑶	标敏	例证
32	5	7	6	6	5	5	5	2
33	2	8	4	4	4	2	2	2
35	4	8	4	4	4	8	3	2
51	1	1	1	1	1	5	1	2
58	3	7	3	3	3	1	3	2
82	5	5	3	3	3	6	3	2

以下为通过检测的匹配：

索引	黔东	湘西	川黔滇	滇东北	布努	勉瑶	标敏	例证
1	1	1	1	1	1	1	1	18
10	5	5	5	5	5	5	5	14
13	3	7	3	3	3	3	3	13
16	2	2	2	2	2	2	2	8
8	4	8	4	4	4	4	4	5
14	1	1	1	1	1'	1	1	4
23	7	7	7	7	7	7	7	4
30	6	6	6	6	6	6	4	4
24	5	5	5	5	5	7	7	3
5	8	8	8	8	8	8	4	2
12	2	2	2	2	2	3	3	2
20	4	8	4	4	4	6	4	2
34	5	5	5	5	5	1	1	2

由于跨苗语和瑶语的还需要进一步检测，在第 6 章尝试中远程重构时，比较了川黔滇苗语和勉瑶语，据之可以排除如下不能确定为非随机对应的匹配：

索引	黔东	湘西	川黔滇	滇东北	布努	勉瑶	标敏	例证
24	5	5	5	5	5	7	7	3
12	2	2	2	2	2	3	3	2
20	4	8	4	4	4	6	4	2
34	5	5	5	5	5	1	1	2

以下为最终通过机检测的声调匹配，按传统顺序排列，共72例。

	黔东	湘西	川黔滇	滇东北	布努	勉瑶	标敏	例证
*1	1	1	1	1	1	1	1	18
	1	1	1	1	1'	1	1	4
*2	2	2	2	2	2	2	2	8
*3	3	7	3	3	3	3	3	13
*4	4	8	4	4	4	4	4	5
*5	5	5	5	5	5	5	5	14
*6	6	6	6	6	6	6	4	4
*7	7	7	7	7	7	7	4	4
*8	8	8	8	8	8	8	4	2

具体例证及分析如下：

声调对应1：1◇1◇1◇1◇1◇1◇1

共29个例证，如下表所示：

同音索引	黔东	湘西	川黔滇	滇东北	布努	勉	标敏	匹配义
2	i1	ε1	ʔa1	ie1	iŋ1	im1	in1	苦（味～）
14	o1	ɯ1	ʔao1	a1	au1	i1	uəi1	二
16	pi1	pu1	pe1	tsi1	pe1	puo1	pau1	三
105	moŋ1	moŋ1	mao1	mo1	muŋ1	mun1	mun1	痛（～得很）
124	fhen1	pe1	fai1	fai1	puŋ1	pun1	pən1	分
131	fha1	ɕa1	ʂe1	ʂi1	khwai1	heŋ1	hia1	轻
163	tsa1	pɹa1	tʂʅ1	pɯ1	tsu1	pa1	pla1	五
304	to1	tɔ1	to1	to1	to1	du1	du1	深
356	niaŋ1	ɲi1	ɲao1	nio1	ɲi1	jiem1	ian1	住
472	ļiu1	pi1	pləu1	tɬao1	tɬa1	pei1	pli1	毛
483	ļo1	pɹei1	pləu1	tɬao1	tɬa1	pei1	pləi1	四
503	tɕi1	tɕe1	tɕo1	tɕu1	cuŋ1	tsa:ŋ1	tɔ1	蒸
504	tɕi1	gɯ1	ntɕe1	ntɕi1	ɲe1	tɕiou1	tau1	菌子
512	tɕin1	ɟe1	ko1	ku1	cuŋ1	tɕiem1	tan1	金
676	xhi1	ʂe1	ʂa1	sie1	hiŋ1	ɬaŋ1	ɬaŋ1	高
677	xhi1	ɕe1	tʂha1	tʂhie1	ɕiŋ1	sian1	saŋ1	新

（续表）

同音索引	黔东	湘西	川黔滇	滇东北	布努	勉	标敏	匹配义
701	ɣo1	zei1	zə̣u1	zao1	ɣa1	lai1	lai1	菜
810	m̥hu1	dei1	ntəu1	ntao1	nta1	die1	di1	布
810	m̥hu1	dei1	ntəu1	ntao1	nta1	de1	di1	布
810	m̥hu1	dei1	ntau1	ntao1	nta1	die1	di1	布
810	m̥hu1	dei1	ntau1	ntao1	nta1	de1	di1	布
810	m̥hu1	dei1	nto1	ntao1	nta1	die1	di1	布
810	m̥hu1	dei1	nto1	ntao1	nta1	de1	di1	布
812	to1	dei1	ntəu1	ntao1	nta1	die1	di1	布
812	to1	dei1	ntəu1	ntao1	nta1	de1	di1	布
812	to1	dei1	ntau1	ntao1	nta1	die1	di1	布
812	to1	dei1	ntau1	ntao1	nta1	de1	di1	布
812	to1	dei1	nto1	ntao1	nta1	die1	di1	布
812	to1	dei1	nto1	ntao1	nta1	de1	di1	布

'布'的12个例证同义归一，则例证数为29-11=18个。

声调对应14：1◇1◇1◇1◇1'◇1◇1

共5个例证，如下：

同音索引	黔东	湘西	川黔滇	滇东北	布努	勉	标敏	匹配义
40	qei1	qa1	qa1	qai1	ka1'	tɕiai1	tɕi1	鸡冠-冠子
78	phaŋ1	tɕi1	phɑo1	pho1	phi1'	pha:n1	phəu1	床（一～被子）
433	lɛ1	le1	lo1	u1	luŋ1'	nɔ:m1	nɔ1	口（一～井）
441	lɛ1	le1	lo1	lu1	luŋ1'	nɔ:m1	nɔ1	顶（一～帽子）
539	tɕu1	tɕu1	koŋ1	kao1	caŋ1'	sim1	tɕien1	针

同义归一1组，则余下4例。

声调对应16：2◇2◇2◇2◇2◇2◇2

共8个例证，如下：

同音索引	黔东	湘西	川黔滇	滇东北	布努	勉	标敏	匹配义
45	paŋ2	pen2	paŋ2	pau2	pen2	piaŋ2	piaŋ2	花（一朵～）
55	ni2	ŋoŋ2	na2	mie2	ɲiŋ2	ȵia:n2	ȵuan2	银子
92	mɛ2	me2	mua2	ma2	moŋ2	ma:i2	ma2	有
120	faŋ2	qwen2	tlaŋ2	vau2	kwen2	wiaŋ2	uaŋ2	**黄**
270	tə2	toŋ2	toŋ2	tao2	loŋ2	toŋ2	təŋ2	铜
387	na2	nu2	mple2	ntɬi2	ntɬe2	bau2	blau2	稻谷
446	la2	lɣ2	lu2	ly2	juŋ2	dɔ:ŋ2	yə2	烂（煮～）
516	tɕə2	tɕo2	tɕua2	tɕa2	cɤu2	duo2	iu2	九

声调对应 13: 3↔7↔3↔3↔3↔3↔3

共 10 个例证，如下：

同音索引	黔东	湘西	川黔滇	滇东北	布努	勉	标敏	匹配义
38	l̥a3	qwɯ7	tle3	tɬa3	tɬe3	ku3	klu3	狗
121	faŋ3	qwen7	tlaŋ3	fau3	kwen3	gyaŋ3	kuaŋ3	**宽**
290	ta3	dɯ7	nte3	nti3	nte3	da:u3	da3	**长**
401	noŋ3	nen7	na3	ni3	nau3	na:i3	na3	这
407	n̥hioŋ3	xen7	n̥aŋ3	ȵiau3	n̥oŋ3	ȵie3	ȵi3	重
480	l̥a3	qwɑ7	tlua3	tɬa3	tɬo3	ka:i3	kla3	腰
542	tɕu3	tɕu7	tɕeu3	tɕoey3	cu3	tiu3	tiu3	酒
600	ɕhaŋ3	dʑhen7	ntʂhaŋ3	ntʂau3	ntʂʰɤŋ3	dʑia:m3	san3	**血**
722	qa3	qa7	qua3	qa3	ko3	gai3	kai3	屎
879	tu3	dɣ7	nteu3	ntoey3	ntu3	tsei3	ɫəi3	纸

声调对应 8: 4↔8↔4↔4↔4↔4↔4

共 14 个例证，如下：

同音索引	黔东	湘西	川黔滇	滇东北	布努	勉	标敏	匹配义
19	pi4	tɯ8	dfie4	ti4	pe4	puo4	pau4	手
99	ma4	me8	nen4	mu4	mu4	ma4	ma4	马
321	tu4	tɣ8	deu4	toey4	tu4	to4	təu4	**火**
764	va4	zɑ8	zɿ4	vu4	yu4	wye4	lɔ4	*尿*
764	va4	zɑ8	zɿ4	vu4	yu4	wie4	lɔ4	*尿*

（续表）

同音索引	黔东	湘西	川黔滇	滇东北	布努	勉	标敏	匹配义
764	va4	zɑ8	zʅ4	vɯ4	ɣu4	uie4	lɔ4	尿
764	va4	zɑ8	ze4	vɯ4	ɣu4	wye4	lɔ4	尿
764	va4	zɑ8	ze4	vɯ4	ɣu4	wie4	lɔ4	尿
764	va4	zɑ8	ze4	vɯ4	ɣu4	uie4	lɔ4	尿
764	va4	zɑ8	zʅ4	vɯ4	ɣu4	wye4	lɔ4	尿
764	va4	zɑ8	zʅ4	vɯ4	ɣu4	wie4	lɔ4	尿
764	va4	zɑ8	zʅ4	vɯ4	ɣu4	uie4	lɔ4	尿
916	nɛ4	mɯ8	ndzе4	mpə4	ntse4	bau4	bla4	**鱼**
916	nɛ4	mɯ8	ndzе4	mpə4	ntse4	bau4	bla4	**鱼**

'尿'的9个例证归一，'鱼'的2个例证归一，则例证数为14-8-1=5个。

声调对应10：5⋄5⋄5⋄5⋄5⋄5⋄5

例证共16个，如下：

同音索引	黔东	湘西	川黔滇	滇东北	布努	勉	标敏	匹配义
21	pi5	pɤ5	pu5	py5	pau5	puei5	mi5	**睡/躺**
27	pɛ5	be5	mpo5	mpu5	mpuŋ5	buon5	bin5	**雪**
218	shoŋ5	soŋ5	soŋ5	saɯ5	θoŋ5	fuŋ5	suə5	**送**(～客)
268	tɛ5	te5	to5	tu5	tuŋ5	taŋ5	taŋ5	**断**(绳子～了)
271	tə5	du5	ntoŋ5	ntao5	ntaŋ5	diaŋ5	diaŋ5	**树**
273	tə5	du5	ntoŋ5	ntao5	ntaŋ5	dɔŋ5	dɔŋ5	**戴**(～斗笠)
293	ta5	dɯ5	nte5	nti5	nte5	dʑa:u5	dau5	**烤**(～火)
493	ɬhiu5	ɕhɤ5	łe5	li5	ło5	fɛ5	ɕiaŋ5	**擤**
509	tɕi5	dʑɯ5	ntɕe5	ntɕi5	ɲce5	fa:u5	sa5	**上**(～山)
513	tɕin5	ci5	tɕua5	tɕa5	ci5	dʑia:u5	hia5	**风**
564	ɣu5	zu5	zoŋ5	zao5	ɣaŋ5	loŋ5	loŋ5	**好**(～人)
574	ɕaŋ5	tɕaŋ5	tsao5	tʂo5	ɕi5	puŋ5	pə5	**放**(～走)
624	zaŋ5	zi5	zaŋ5	zaɯ5	jɤŋ5	dai5	dai5	**飞**
800	ta5	ta5	tua5	no5	to5	tai5	tai5	**杀**
800	ta5	ta5	tua5	no5	to5	tai5	tai5	**杀**
800	ta5	ta5	tua5	no5	to5	tai5	tai5	**杀**

'杀'的3个例证归一，例证 16-2=14 个。

声调对应 30: 6◇6◇6◇6◇6◇6◇4
支持例证 5 个，如下：

同音索引	黔东	湘西	川黔滇	滇东北	布努	勉	标敏	匹配义
238	tiaŋ6	ʈaŋ6	ɖao6	ntɬo6	ʈi6	kun6	klin4	肥
294	ta6	tɑ6	dua6	nta6	to6	tai6	tai4	死
389	na6	qwei6	nde6	nti6	nte6	dau6	dau4	下（～蛋）
389	na6	nɯ6	nde6	nti6	nte6	dau6	dau4	下（～蛋）
402	noŋ6	noŋ6	naŋ6	naɯ6	noŋ6	buŋ6	blə4	雨

同义归一 1 组，则余 4 个例证。

声调对应 23: 7◇7◇7◇7◇7◇7◇7
共 5 个例证，如下：

同音索引	黔东	湘西	川黔滇	滇东北	布努	勉	标敏	匹配义
129	fhə7	pɹo7	ho7	fə7	hʁu7	phuot7	ɕian7	熄（～灯）
206	shen7	tshɑ7	tsai7	tsa7	θai7	pɔ7	tɕin7	接
706	qei7	tɑ7	tai7	tai7	ta7	dʑiap7	kan7	挟（～菜）
747	hə7	xu7	heu7	hao7	hʁu7	hop7	hən7	喝
748	hə7	xu7	həu7	ly7	nta7	sɔ7	dzun7	吸（～血）

同义归一 1 组，则余 4 个例证。

声调对应 5: 8◇8◇8◇8◇8◇8◇4
共 2 个例证，如下：

同音索引	黔东	湘西	川黔滇	滇东北	布努	勉	标敏	匹配义
8	na8	mɹei8	ɳʈʂʅ8	mpɯ8	ntsu8	ba:t8	blan4	辣
544	tɕu8	ku8	kəu8	kao8	cʁu8	tsiep8	than4	十

瑶语 7 调与苗语 5 调
瑶语的 7 调在苗语中对应为 5 调这一现象很早就引起了学者们的注意（Downer 1967；Chang 1972）。具体如陈其光（1979：29）所述：

鉴于现在瑶语许多方言收 -k 尾的字很少，"鼻"等在瑶语里有 -t 尾而苗语是去声，"摘"等在泰国瑶语里有来自 -k 的 -ʔ 尾而苗语是入声，我们推测：古苗瑶语收 -k 尾的入声字，多数在苗语里已经变成了去声，少数仍然是入声；苗语已经变作去声的古入声字，主要收 -k 尾，但也有不是收 -k 尾的。

又如王辅世（1986：6）：

"六"这个数词，苗瑶语同藏缅语的一些语言更近一些，如缅甸语读作 kyauk，夏尔巴语 (Sarpa) 读作 tuk，塔克西亚语 (Taksya) 读作 tu，固戎语读作 tu，木尔米语 (Murmi) 读作 dhu，纳西语 (Mosso) 读作 tsʻua，藏语 (Tibetan) 读作 tṣʻu，藏文拉丁字母转写为 drug。其中缅甸语读作 kyauk 最值得注意，因为 kyauk 的声母是由复辅音 kl 或 kr 来的，而苗语"六"的声母我们构拟为 *tl̥，kl 与 tl̥ 发音非常相近，而且缅甸语这个词有 k 韵尾。瑶语"六"我们记作 tɕu7（戴维斯记作 chiu)，苗语川黔滇方言的滇东北次方言"六"我们记作 tl̥au5，凡瑶语是第 7 调苗语是第 5 调的音节，古苗瑶语必定有 k 韵尾，所以"六"这个数词，苗语和藏缅语同源的可能性很大，是否借词我们现在不下结论。

本研究中找到的相关匹配情况如下：

声调匹配 24：5◇5◇5◇5◇5◇7◇7

共 4 例，如下：

同音索引	黔东	湘西	川黔滇	滇东北	布努	勉	标敏	匹配义
132	fha5	sa5	suɑ5	sa5	phai5	bie7	bia7	糠
132	fha5	sa5	sɑ5	sa5	phai5	bie7	bia7	糠
247	tiu5	to5	tau5	tɫao5	tʐu5	ku7	kl̥o7	六
496	l̥hə5	l̥ho5	ɫəu5	ɫao5	tʐu5	ɫie7	ɫia7	铁

同义归一减少 1 例，则余 3 例。

问题是瑶语的 7 调与苗语的 5 调在当前的数据中并没有通过随机概率测试，以下是川黔滇苗语和勉瑶语的匹配实例：

同音索引	川黔滇苗语	勉瑶语	匹配义
17	ʔuɑ5	muo7	玩（～水）
108	puɑ5	pɛ7	百

(续表)

同音索引	川黔滇苗语	勉瑶语	匹配义
159	hai5	ma:t7	奔拉（～尾巴）
160	tlai5	du7	低（～着头）
176	phuɑ5	phi7	劈（～柴）
276	tle5	kɛ7	摘（～果子）
325	tɕo5	ja:p7	招（～手）
351	ntʂu5	kuo7	沾（～锅烟）
352	ntʂu5	tɕuo7	蘸（～盐）
377	tsʅ5	kit7	结（～果子）
456	tʂəu5	ip7	腌
467	qe5	dziep7	眨（～眼）
468	qe5	dzip7	闭（～眼）
537	ʈo5	kat7	笑
555	ʈau5	ku7	六
598	ʈho5	ɲia:p7	拔（～草）
631	ɬaŋ5	put7	发（～芽）
668	teu5	dop7	皮子 + 皮
685	tʂuɑ5	dzɛ7	裂口（栗子～）
694	ɬe5	thut7	脱（～衣服）+ 脱（～鞋）
696	ɬe5	mɛ7	剥（皮）
701	thuɑ5	ɲa:p7	锄（～草）
702	thuɑ5	huo7	薅（～田）
781	tsuɑ5	ŋa7	段（一～路）
788	ʂai5	siep7	快（～走）
810	tlhe5	ne7	掐（手指～）
858	ntʂʅ5	pit7	撕
860	le5	dut7	脱（鞋子～落）+ 蜕（～皮）
913	ɬəu5	ɬie7	铁 + 铁路 - 路
1013	ɕaŋ5	tshiet7	七月 - 月亮 + 七月 - 月（一个～）
1081	ɬəu5	tshɔ7	撮（～土）
1147	ɴqo5	ŋop7	咳嗽
1154	ʂuai5	siep7	快（吃～点）+ 快（走得～）

（续表）

同音索引	川黔滇苗语	勉瑶语	匹配义
1229	mpoŋ5	kɔ7	角儿（物体两个边沿相接的地方）
1232	zaŋ5	ȵiat7	节（骨~）
1249	tleu5	ta:p7	搭（衣~在杆上）
1404	suɑ5	bie7	糠
1405	sɑ5	bie7	糠
1438	ti5	da:t7	翅膀
1439	təu5	tu7	得到
1443	tau5	tu7	得到

以上例证中有 6 对需同义归一处理，则余下 35 例。而要达到 95% 的置信水平，随机的上限例证数是 38 例。因此，目前苗语（川黔滇苗语）与瑶语（勉瑶语）之间的 5◇7 的声调匹配从概率计算上看并没有足够充分的证据来说明其可以看作声调对应。尽管仍然有音变的可能，所谓"入声派去"的假说在有的学者看来证据充足（Ratliff 2010:31），不过，就严格的比较而言，这样的假说当前尚不能获得支持。

5.2 苗瑶语方言的声母对应及重构

通过程序查找，可得 6 套声母对应，以下是详细实例和分析[①]。

声母对应 1：l̩◇qw◇tl◇tɬ◇tɬ◇k◇kl (*kl)

支持例证 2 个，如下：

同音索引	黔东	湘西	川黔滇	滇东北	布努	勉瑶	标敏	匹配义
38	la3	qwɯ7	tle3	tɬa3	tɬe3	ku3	klu3	狗
480	la3	qwɑ7	tluɑ3	tɬa3	tɬo3	ka:i3	kla3	腰

声母对应 2：p◇p◇p◇p◇p◇p◇p (*p)

支持例证 3 个，如下：

[①] 如前所述，由于当前程序的限制，尚不能进行大规模的音类增加或者方言数目增加，这部分的对应仍然依据普遍对应的严格要求，但要注意这种严格要求还有放宽的空间，这种放宽需要建立在如 4.1 提出的概率计算的基础之上。

同音索引	黔东	湘西	川黔滇	滇东北	布努	勉瑶	标敏	匹配义	
45	paŋ2	pen2	pɑŋ2	pauɯ2	pen2	piaŋ2	piaŋ2	花（一朵～）	
41	pa5	pa5	puɑ5	pa7	pai5	pɛ7	pɛ7	百	调！
43	pa6	pa1	pai8	pai6	pe6	pa:i6	pa4	败（打～了）	调！

如果去掉两例声调不规则的情况（#41'百'即上文所讨论的瑶语 7 调对苗语 5 调），则该套对应尚不能确证。

声母对应 3: m<>m<>m<>m<>m<>m<>m (*m)

支持例证共 4 个，如下：

同音索引	黔东	湘西	川黔滇	滇东北	布努	勉瑶	标敏	匹配义	
92	mɛ2	me2	muɑ2	ma2	moŋ2	ma:i2	ma2	有	
105	moŋ1	moŋ1	mao1	mo1	muŋ1	mun1	mun1	痛（～得很）	
107	moŋ4	moŋ8	mao4	mo4	moŋ4	muon6	mun4	细	调！
108	mu2	muɯ5	mo3	mu1	mɤu3'	mou4	məu4	亩	调！

声母对应 12: t<>t<>t<>t<>t<>t<>t (*t)

支持例证共 3 个，如下：

同音索引	黔东	湘西	川黔滇	滇东北	布努	勉瑶	标敏	匹配义	
268	tɛ5	te5	to5	tu5	tuŋ5	taŋ5	taŋ5	断（绳子～了）	
800	ta5	tɑ5	tuɑ5	ta5	to5	tai5	tai5	杀	
307	to3	tɯ7	teu3	ty5	to5	ta3	tau3	斗（一～米）	调！

声母对应 13: t<>d<>nt<>nt<>nt<>d<>d (*nt)

支持例证共 9 个，如下：

同音索引	黔东	湘西	川黔滇	滇东北	布努	勉瑶	标敏	匹配义
271	tə5	du5	ntoŋ5	ntao5	ntaŋ5	diaŋ5	diaŋ5	树
273	tə5	du5	ntoŋ5	ntao5	ntaŋ5	doŋ5	doŋ5	戴（～斗笠）
290	ta3	du7	nte3	nti3	nte3	da:u3	da3	长
812	to1	dei1	ntəu1	ntao1	nta1	die1	di1	布
812	to1	dei1	ntəu1	ntao1	nta1	de1	di1	布

5 原始苗瑶语 213

(续表)

同音索引	黔东	湘西	川黔滇	滇东北	布努	勉瑶	标敏	匹配义
812	to1	dei1	ntau1	ntao1	nta1	die1	di1	布
812	to1	dei1	ntau1	ntao1	nta1	de1	di1	布
812	to1	dei1	nto1	ntao1	nta1	die1	di1	布
812	to1	dei1	nto1	ntao1	nta1	de1	di1	布

#812 的多重同义归一主要在于其韵母，这样该套例证数为 4。

声母对应 20：ɣ⟺ʐ⟺ʑ⟺z⟺ɣ⟺l⟺l (*ʐ)

支持例证共 2 个，如下：

同音索引	黔东	湘西	川黔滇	滇东北	布努	勉瑶	标敏	匹配义
564	ɣu5	ʐu5	ʑoŋ5	zao5	ɣaŋ5	lɔŋ5	lɔŋ5	好（~人）
701	ɣo1	ʐei1	ʑəu1	zao1	ɣa1	lai1	lai1	菜

在普遍对应的严格要求下，再加上声调对应的严格限制，声母对应只能确定为 5 套。

5.3 苗瑶语方言的韵母对应及重构

若坚持声调对应必须符合 5.1 的要求，则韵母的普遍对应只找到 2 套。以下为详细例证和分析。

韵母对应 9：a⟺ɑ⟺uɑ⟺a⟺o⟺ai⟺ai (*ɑ)

支持例证共 4 个，如下：

同音索引	黔东	湘西	川黔滇	滇东北	布努	勉瑶	标敏	匹配义	
294	ta6	tɑ6	duɑ6	nta6	to6	tai6	tai4	死	
722	qa3	qɑ7	quɑ3	qa3	ko3	gai3	kai3	屎	
800	ta5	tɑ5	tuɑ5	ta5	to5	tai5	tai5	杀	
799	ma8	tɑ5	tuɑ5	ta5	to5	tai5	tai5	杀	调！

韵母对应 16：a⟺ɯ⟺e⟺i⟺e⟺au⟺au (*aɯ)

支持例证共 2 个，如下：

同音索引	黔东	湘西	川黔滇	滇东北	布努	勉瑶	标敏	匹配义
387	na2	nɯ2	mple2	ntɬi2	ntɬe2	bau2	blau2	稻谷
389	na6	nɯ6	nde6	nti6	nte6	dau6	dau4	下（～蛋）

5.4 苗瑶语完全对应表

声韵调完全对应的苗瑶语关系语素只有1例，即高阶的'杀'。

如果放宽完全对应的要求，要求声调对应必须遵守，即声调的重构是默认符合之前5.1节的总结，声母对应或者韵母对应必居其一，则有如下16例，其中高阶6个，低阶0个。可见苗瑶语之间的亲缘关系可以得到支持。

同音索引	黔东	湘西	川黔滇	滇东北	布努	勉瑶	标敏	匹配义	重构
38	ȵa3	qwɯ7	tle3	tɬa3	tɬe3	ku3	klu3	狗	*kl
92	mɛ2	me2	muа2	ma2	moŋ2	ma:i2	ma2	有	*m
105	moŋ1	moŋ1	mao1	mo1	muŋ1	mun1	mun1	痛（～得很）	*m
268	tɛ5	te5	to5	tu5	tuŋ5	taŋ5	taŋ5	断（绳子～了）	*t
271	tə5	du5	ntoŋ5	ntao5	ntaŋ5	dian5	dian5	树	*nt
273	tə5	du5	ntoŋ5	ntao5	ntaŋ5	dɔŋ5	dɔŋ5	戴（～斗笠）	*nt
290	ta3	dɯ7	nte3	nti3	nte3	da:u3	da3	长	*nt
294	ta6	ta6	duа6	nta6	to6	tai6	tai4	死	*a
387	na2	nɯ2	mple2	ntɬi2	ntɬe2	bau2	blau2	稻谷	*aɯ
389	na6	nɯ6	nde6	nti6	nte6	dau6	dau4	下（～蛋）	*aɯ
480	ȵa3	qwа7	tlua3	tɬa3	tɬo3	ka:i3	kla3	腰	*kl
564	ɣu5	zu5	zoŋ5	zao5	ɣaŋ5	lɔŋ5	lɔŋ5	好（～人）	
701	ɣo1	zei1	zəu1	zao1	ɣa1	lai1	lai1	菜	
722	qa3	qа7	qua3	qa3	ko3	gai3	kai3	屎	*a
800	ta5	tа5	tuа5	tа5	to5	tai5	tai5	杀	*ta
812	tə1	dei1	ntəu1	ntao1	nta1	die1	di1	布	*nt

高阶用黑体表示；重构一列列出根据对应可重构出的部分，只有声母的则表明只是声母可以重构。

如果只考虑声调对应，则可增加为5.1节所列72例证。其中高阶18个：二、毛、新、黄、狗、长、这、手、火、鱼、睡、树、好、飞、杀、死、雨、喝；低阶8个：三、四、五、花、宽、重、雪、风。

从这样的限制变化来看，高阶词在亲属语言演变的随机化过程中更为稳定。这从另一个角度上支持词阶法的分阶基础。

5.5 原始苗瑶语的检讨

张琨（1947）根据十种苗瑶语方言材料重构原始苗瑶语的声调系统，在这些材料中，他认为可靠的是6种。从这些方言材料中，发现了8套声调对应，每套对应的例证3～9个不等。如下：

声调	例证	备注
1	水、二、三、五、四、深、蛇、猴子	永从缺'猴子'一词
2	花、叶、门、九	
3	满、果子、房子、尾巴、长、狗、路、骨头、血	
4	鱼、火、村子	永从缺'村子'一词
5	名字、月、铁	
6	死、眼、雨、鸟	永从缺雨和鸟
7	翅、笑、饮	
8	见、舌头、豆、十、八	

张琨（1947:101）发现有一些字，比如"落、穿、地"并不符合上述对应，但例子"不如以上丰富"，就看作例外字了。在本研究的材料中，'村子'的情况如下：

	黔东	湘西	川黔滇	滇东北	布努	勉瑶	标敏
穿（～衣服）	naŋ4	ɳhen3	ŋɑŋ3	ŋaɯ3	nɤŋ4	tsu7	tu7

确实，苗语方言中4◇3◇3◇3◇4这样的匹配并没有出现在候选项中，也就是，这样的匹配没有平行例子的支撑，更没有达到非随机匹配的例证要求。因此，可以从这一计量角度来确定是否"丰富"。这样的例子，由于看起来很相似，会引起研究者的特别注意，如果能从声母和韵母来确定其规则性，并进一步找到声调变化的原因，可以通过内部构拟将其声调还原，就能为原始语增加新的例证。

根据以上声调对应的例证，对照本文采用的《苗瑶语方言词汇集》材料和比较工作的具体操作方法，下面依次讨论相关问题。

*2 调

索引	词条	黔东	湘西	川黔滇	滇东北	布努	勉瑶	标敏
1578	叶子	nə2	qo1 nu2	mploŋ2	a5 ntɬao2	ka1 ntɬaŋ2'	nɔːm2	nan2
1020	门	tiu2	pɑ2 ʈu2	ʈaŋ2	a5 tɬao2	pi3 ʈaŋ2	kɛːŋ2 (tɕɛːŋ2)	klɛ2

张琨（1947：99–100）在列出每套声调对应的例子时，给出的都是单音节语素，也就是，提取语素的工作已经提前人工做完。以上表格可以看到尚未提取语素时的情况，'叶子'和'门'在湘西苗语、滇东北苗语、布努瑶语中都有词头（注意布努语中 2' 调的情况）。因此，上文 2.2.3.2 专门讨论了如何提取词缀以确定根语素的必要性和方法。

*4 调

索引	词条	黔东	湘西	川黔滇	滇东北	布努	勉瑶	标敏
1569	鱼	nɛ4	tɑ1 mɹɯ4	ndzɹ̩4	mpə4	ntse4	bau4 (biau4)	bla4
1376	火	tu4	pi37 tʌ4	deu4	toey4	tu4	to4	təu4
2836	村子	ɣaŋ4	qo1 zaŋ4（nɛ2）	zɑo4	zo4	(man3)	laŋ4	laŋ4

'村子'在布努语中的表现是不符合 4 调对应的，张琨（1947：99）使用的永从瑶语也是空白，有可能并不是没有调查到该语素，而是出现类似不符合规则期望的形式(其声母也相差甚远)。如果坚持普遍对应的原则，该例子就可先不用，留待之后搞清楚该不规则形式是如何变化或者替换而来的再议。

*5 调

索引	词条	黔东	湘西	川黔滇	滇东北	布努	勉瑶	标敏
1613	名字	naŋ2 pi5	bu5	mpe5	ntsi5	men2 ntsu5	meŋ2 buo5	bau5
1959	月亮	l̥hɑ5	l̥hɑ5	ɬi5	lu3 l̥i7	mi8 ɬu5	ɬa5	la7 guaŋ1
1960	月（一个～）	l̥hɑ5	l̥hɑ5	ɬi5	l̥i7	ɬu5	ɬa5	ɬa5
1948	铁	l̥hə5	l̥ho5	ɬəu5	lao5	ɬʌu5	ɬie7	ɬia7

以黔东苗语为例，'名字'的双音节形式给程序处理带来一定的问题。在语素提取上，与"名"相关的词汇如下：

		黔东
1613	名字	naŋ2 pi5
1610	名望	naŋ2
2935	学名	qa1 pi5 tu3
2967	名下	qa1 mɛ6
368	名堂	min8 taŋ8

如果让 #1613 与 #2935 相比，可以提取'名'pi5，但 #1613 与 #1610 相比，提取的是'名'naŋ2。这意味着在提取语素时可能会误判，或者出现提取不出来的情况。根据上文 2.2.3.1 以单音节为基础的处理办法，黔东根据这些词汇对比，可以提取的两个语素是：'名望'naŋ2 和'名字 - 名望'pi5。但由于其他方言的相关词汇并不是如此构造，pi5 的匹配就落空了，因为在黔东方言之内目前还无法建立起'名字 - 名望'='名字'这样的关系。前文在 2.2.6 中将'名字 - 名望'这样的语义刻画设为比较的基元，也就是，跨方言也不能建立起'名字 - 名望'与'名字'的可比关系。这其实对语义刻画方式和语义联系的建立提出了问题，也提醒我们程序的这种自动处理可能会漏掉一些可比语素。如果反思人工处理方式，之所以能确定黔东方言中'名字 - 名望'pi5 就是其他方言中的'名字'，前提是承认了 5 调的对应方式，以及声母和韵母的对应方式，其实质是形式上的对应帮助确认了语义上的关联。

有意思的是，'叫（什么名）'pi5 在黔东方言中可以提取出来，且与其他方言可比，如下：

序号	黔东	湘西	川黔滇	滇东北	布努	词条
20	pi5	bu5	mpe5	ntsi5	mpe5	叫（什么名）

如果直接用古汉语的词根"名"则名动合一，也符合历史。但这样的语素重整需要等到比较之后，再做二次调整。也就是，重新标注语素意义。可见，历史比较研究涉及比较多的语言演变背景知识，这恐怕是比较工作自动化中的难点。

#1959'月亮'和 #1960'（一个）月'在滇东北均为 7 调，而在标敏瑶语中前者为 7 调，后者为 5 调。*5 调是如何变到 7 调的，需要进一步研究。

#1948'铁'涉及所谓的瑶语到苗语的"入声变去"问题。Ratiliff(2010:64；69) 分别重构了原始苗语形式为 *hluw[C] 和原始瑶语形式 *hrek[D] 并认为它们是分别借自上古汉语。也是 5.1 提到的声调对应问题。

*6 调

索引	词条	黔东	湘西	川黔滇	滇东北	布努	勉瑶	标敏
380	眼睛	mε6	lɤ7 qe1	muɑ6	a3 ma6	ka1 moŋ6	mu2 (i:ŋ1 dop7)	mi4 tɕiε1
1580	鸟	nə6	ta1 nu6	noŋ6	nao6	naŋ6	nɔ8	nɔ̥4

#380 '眼睛' 的湘西苗语形式与其他形式声韵调都不对应，理论上有两种可能，或者湘西存古，其他均为创新；或者湘西创新，其他均为存古。只有确认后者之后，才能将之归为普遍对应的例证，在当前情况下，暂时应处理为非普遍对应。

#1580 '鸟' 也涉及如上所述瑶语到苗语的"入声变去"问题。Ratiliff(2010:58) 将之重构为 *m-nɔk，并认为可与原始马波语（南岛语的 Malayo-Polynesian）*manuk 'bird/chicken' (ACD) 和原始台语 *n-lok 'bird' (Li 1977) 相比。

*7 调

索引	词条	黔东	湘西	川黔滇	滇东北	布努	勉瑶	标敏
1250	翅膀	ta7	(qo1) tei7	ti5	(a3) ti7	(ka1) tu7	da:t7	tɕi5
984	笑	tiə7	tɔ7	to5	tɬo7	to7	kat7(tɕiat7)	klan7

#1250 '翅膀' 和 #984 '笑' 在川黔滇中都是 5 调，这与 5.1 节中第 23 套声调(*7) 各方言均为 7 调不一致，只有找到川黔滇中 *7>5 调的声韵条件，才可以将此二例纳入。#1250 '翅膀' 标敏的 5 调也如此。

*8 调

索引	词条	黔东	湘西	川黔滇	滇东北	布努	勉瑶	标敏
1477	舌头	ni8	(qo1) mɹɑ8	bla6	(a3) ntɬai4	(ka1) ntɬa8	biet8	blin4
287	看见	poŋ8	qε6	po8	po8	po8	puot8	phi4 (na2)
1183	豆子	tə8	tei7	tau8	ntao6	tʀu8	top8	thən4
2438	八	zɐ8	zi48	zi8	mpao6	pɤ6	hiet8	hiεn4

如果原始苗瑶语为 *8 调，则要说明川黔滇（'舌头'）、滇东北（'豆子''八'）中 6 调和 4 调（'舌头'）的音理。湘西苗语（'看见'）有词汇替换问题。这说明受语言接触影响的语言在用来重构原始语言时会出现问题，这当然可以看作湘西和布努在分化之后发生的替换，但如果仅仅从共

时分布出发的话，还有一种可能的解释是湘西率先分化出来了，发生了变化。常见的处理方式是用横杠来标明。也就是，认为这样的分布仍然是普遍对应。这容易把次级群体的原始形式上升到最高层。比较有把握的办法是我们之前建议的，根据谱系树图来设定标准，即，如果在第一次分支的两大群中都有分布，则仍然算作普遍对应。比如，从苗语支中选一个方言做代表，从瑶语支中选一个方言做代表（从这个角度讲，中远程构拟仍然是有价值的，详见第6章）。如果目的是探求最大时间深度的重构，自然得挑选最少受语言接触影响的代表点。（这依赖研究经验和视野，但需要警惕的是局限性很大，目前我们能看到的接触情况只是大概几十年的情况，漫长的历史过程中，很多人群迁徙和语言接触并不清楚。）这样看来，能建立稳固基础的仍然是层级构拟。就苗瑶语比较而言，目前只选苗语五个，瑶语两个分别重构的原始苗语和原始瑶语，再进一步重构的原始苗瑶语只能给出粗线条的历史脉络，当然，这也有很大的历史价值，为判断系属关系提供重要的证据。张琨（1992）引入海南金门方言，该方言保存古塞音韵尾比较完整，可为8调的重建提供丰富的材料。这其实也说明了金门方言跟其他方言的演进速度不一样，在谱系树上的位置不一样。

根据声调对应与声母的配合关系，张琨（1947）进一步提出阴阳调假说，认为以上八种声调中的单数调为一类 I，双数调为另外一类 II，前者是阴调，后者是阳调，分别来自清浊声母的不同。主要的根据是以下几类声母只有 I 类调，没有 II 调：(1) ʔ-；(2) 清鼻音 m̥- n̥- ŋ̥-；(3) 清边音 l̥（黑苗除外）；(4) 所有送气声母，如 th-, nth（包括 h-, x-, 广顺、高坡的 ṣ 相当于送气声母）。再根据方言之间，尤其是黑苗方言中的情况，构拟出声母两清一浊的系统。例如：

I.　*ntʻ->ntʻ-: tʻ-　　　　II.　*nd->nt-: n-
　　*nt->nt-: t

由于 5.2 的声母对应有限，尚不能对此假说做出进一步的证实或证伪。

6 中远程构拟再议

远程和中程构拟 (Teleo- and meso-reconstructions) 是 Benedict (1973) 提出来的，该方法用于底层比较工作程度不一的情况，认为可以通过选择不同语支的代表点来进行原始语的重构工作。经过这些年的发展，我们意识到该方法增加了将方言中的创新误做早期遗存的风险，因此，更多的历史语言学者愿意坚持逐层递进的方法来保证比较工作的可靠性。不过，从第 4 章和第 5 章坚持严格的普遍对应和完全对应的结果来看，固然证据确信度增加，但相应也损失了不少可能的同源成分。为此，中远程重构的风险值得再探讨，通过比较来重新权衡该方法的得失。

川黔滇苗语在五个苗语方言中声母最多，勉瑶语在两个瑶语方言中韵母最多，可分别作为苗语支和瑶语支的代表，以下就采用与第 3 章瑶语方言比较相同的程序来操作，观察比较其实际结果。

6.1 苗瑶语两方言的声调对应及重构

基于上文提取的语素，川黔滇苗语 1443 个语素，勉瑶语 1593 个语素，声调在语素集中并不均匀，匹配之前的声调分布如下：

声调	川黔滇	勉瑶语
1	251	335
2	142	252
3	194	214
4	130	85
5	256	276
6	186	169
7	150	176
8	134	86

这是合并后的语素，不是匹配状态下的语素情况，不过可以作为参考，先挑最少的两个匹配，比如 8◇8 或 4◇4，选取其中最小的（13）作为参考，

+1 作为对应寻找的阈值，即 14。如果声调匹配的阈值为 14，则可以找到以下 43 套匹配。

声调匹配概览

	匹配	例证数	95%	99%	99.9%	核心
2	1◇1	120-13=107	66	71	75	+
4	3◇3	63-2=61	35	38	42	+
6	7◇7	38-4=34	22	24	28	+
8	5◇5	73-1=72	56	60	64	+
18	2◇2	55-2=53	28	31	34	+
28	4◇4	33-13=20	12	15	17	+
40	8◇8	24-4=20	12	14	16	+
14	8◇6	34-2=32	22	25	28	+
12	6◇6	31-1=30	27	30	33	+
11	5◇7	41-6=35	38	41	45	
25	4◇2	31-9=22	25	28	32	
1	1◇7	25-2=23	41			
5	4◇5	21-1=20	32			
7	7◇3	19	27			
13	6◇3	20-2	34			
15	2◇1	17-1	40			
16	2◇5	16-1	35			
17	7◇6	14-1	23			
19	1◇6	15	40			
20	3◇6	18	31			
21	2◇3	23-1	28			
23	7◇5	17	34			
29	5◇6	22-1	39			
30	8◇1	15-1	40			
31	8◇7	22-2	24			
32	3◇2	20-1	39			
35	6◇2	27-5	36			
36	2◇6	15	24			
37	5◇8	16-1	21			

（续表）

	匹配	例证数	95%	99%	99.9%	核心
38	7<>1	22-1	39			
42	7<>2	18-1	29			
43	4<>1	14-2	36			
3	1<>5	35-1=34	60			
9	5<>1	43-3=40	67			
10	5<>3	32-5=27	46			
22	8<>5	31-2=29	35			
24	3<>5	40-3=37	46			
26	3<>1	40-3=37	53			
27	1<>2	32-4=28	51			
33	6<>1	35-5=30	48			
34	6<>5	36	42			
39	5<>2	28	50			
41	1<>3	28	47			
#	4<>6	<14	20			

如前所述，43套匹配，如果按照5%的概率随机，则有2.15套随机的混入；如果按照1%，则有0.43套可能是混入的；如果按照0.1%，则有0.043套混入的可能，因此这是极小概率事件，我们可以有足够的信心确认在此标准下得到的匹配都是非随机因素造成的。达到上限的情况如下：

	对应	例证数	95%	99%	99.9%	核心
2	1<>1	120-11=109	66	71	75	+
4	3<>3	63-2=61	35	38	42	+
6	7<>7	38-4=34	22	24	28	+
8	5<>5	73-1=72	56	60	64	+
18	2<>2	55-2=53	28	31	34	+
28	4<>4	33-13=20	12	15	17	+
40	8<>8	24-4=20	12	14	16	+
14	8<>6	34-2=32	22	25	28	-
12	6<>6	31-1=30	27	30	33	+

如上文 3.1 所预测的,随着置信水平的不同,达到上限的声调匹配情况有所波动。前 8 套匹配很稳定。但第 9 套（6<>6）在 95% 时超过上限,在 99% 时等于上限,在 99.9% 时低于上限。苗瑶语对应的 8 调系统自张琨（1947）首次建立起来之后,一直为学界所公认为不易之论。按照上表展示的情况,可见 6<>6 调对应随着川黔滇方言和勉瑶语分离时间的增长,已经发展到了随机化的边缘。按照这个速度发展,最早随机化而无法通过概率计算确定的语音对应就是这套对应了。从这个角度来看,8<>6 调的对应也值得关注,因为其不容于传统的苗瑶语 8 调系统,而且与之前 5.1 节通过苗瑶语 7 方言的普遍对应对照,并没有得出这样的匹配。但这一问题其实并不难解释,因为这 9 套匹配根据 95% 的置信水平来计算,都是非随机匹配,即可以看做历史语言学上的语音对应,因而可能是遗传分化造成的,也可能是语言接触造成的。不从分化角度来解释 8<>6 的对应,则可以从后期语言接触来解释。不必是这两个语言之间分化之后的接触,更可能的是分化之后二者分别接触同一语言,比如,汉语。远程重构造成晚期借用的混入增多,在汪锋（2011）已经论述过,其本质是普遍对应上的放宽。

但无论如何,在同样的概率证据下,8<>6 应当跟其他对应同等对待。

如果我们坚持最严格的概率评估（排除随机匹配）,以 99.9% 为标准,则必须付出一些原本可能是同源分化造成的对应（如：声调对应 6<>6）无法识别出来的代价。在这个意义上,严格的语音对应要求可以更大程度上保证重构的基础稳固,但要付出识别度上的代价。这是使用远程重构这一方式时必须注意的前提。

回顾第 5 章多个方言的比较,其实就是普遍对应的角度,可以发现 6<>6 调是所有苗瑶语方言从原始苗瑶语纵向传递而来的,而 8<>6 调的匹配并不是一种普遍的匹配。这里可以追溯到语言演化中一个基本的原则,即,同源关系的可传递性：如果 A 与 B 同源,B 与 C 是同源,则 A 与 C 也是同源。另一方面,接触关系并无传递性：(1) 如果 A 与 B 是接触关系,B 与 C 是接触关系,则 A 与 C 并不一定是接触关系；(2) 如果 A 与 B 是随机匹配,B 与 C 是随机匹配,则 A 与 C 并不一定是随机匹配。在历史比较的实践上,其意义在于,参与比较的语言越多,差异越大,就越能排除接触关系和随机匹配。

在运用中远程重构时,选择合适数量的语言代表点就非常重要。比如,根据上古汉语和藏文来重构原始汉藏语,相比根据上古汉语、藏文、缅文来重构原始汉藏语来说,后者所含的后期借词和随机匹配就比前者少。

结合第 5 章的声调比较结果,可以弥补用严格概率标准造成的"损失"：

（1）重新确定 6◇6 是二方言之间的对应；（2）8◇6 调是川黔滇苗语和勉瑶语相互接触或二者均与第三种语言（汉语）接触造成的，是二者分化之后各自的横向传递结果，与纵向传递无关。

以下是声调对应的详细例证及分析。

声调对应 2: 1◇1

共 120 个例证，如下表所示：

同音索引	川黔滇	勉瑶语	匹配义
3	ʔa1	im1	苦（味~）
43	ʔao1	i1	二
54	pe1	puo1	三
55	pe1	buo1	我们/咱们
80	fai1	pun1	分（路）+ 分 + 分（与"合"相对）
82	fai1	khɛ:ŋ1	分开（指两脚~）
110	m̥an1	m̥ei1	藤子
113	pao1	ba:ŋ1	垮 + 塌下
124	voŋ1	juəŋ1	培（~土）+ 壅（~土）
157	pəu1	pei1	**知道**
166	qhe1	ȵɛ:ŋ1	睁（~眼）
167	qhe1	jian1	张开（~翅膀）
171	phe1	phin1	篇
183	lo1	nɔ:m1	个（碗）+ 口（一~井）+ 辆（一~车）+ 把（一~锁）+ 幢 + 顶（一~帽子）+ 棒（一~玉米）+ 只（一~船）+ 架（一~飞机）
185	lo1	suŋ1	张（一~嘴）
187	lo1	khan1	道（一~门）
189	lo1	tsuŋ1	张（一~桌子）
190	phao1	pha:n1	床（一~被子）
191	phao1	tsuŋ1	张（一~席子）
194	tʂhan1	tshom1	掺（~水）
251	mao1	mun1	痛（~得很）+ 肚子痛 - 肚子
278	fen1	puon1	分（一~钟）
279	fen1	pun1	分（一~钱）

（续表）

同音索引	川黔滇	勉瑶语	匹配义
284	təu1	kua1	瓜
292	saŋ1	gyaŋ1	亮 + 天亮 - 天
300	la1	bi:ŋ1	猿猴 + 猴子
303	foŋ1	puəŋ1	封（一~信）
323	ʂe1	heŋ1	轻
328	huaŋ1	hua:ŋ1	荒芜
333	ʂa1	ɬan1	肝
335	ʂa1	fim1	放心 - 放（~屁）+ 放心 - 放（~走）
349	tʂua1	nau1	抓（用手指~）
354	ha1	ba1	吧（表商量语气）
360	waŋ1	siaŋ1	簸箕
382	zạ1	pi1	晒
383	tʂɹ̩1	pa1	五
416	tʂhui1	sun1	间（~苗）
432	təu1	tu1	都
459	tɕo1	tsa:ŋ1	蒸（~饭）+ 蒸 + 酒酿 - 酒
460	tsoŋ1	ʥoŋ1	鬃
463	tha1	tɕia1	加
483	sɹ̩1	tsoŋ1	棕绳 - 绳子 + 粽叶（包粽子的叶子）- 叶子
484	ɕiao1	fiu1	火硝
522	faŋ1	tsuŋ1	把（一~刀）
542	tɕo1	ʥoŋ1	块（一~地）
566	taŋ1	suŋ1	伸（~腰）
571	ten1	taŋ1	灯
580	to1	tɔ:n1	儿子 + 父子 - 父亲
582	nto1	dɔ:n1	潮湿
621	te1	dau1	地（与"天"相对）
649	to1	du1	深
655	tle1	ku1	远
682	tɕaŋ1	khin1	牵
713	tʂhua1	tshie1	纺（~纱）

（续表）

同音索引	川黔滇	勉瑶语	匹配义
714	sue1	sa1	稀（与"密"相对）
720	ŋao1	jiem1	住 + 存在
737	ntʂua1	mɛ:ŋ1	绿 + 青（~天）
765	tue1	dui1	堆积
774	naŋ1	naŋ1	蛇
778	n̥aŋ1	ga:n1	茅草
796	n̥o1	n̥ɔ:i1	太阳 + 寅日 - 寅（地支第三位）+ 亥日 - 亥（地支第十二位）
803	plhəu1	bau1	苞
818	tshaŋ1	bau1	肉瘤
851	tsheu1	thui1	推（往里~）+ 推（向前~）
874	ʔa1	n̥ɔ:i1	从前
877	pləu1	pei1	毛
886	tlo1	mɛ:ŋ1	青（~一块）
894	seu1	fiou1	修（~路）
895	pləu1	pei1	四
903	tshen1	tshi:ŋ1	清（数不~）
908	ka1	kuai1	乖（很~）+ 乖
918	ko1	kɔ:m1	烫（水很~）+ 烫水 - 水
920	ntɕe1	tɕiou1	菌子 + 木耳
928	ko1	tɕiem1	金
931	tɕua1	tsɛ:ŋ1	安（~麻雀）
941	kua1	die1	药
944	ȵtua1	tsɔ:ŋ1	装
949	ta1	tshin1	和（他~你）
957	koŋ1	sim1	针
969	tɕhen1	tshien1	亲（~兄弟）
983	plaŋ1	sie1	肚子 + 肚子痛 - 痛（~得很）
996	tʂhai1	si1	饿
1019	ȵtʂha1	dʑaŋ1	清（~水）
1025	ʂɿ1	si1	把（~孩子尿）

(续表)

同音索引	川黔滇	勉瑶语	匹配义
1034	tʂhua1	tshie1	车子
1035	tsʅ1	tshai1	差役
1045	qəu1	sui1	酸 + 酸汤水 - 汤 + 酸菜 - 菜
1048	ʐo1	jia:ŋ1	秧田 - 田
1055	ʑen1	in1	烟（吸～）
1077	qai1	tɕai1	鸡肫子 - 肫子
1078	qai1	kai1	鸡蛋 - 蛋
1079	qai1	tɕiai1	鸡笼 - 笼子
1108	kaŋ1	kɛ:ŋ1	虫
1127	ka1	khɔ:n1	开（～会）
1148	ʂa1	ɬaŋ1	高
1149	tʂha1	siaŋ1	**新**
1150	tʂha1	tɔ:n1	继母 - 母亲
1159	ʂue1	sa1	稀（种～了）
1180	ʐəu1	lai1	菜 + 白菜 - 白（～颜色）+ 酸菜 - 酸
1202	ka1	tɕia:i1	街道
1214	ȵoŋ1	ȵim1	瓜种 - 瓜
1217	sa1	fɔ:i1	鳃
1219	tshua1	tsha1	差（质量～）
1221	ɬu1	tsuŋ1	髓 + 骨髓 - 骨
1304	ȵaŋ1	ga:n1	茅草房 - 房屋
1335	qa1	tɕiai1	鸡冠 - 冠子
1339	sa1	sɛ:ŋ1	初十 - 十
1355	qu1	kuei1	田螺 - 田
1362	ȵtʂua1	mɛ:ŋ1	青菜 - 菜
1363	ʂʅ1	im1	阉鸡 - 鸡
1374	sa1	kɔ:n1	月初 - 月亮 + 月初 - 月（一个～）
1396	ntəu1	die1	*布*
1396	ntəu1	de1	*布*
1397	ntau1	die1	*布*
1397	ntau1	de1	*布*

(续表)

同音索引	川黔滇	勉瑶语	匹配义
1398	nto1	die1	*布*
1398	nto1	de1	*布*
1430	kɑo1	pui1	*杯子*
1431	khɑo1	pui1	*杯子*
1455	noŋ1	ɲim1	*种子 + 稻种 - 稻谷*

同义归一，去掉 13 例，则余下 107 个例证。

声调对应 4: 3<>3

共 63 个例证，如下表所示：

同音索引	川黔滇	勉瑶语	匹配义
5	ʔi3	uo3	*那 (忆指) + 那些 (较远指) - 些 (这～)*
7	qhe3	uo3	*那 (远指) + 那 (不远)*
44	ntuɑ3	lu3	*呕*
57	pi3	pei3	*比*
62	kun3	pa3	*捆 (一～柴)*
65	tʂho3	pom3	*吹 (木叶)*
68	pen3	puon3	*本*
75	pa3	pa:i3	*摆设*
76	po3	puəŋ3	**满**
89	na3	na:i3	**这**
90	na3	uo3	*那些 (较近指) - 些 (这～)*
103	tle3	ku3	**狗**
128	zo3	pu3	*保卫*
129	zo3	tsuo3	*守*
152	hen3	hen3	*很 (～好)*
161	ntsʅ3	bie3	*添补 (补充) + 补 (～衣服)*
162	ntsʅ3	biɛ3	*补 (～补锅)*
206	ntsen3	bien3	*翻 (船～了) + 翻 (～身)*
235	tɛ3	tɔ3	*朵 (一～花)*
280	fen3	buon3	*粉 (吃～)*

(续表)

同音索引	川黔滇	勉瑶语	匹配义
293	tlaŋ3	gyaŋ3	宽 + 宽敞
313	tʂo3	pom3	吹（～芦笙）
369	tʂen3	tseŋ3	整（～人）
370	tʂɿ3	piou3	果子
379	tʂe3	pau3	房屋 + 瓦房 - 瓦 + 家里 - 里（外）
404	khun3	tsei3	束（一～稻草）
444	saŋ3	ŋam3	思索 + 想
451	nto3	dziou3	早
527	ʈao3	thiu3	调头
541	fau3	puo3	烧（～柴）
572	nte3	tshi:ŋ3	邀请
604	tu3	dou3	打赌
636	nte3	da:u3	长 + 长度
650	teu3	ta3	斗（一～米）
666	nteu3	tsei3	纸 + 钱纸 - 钱（花～）+ 钱纸 - 钱（一～二分）
711	nde3	liaŋ3	浅
792	ȵaŋ3	ȵie3	重
846	lo3	nau3	折
887	te3	muei3	剥（～玉米粒）
891	tluɑ3	ka:i3	腰
909	tʂe3	tɔ3	朵（一～棉花）
934	ntɕuɑ3	pin3	饼
935	ntɕuɑ3	dzuo3	粽粑
960	tɕeu3	tiu3	酒
978	vəu3	uei3	姐夫
1022	ʂe3	sie3	舍（～不得）
1041	nʈʂhaŋ3	dzia:m3	血
1075	tɕe3	tshun3	递
1089	ke3	kau3	路 + 马路 - 马 + 铁路 - 铁
1113	to3	tam3	虱

(续表)

同音索引	川黔滇	勉瑶语	匹配义
1116	tʂhəu3	ʥei3	头虱
1167	sai3	kin3	选择
1204	moŋ3	buon3	粉末
1234	quɑ3	gai3	屎
1243	kɑŋ3	ka:m3	敢
1265	ha3	khɔ:i3	海
1306	kəu3	tsa:ŋ3	马掌 - 马
1326	ʔo3	uo3	那些(忆指)-些(这~)
1420	leu3	thu3	讨(~债)
1436	m̥ao3	n̥am3	想念
1450	n̥a3	n̪iem3	哭
1458	tsaŋ3	sim3	*移动*
1460	tsoŋ3	sim3	*移动*

同义归一，去掉2例，则余下61例。

声调对应 6: 7<>7

共38个例证，如下表所示：

同音索引	川黔滇	勉瑶语	匹配义
8	nto7	dat7	织(~布)
9	nto7	tshi7	织(~毛衣)
10	nto7	tsie7	织(~网)
121	tuɑ7	n̪iat7	结儿(结~)
314	ho7	phuot7	熄(~灯)
317	ntau7	bɔ7	打(打狗)+敲(敲锣)
319	ntau7	tɕie7	灭(火~了)
426	tsai7	tsip7	承接+迎接
427	tsai7	pɔ7	接
466	tshai7	tshiet7	漆
472	suɑ7	muo7	掏
497	ntəu7	bɔ7	打(~针)

（续表）

同音索引	川黔滇	勉瑶语	匹配义
567	ntɕeu7	di7	踢
750	na7	ŋat7	压（用力～）
780	ntsai7	sɔ7	吮（～奶）
823	nto7	fɛ7	抽打
850	ʈha7	tship7	插（用力～）
893	ɢəu7	phiat7	失足
906	tʂ̩7	tsuo7	粥＋粥,稀饭
912	ɬa7	ka:t7	割
924	tshai7	tɕie7	只（一～手）+只（一～鞋）
947	teu7	dʑiap7	夹（～在胳膊底下）
1018	kheu7	kɛ7	打（～柴）
1057	tshuɑ7	fi7	锡
1072	ŋkhəu7	wət7	使弯曲（窝）
1102	quɑ7	gɛ7	隔
1107	ʔo7	a:p7	鸭子＋鸭蛋-蛋
1139	ntɕe7	n̥a7	点（～头）
1189	tai7	dʑiap7	挟（～菜）
1235	pəu7	puot7	屁（放～）
1254	ŋkəu7	gut7	弯（～腰）
1260	ɴqhe7	ga:t7	渴
1269	heu7	hop7	**喝**
1270	həu7	sɔ7	吸（～血）
1409	khəu7	siet7	痒
1437	ti7	da:t7	**翅膀**
1444	ntɕeu7	fuo7	刨
1445	ntɕeu7	muo7	挖掘＋挖

根据同义归一,去掉 4 例,则余下 34 例。

声调对应 8: 5⇔5

共 73 个例证,如下表所示:

同音索引	川黔滇	勉瑶语	匹配义
12	ʔuɑ5	tsou5	做（事）
14	ʔuɑ5	tɔ:ŋ5	当成（～小孩）
26	kuɑ5	hyeu5	稀（粥太～）
36	tʂɿ5	n̩5	不久 - 久（来～了）
42	ʔɑo5	om5	肿
63	pu5	puei5	睡 / 躺
79	mpo5	buon5	雪
101	ləu5	kɔ:ŋ5	雄性（禽兽类）
148	tʂu5	tɕhie5	气味
150	tʂu5	tsuei5	臭
164	mpəu5	buei5	沸腾
203	tʂɑŋ5	tɕiɑ5	架（～桥）
237	tuɑ5	tai5	杀 + 杀（～猪）
246	ntoŋ5	doŋ5	戴（～斗笠）
312	ntɑo5	fa:u5	冒（～气）
324	tɕo5	feŋ5	挥动
367	ko5	pɛ:ŋ5	把儿
398	zoŋ5	loŋ5	相好 + 好（～人）+ 好人 - 人
399	zoŋ5	sɔ:ŋ5	舒服
412	thlɑ5	thiu5	跳（～芦笙）
414	tʂhau5	ɲiom5	簸
425	nɑo5	toŋ5	冻（鱼～）
457	tʂou5	tsiem5	浸（入）+ 浸
458	tʂou5	pheu5	泡（～米）
487	tshuɑ5	ʥu5	洗（～衣服）
490	soŋ5	fuŋ5	送（～客人）
494	ʈo5	fa:u5	抽（稻～穗）
505	ho5	pa:u5	唱（～歌）
523	tsɿ5	tsai5	祭（～桥）+ 祭（～鬼）
538	tlhɑ5	la:m5	跨（～过沟）
539	tlhɑ5	thiu5	跳（鼓）
540	tlhɑ5	thi5	跳（往下～）

(续表)

同音索引	川黔滇	勉瑶语	匹配义
588	to5	taŋ5	断（绳子～了）
605	ntoŋ5	diaŋ5	树
638	nte5	dʑa:u5	烤（～火）
653	te5	tsiu5	照射（阳光～）
684	tʂua5	mɔ:ŋ5	张开
688	tlo5	na:m5	拃（拇指与食指撑开的距离）
691	nti5	dun5	脱（蛇～皮）
695	ɬe5	fɛ5	擤
705	tao5	tshun5	穿（～孔）
754	qa5	tiu5	鱼钩
794	ɕoŋ5	ȵiaŋ5	年；岁
817	tsa5	pen5	变
827	tsɿ5	beŋ5	挤
836	foŋ5	fa:u5	涂抹
900	tʂao5	puŋ5	放（～屁）+ 放（～走）+ 屙
904	ɴqaŋ5	ŋeŋ5	提起
915	ɬi5	ɬa5	月亮 + 月（一个～）+ 十月 - 十
925	ntɕe5	fa:u5	上（～山）+ 爬（～树）
927	keu5	dʑiou5	锯子 + 锯
929	tɕua5	dʑia:u5	风
940	ze5	tshi:ŋ5	才
952	qha5	dʑia:u5	教
982	tɕhaŋ5	tɕhioŋ5	间（一～房子）
1005	nqe5	tsa:ŋ5	账
1016	nqaŋ5	ŋeŋ5	提（～水）
1020	ntʂhai5	dʑie5	怕
1044	ʂəu5	kan5	收
1066	zɑŋ5	dai5	飞
1080	zəu5	fai5	小
1093	qe5	kau5	蛋 + 鸭蛋 - 鸭子 + 蛋白 - 白（～颜色）
1152	qhaŋ5	kha:ŋ5	烘

（续表）

同音索引	川黔滇	勉瑶语	匹配义
1153	qhaŋ5	dʑu5	炕
1156	lo5	tɕou5	句（一～话）
1157	lo5	a5	口（一～水）
1162	ɴqe5	tsa:ŋ5	帐
1163	ɴqe5	tɕia5	价（～钱）
1212	kua5	ȵio5	乳头
1240	qua5	ga:i5	叫（公鸡～）
1262	qua5	tɕia5	嫁
1280	ni5	tɔ:ŋ5	当做（作为）- 做（～事）
1281	ni5	tsou5	当做（作为）- 当成（～小孩）

同义归一，去掉 1 例，则余下 72 例。

声调对应 12: 6<>6

共 31 个例证，如下表所示：

同音索引	川黔滇	勉瑶语	匹配义
19	n̻a6	nim6	偷 + 偷窃
45	noŋ6	na:i6	考问 + 盘问/询 + 问 + 追问
93	bua6	puo6	孵
140	ʐo6	dʑie6	生（母牛～小牛）+ 下（牛～崽）
165	bəu6	noŋ6	脓（化～）
221	mua6	ma:i6	卖
223	ze̠6	luei6	窝（一～猪）
289	dɦao6	kun6	发胖
358	ndʑi6	tsun6	旋（头～）
362	waŋ6	ua:n6	万（一～）
422	lua6	jia6	也（我～去）
438	ʐua6	pai6	笼子
449	ndaŋ6	pui6	辈子（一～）
452	ndʐəu6	kai6	瘦 + 消瘦 + 瘦肉-肉
529	ɖao6	kun6	肥 + 胖

(续表)

同音索引	川黔滇	勉瑶语	匹配义
557	ȡeu6	tsou6	筷子
577	mbua6	tun6	缎子
579	deu6	dam6	跺（～脚）
639	dua6	tai6	死
767	nde6	dau6	下（～蛋）
771	ndʐua6	bai6	笋壳叶 - 壳儿
783	ndua6	du6	麻
787	naŋ6	buŋ6	雨 + 雨水 - 水
790	da6	tim6	垫（～稳）+ 垫
899	ȡhəu6	lai6	穿山甲
1122	ȡəu6	pei6	被（～打）
1155	li6	lou6	过滤
1171	ȡʅ6	ʣen6	缠绕
1210	ndo6	ŋa:n6	河岸 - 河
1297	na6	ma6	父母 - 父亲
1315	ȡɿ6	ba6	拐棍 - 棍子

同义归一，去掉 1 例，则余下 30 例。

声调对应 14：8↔6

共 34 个例证，如下表所示：

同音索引	川黔滇	勉瑶语	匹配义
21	ha8	hɔ:i6	危害/伤害
111	pai8	pa:i6	败（打～了）
119	khao8	puəŋ6	靠（梯子）
204	pu8	pou6	部（一～书）
225	na8	ma6	母亲
230	nteu8	liou6	流利
243	mao8	min6	麦子
247	ho8	hɔ6	适合
248	mao8	muo6	帽子

（续表）

同音索引	川黔滇	勉瑶语	匹配义
294	teu8	lou6	显露＋露（～出来）
330	no8	si6	事儿
340	wei8	uei6	为
450	tai8	tɔ:i6	代（一～人）
477	zua8	tɔ:ŋ6	错
536	zaŋ8	juŋ6	样（四～菜）
560	pei8	pui6	倍（两～）
657	tʂuaŋ8	tsɔ:n6	赚
658	lao8	tu6	毒（～鱼）
745	ŋkeu8	lɛ:ŋ6	双（一～鞋）
832	la8	la:i6	诬赖
847	tsho8	kuei6	跪
945	tʂhen8	tsiou6	趁（～热）
954	ŋao8	kiu6	撬
1021	nua8	maŋ6	**看**＋看，瞧
1053	ʑa8	bie6	舔
1067	zaŋ8	juŋ6	让
1158	ʑo8	mɔ6	磨
1192	maŋ8	man6	慢＋慢慢-慢
1233	təu8	tsiou6	就
1272	hai8	hɔ:i6	害（～人）
1295	ten8	tiŋ6	一定（表示坚决）-一
1296	ten8	ti:ŋ6	一定-一
1299	luaŋ8	lun6	乱搓-搓
1402	lai8	kuaŋ6	抛弃

同义归一，去掉 2 例，则余下 32 例。

声调对应 18: 2<>2

共 55 个例证，如下表所示：

同音索引	川黔滇	勉瑶语	匹配义
28	ʈɑo2	jiou2	油 + 油（动物～）
58	tsa2	tsin2	钱（花～）+ 钱（一～二分）+ 钱纸 - 纸
59	tɑo2	kem2	山
97	pai2	pa:i2	牌（赌具）
114	paŋ2	piaŋ2	花（一朵～）
134	ɲa2	ɲia:n2	银锭 + 银子
218	muɑ2	ma:i2	有
252	ne2	muei2	你
264	lu2	mui2	霉
266	lu2	dɔ:ŋ2	烂（煮～）
291	tlaŋ2	wiaŋ2	黄
341	nto2	luŋ2	天 + 天亮 - 亮 + 半空 - 半（～碗）+ 半空 - 半（～路）
350	ntau2	lei2	离弃
373	tluɑ2	tɕia:u2	桃子
374	tshuɑ2	tsa2	茶油 - 油 + 茶油 - 油（动物～）
445	tshen2	dʑaŋ2	层（一～楼）
525	hue2	ui2	回（～信）
547	ʈaŋ2	doŋ2	筒（管状物）
550	ʈaŋ2	kɛ:ŋ2	门
576	tʂo2	tshou2	绸子
594	toŋ2	toŋ2	铜
596	tsɑo2	kan2	沿着 - 着（接不～）
609	than2	tɔ:ŋ2	糖
610	ŋkaŋ2	ga:m2	蓝靛草
612	ŋkaŋ2	la:m2	蓝
619	luɑ2	nie2	土
627	la2	li:ŋ2	田 + 田地 - 地（一块～）+ 田坎 - 坎儿
630	tuɑ2	ta:i2	来（客人～了）
660	ntɕe2	diou2	柱子
762	mploŋ2	nɔ:m2	叶子 + 稻叶 - 稻谷
766	mple2	bau2	稻谷 + 稻种 - 种子 + 稻叶 - 叶子

（续表）

同音索引	川黔滇	勉瑶语	匹配义
834	le2	lau2	久（来～了）
845	kuɑ2	lu2	监牢
848	ntɕəu2	dʑui2	嘴 + 口儿（容器～）+ 多嘴 - 多
862	ɳṭau2	liou2	留（～给他）
883	khun2	kun2	圆（～桌）
921	tɕai2	kei2	骑
926	tuɑ2	dʑɔ:i2	齐（来～了）
932	tɕuɑ2	duo2	九
959	tɕhɑo2	tɕiou2	桥
1004	laŋ2	na:n2	难（～搞）
1118	tuɑ2	kan2	从（～哪儿来）
1131	lai2	lai2	犁
1177	tɕa2	naŋ2	活（还～着）
1181	tɕe2	tɕhia:u2	荞麦
1183	zaŋ2	hɔ:ŋ2	行（一～字）
1185	tɕoŋ2	loŋ2	笼子 + 鸟笼 - 鸟
1226	tshaŋ2	tsi:ŋ2	墙
1266	ɳṭəu2	liou2	留（～长发）
1268	fu2	hou2	壶
1301	n̩o2	ŋoŋ2	牛鞭子 - 鞭子 + 黄牛虱 - 虱
1329	tshŋ2	dʑɔ:i2	齐心 - 心肠
1342	toŋ2	kɛ:ŋ2	出门 - 出（～汗）
1347	phen2	pɛ:ŋ2	均分 - 分（路）+ 均分 - 分 + 均分 - 分（与"合"相对）
1370	tai2	pɛ:ŋ2	坪地 - 地（与"天"相对）

同义归一，去掉 2 例，则余下 53 例。

声调对应 28: 4<>4

共 33 个例证，如下表所示：

6 中远程构拟再议

同音索引	川黔滇	勉瑶语	匹配义
61	dʑie4	puo4	手
219	mua4	ma:i4	买
236	nen4	ma4	马 + 马路 - 路
282	li4	lei4	理睬 + 理睬（多用于否定）
290	zao4	laŋ4	村子
442	daŋ4	liu4	结束 + 完结, 结束
664	ze4	ȵie4	传染
670	deu4	to4	火
724	dəu4	toŋ4	动（扛不~）
730	dhua4	dzu4	铜鼓 - 铜
736	ȵoŋ4	ȵiem4	生（"熟"）
802	li4	lei4	里（路）+ 里（一~路）
829	ze4	lau4	窝（鸟~）
961	baŋ4	liu4	完（煤烧~了）
1056	zen4	jien4	瘾
1136	vua4	ŋua4	瓦 + 瓦房 - 房屋
1298	mua4	ma4	马灯 - 灯
1331	ȵoŋ4	ȵiem4	生柴 - 柴
1376	zɿ4	wye4	尿
1376	zɿ4	wie4	尿
1376	zɿ4	uie4	尿
1377	ze4	wye4	尿 + 尿罐 - 罐子
1377	ze4	wie4	尿
1377	ze4	uie4	尿
1379	zɿ4	wye4	尿
1379	zɿ4	wie4	尿
1379	zɿ4	uie4	尿
1394	mblua4	ba:u4	泡沫
1394	mblua4	bia:u4	泡沫
1395	bhua4	ba:u4	泡沫
1395	bhua4	bia:u4	泡沫
1451	ndze4	bau4	鱼

同音索引	川黔滇	勉瑶语	匹配义
1452	ndzę4	bau4	鱼

因同义归一，去掉13例，则余下20例。

声调对应 40: 8<>8

共24个例证，如下表所示：

同音索引	川黔滇	勉瑶语	匹配义
156	po8	puot8	看见/发现
228	ʂu8	tsuo8	熟练+熟练(操作~)
240	to8	tap8	咬(猫~老鼠)
241	to8	ŋa:t8	咬断-断(绳子~了)
288	fuɑ8	pa:t8	罚
436	ʂe8	tsit8	损失+蚀本-本
454	tsho8	tsu8	凿(~一个孔)
617	tau8	top8	豆子
676	keu8	tu8	读(~书)
742	le8	tsiet8	紧(土~)
743	le8	la8	勒(~紧)
759	ntsuɑ8	bia:t8	扇子
773	ɳtʂʅ8	ba:t8	辣
806	zai8	dʑiap8	闪
808	su8	tsuo8	熟习
963	kəu8	tsiep8	十+十月-月亮+十月-月(一个~)+十一-一(十以后的~)
973	ço8	hu8	学+学习
974	ço8	hɔ8	放学-放(~屁)+放学-放(~走)
1062	zi8	hiet8	八
1138	ɴqe8	hep8	窄
1169	me8	ma:t8	墨
1277	ho8	hɔ:p8	盒(一~火柴)
1308	mplau8	but8	糯米-米

（续表）

同音索引	川黔滇	勉瑶语	匹配义
1401	lai8	top8	掷

同义归一，去掉 3 例，则余下 21 例。

6.2 苗瑶语两方言的声母对应及重构

根据我们的概率算法，在 99% 的标准下，可得 27 套声母对应；在 99.9% 的标准下，可得 17 套声母对应。总体情况概览如下：

	声母对应	重构	例证	**99%**	99.9%
2	ʔ ◇ ø	*ʔ	6（7）	3	4
3	nt ◇ d	*nt	11(16)	7	9
13	h ◇ h	*h	12	6	8
24	n ◇ n	*n	7	4	5
29	p ◇ p	*p	22	8	10
32	ts ◇ ts	(*ts)	9	8	10
41	f ◇ p	*pj	7	4	6
48	tl ◇ k	(*kl)	8	7	9
61	ȵ ◇ ȵ	(*ȵ)	4	3	4
65	ʑ ◇ j	*ʑ	5(6)	3	4
75	ph ◇ ph	*ph	5(6)	2	3
96	m ◇ m	*m	14	5	6
98	ʐ ◇ l	*ʐ	10	7	8
99	n ◇ m	(*nm)	7(8)	5	7
105	t ◇ t	*t	20(22)	14	16
106	q ◇ k	(*q)	8	7	9
113	ʂ ◇ s	*ʂ	10	6	7
114	l ◇ l	(*l)	11	10	12
122	s ◇ f	(*sh)	5	4	5
133	w ◇ ø	(*ø)	2	1	2
147	tsh ◇ tsh	*tsh	9	5	6
184	d ◇ t	(*d)	7	6	8

	声母对应	重构	例证	**99%**	99.9%
230	ȵdʑ <> b	*ȵdʑ	3	1	2
232	k <> tɕ	-	7	5	6
250	k <> k	(*k)	10(11)	8	10
269	ȵtʂh <> ɖ	*ȵtʂh	3	1	2
290	mbl <> b	(*mbl)	2(3)	1	2

详细情况如下：

声母对应 2: ʔ <> ø　*ʔ　6(7)（3/4）

【该套对应表示川黔滇苗语声母 ʔ 对应勉瑶语零声母 ø；可重构为 *ʔ；实际例证 6 个，括号中是同义归一之前的例证数 7 个；99% 的置信水平要求 3 个，99.9% 则要求 4 个。标注方式下同。】

同音索引	川黔滇	勉瑶语	匹配义	
3	ʔa1	im1	苦（味～）	
5	ʔi3	uo3	*那*（忆指）+那些（较远指）-些（这～）	
42	ʔao5	om5	肿	
43	ʔao1	i1	二	
1107	ʔo7	a:p7	鸭子 + 鸭蛋 - 蛋	
1326	ʔo3	uo3	*那些*（忆指）-些（这～）	
1279	ʔi3	ɔ:n1	马鞍 - 马	调！

声母对应 3: nt <> d　*nt　11(16)　(7/9)

同音索引	川黔滇	勉瑶语	匹配义	
246	ntoŋ5	doŋ5	戴（～斗笠）	
582	nto1	dɔ:n1	潮湿	
636	nte3	da:u3	长 + 长度	
1398	nto1	die1	*布*	
8	nto7	dat7	织（～布）	韵！
605	ntoŋ5	diaŋ5	树	韵！
691	nti5	dun5	脱（蛇～皮）	韵！
1396	ntəu1	die1	*布*	韵！

（续表）

同音索引	川黔滇	勉瑶语	匹配义	
1396	ntəu1	de1	布	韵!
1397	ntau1	die1	布	韵!
1397	ntau1	de1	布	韵!
1398	nto1	de1	布	韵!
606	ntɑŋ5	da:m2	半（～碗）+半（～路）	调!
1246	ntoŋ5	da:m1	担（一～米）	调!
568	nte3	dit7	弹（用手指～）	调!

声母对应 13：h <> h *h 11(12)（6/8）

同音索引	川黔滇	勉瑶语	匹配义	
21	ha8	hɔ:i6	危害/伤害	
152	hen3	hen3	很（～好）	韵!
328	huaŋ1	hua:ŋ1	荒芜	韵!
1269	heu7	hop7	喝	韵!
1277	ho8	hɔ:p8	盒（一～火柴）	韵!
1272	hai8	hɔ:i6	害（～人）	韵!
247	ho8	hɔ6	适合	
151	hen3	hai6	很（好得～）	调!
153	hen3	hyəŋ1	凶恶	调!
506	ho5	heu6	喊	调!
1201	ha5	heu6	叫（～人）	调!
1267	he8	hɛ7	吓唬	调!

声母对应 24：n <> n *n 7（4/5）

同音索引	川黔滇	勉瑶语	匹配义	
45	noŋ6	na:i6	考问+盘问/询+问+追问	
89	na3	na:i3	这	
774	naŋ1	naŋ1	蛇	
91	na3	ni2	今年-年；岁	调!

(续表)

同音索引	川黔滇	勉瑶语	匹配义	
616	nie8	nan3	捏（～拳头）	调！
751	ne4	nin2	他/她/它	调！
764	noŋ6	nɔ8	鸟+鸟笼-笼子	调！

声母对应 29：p ◇ p　*p　22（8/10）

同音索引	川黔滇	勉瑶语	匹配义	
54	pe1	puo1	三	
57	pi3	pei3	比	
63	pu5	puei5	睡/躺	
68	pen3	puon3	本	
157	pəu1	pei1	知道	
204	pu8	pou6	部（一～书）	
75	pa3	pa:i3	摆设	韵！
76	po3	puəŋ3	满	韵！
97	pai2	pa:i2	牌（赌具）	韵！
111	pai8	pa:i6	败（打～了）	韵！
114	paŋ2	piaŋ2	花（一朵～）	韵！
156	po8	puot8	看见/发现	韵！
560	pei8	pui6	倍（两～）	韵！
1235	pəu7	puot7	屁（放～）	韵！
73	poŋ1	pop8	陷下+陷落	调！
99	pe2	pei3	石碑	调！
108	puɑ5	pɛ7	百	调！
115	paŋ2	pui6	棉花	调！
378	pie8	pat7	笔	调！
946	pi1	pe7	逼	调！
1017	po5	puəŋ2	幅	调！
1320	paŋ2	pou6	豆腐-豆子	调！

声母对应 32: ts <> ts (*ts) 9（8/10）

同音索引	川黔滇	勉瑶语	匹配义	
58	tsa2	tsin2	钱（花~）+钱（一~二分）+钱纸-纸	
426	tsai7	tsip7	承接+迎接	
523	tsɿ5	tsai5	祭（~桥）+祭（~鬼）	韵！
365	tsui8	tsui4	罪	调！
375	tse3	tsuei1	栗子	调！
479	tsui8	tsuei5	最（~好）	调！
1161	tsɑo1	tsiu5	照（~镜子）	调！
1307	tsuɑ5	tsim1	黏米-米	调！
1348	tsa1	tsin2	纸钱-纸	调！

声母对应 41: f <> p *pj 7（4/6）

同音索引	川黔滇	勉瑶语	匹配义	
278	fen1	puon1	分（一~钟）	
80	fai1	pun1	分（路）+分+分（与"合"相对）	韵！
279	fen1	pun1	分（一~钱）	韵！
288	fuɑ8	pa:t8	罚	韵！
303	foŋ1	puəŋ1	封（一~信）	韵！
541	fau3	puo3	烧（~柴）	韵！
1144	fo7	pu2	凋谢	调！

声母对应 48: tl <> k （*kl）8（7/9）

同音索引	川黔滇	勉瑶语	匹配义	
103	tle3	ku3	狗	
655	tle1	ku1	远	
891	tluɑ3	ka:i3	腰	
276	tle5	kɛ7	摘（~果子）	调！
277	tlai6	ka4	卡（鱼刺~在喉咙）	调！
859	tla3	kəp7	熊	调！
885	tlo1	kie7	黑色	调！
1069	tluɑ4	kye5	过（走~了）	调！

声母对应 61: ȵ <> ȵ (*ȵ) 4 (3/4)

同音索引	川黔滇	勉瑶语	匹配义	
134	ȵa2	ȵia:n2	银锭 + 银子	
1450	ȵa3	ȵiem3	哭	
1331	ȵoŋ4	ȵiem4	生柴 - 柴	
1146	ȵoŋ4	ȵie2	鹅	调!

声母对应 65: ʑ <> j *ʑ 5(6) (3/4)

同音索引	川黔滇	勉瑶语	匹配义	
1048	ʑo1	jia:ŋ1	秧田 - 田	韵!
1056	ʑen4	jien4	瘾	
536	ʑaŋ8	juŋ6	样 (四～菜)	
141	ʑo6	jiuŋ4	生 (～孩子)	韵!
142	ʑo6	juŋ4	养 (～鸡)	韵!
1064	ʑaŋ2	jiu8	融化	调!

声母对应 75: ph <> ph *ph 5(6) (2/3)

同音索引	川黔滇	勉瑶语	匹配义	
171	phe1	phin1	篇	
190	phao1	pha:n1	床 (一～被子)	
173	phei8	phui5	配 (～颜色)	调!
176	phuɑ5	phi7	劈 (柴)	调!
177	phuɑ5	phai1	劈 (从侧面砍)	调!
985	phuɑ8	pha5	帕子	调!

声母对应 96: m <> m *m 14 (5/6)

同音索引	川黔滇	勉瑶语	匹配义	
1298	muɑ4	ma4	马灯 - 灯	
251	mao1	mun1	痛 (～得很) + 肚子痛 - 肚子	
218	muɑ2	ma:i2	有	韵!
219	muɑ4	ma:i4	买	韵!

（续表）

同音索引	川黔滇	勉瑶语	匹配义	
221	mua6	ma:i6	卖	韵!
1169	me8	ma:t8	墨	韵!
1192	maŋ8	man6	慢＋慢慢－慢	韵!
243	mɑo8	min6	麦子	韵!
248	mɑo8	muo6	帽子	韵!
227	mua6	mau1	软	调!
253	moŋ4	mi:ŋ2	去	调!
255	mɑo4	muon6	细	调!
259	mo3	mou4	亩	调!
648	mo3	muei4	蜜蜂	调!

声母对应 98: ẓ <> l   *ẓ   10 （7/8）

同音索引	川黔滇	勉瑶语	匹配义	
223	zẹ6	luei6	窝（一～猪）	
398	zoŋ5	loŋ5	相好＋好（～人）＋好人－人	
829	zẹ4	lau4	窝（鸟～）	
290	zɑo4	laŋ4	村子	韵!
1180	zẹu1	lai1	菜＋白菜－白（～颜色）＋酸菜－酸	韵!
376	zuɑ4	lai2	梨	调!
390	zạ6	luon2	次（一～）＋回（去一～）	调!
828	zẹ4	liou5	丘（一～田）	调!
855	zaŋ6	lɔ2	骡	调!
1186	zoŋ3	lom6	山林	调!

声母对应 99: n <> m   (*nm)   7(8) （5/7）

同音索引	川黔滇	勉瑶语	匹配义	
252	ne2	muei2	你	
236	nen4	ma4	马＋马路－路	韵!
225	na8	ma6	母亲	韵!

（续表）

同音索引	川黔滇	勉瑶语	匹配义	
1021	nuɑ8	maŋ6	看+看,瞧	韵!
1297	na6	ma6	父母-父亲	韵!
408	noŋ6	məŋ5	听(~报告)	调!
760	nen1	mien2	人+好人-好(~人)	调!
1340	naŋ6	muəŋ5	听话-话	调!

声母对应 105: t <> t   *t   20(22) （14/16）

同音索引	川黔滇	勉瑶语	匹配义	
237	tuɑ5	tai5	杀+杀(~猪)	
571	ten1	taŋ1	灯	
580	to1	tɔ:n1	儿子+父子-父亲	
594	toŋ2	toŋ2	铜	
630	tuɑ2	ta:i2	来(客人~了)	
240	to8	tap8	咬(猫~老鼠)	韵!
432	təu1	tu1	都	韵!
450	tai8	tɔ:i6	代(一~人)	韵!
588	to5	taŋ5	断(绳子~了)	韵!
617	tau8	top8	豆子	韵!
650	teu3	ta3	斗(一~米)	韵!
1113	to3	tam3	虱	韵!
1295	ten8	tiŋ6	一定(表示坚决)-一	韵!
1296	ten8	ti:ŋ6	一定-一	韵!
561	taŋ8	teŋ3	抵	调!
591	to5	ti:ŋ2	止住+停(雨~了)	调!
615	teu7	tiem3	点(~灯)	调!
623	te1	ta:p7	答(~话)	调!
1323	to2	tu6	放毒-放(~屁)+放毒-放(~走)	调!
1387	te2	tei5	些(这~)	调!
1439	təu5	tu7	*得到*	调!
1443	tau5	tu7	*得到*	调!

6 中远程构拟再议 249

声母对应 106: q <> k （*q） 8 （7/9）

同音索引	川黔滇	勉瑶语	匹配义	
1078	qai1	kai1	鸡蛋 - 蛋	
1093	qe5	kau5	蛋 + 鸭蛋 - 鸭子 + 蛋白 - 白（~颜色）	
1355	qu1	kuei1	田螺 - 田	
238	qo7	kap8	闭（~嘴）	调!
1084	qəu7	kɔ:ŋ1	角儿	调!
1095	qu2	kuei3	蜗牛	调!
1242	quɑ8	kɛ:ŋ3	蛙	调!
1358	qau2	kua3	寡蛋 - 蛋	调!

声母对应 113: ʂ <> s *ʂ 10 （6/7）

同音索引	川黔滇	勉瑶语	匹配义	
275	ʂaŋ2	sei5	尝（~~咸淡）	
1022	ʂe3	sie3	舍（~不得）	
1025	ʂʅ1	si1	把（~孩子尿）	
1159	ʂue1	sa1	稀（种~了）	
788	ʂai5	siep7	快（~走）	调!
809	ʂun2	suon6	驯服	调!
1026	ʂa1	sɛ:ŋ3	升（一~米）	调!
1027	ʂʅ7	sin1	申（地支第九位）	调!
1151	ʂuɑ3	sou5	数（~数）	调!
1154	ʂuai5	siep7	快（吃~点）+ 快（走得~）	调!

声母对应 114: l <> l （*l） 11 （10/12）

同音索引	川黔滇	勉瑶语	匹配义	
282	li4	lei4	理睬 + 理睬（多用于否定）	
802	li4	lei4	里（路）+ 里（一~路）	
834	le2	lau2	久（来~了）	
1131	lai2	lai2	犁	
627	la2	li:ŋ2	田 + 田地 - 地（一块~）+ 田坎 - 坎儿	韵!

（续表）

同音索引	川黔滇	勉瑶语	匹配义	
743	le8	la8	勒（～紧）	韵！
832	la8	la:i6	诬赖	韵！
1155	li6	lou6	过滤	韵！
1299	luaŋ8	lun6	乱搓-搓	韵！
812	li6	luŋ4	两（三～重）	调！
1435	lua6	lak7	高兴	调！

声母对应 122：s <> f （*sh） 5（4/5）

同音索引	川黔滇	勉瑶语	匹配义	
490	soŋ5	fuŋ5	送（～客人）	韵！
894	seu1	fiou1	修（～路）	韵！
1217	sa1	fɔ:i1	鳃	
308	so3	fei1	丝（蚕吐～）	调！
310	so3	fin5	铁丝-铁	调！

声母对应 133：w <> ø （*ø） 2（1/2）

同音索引	川黔滇	勉瑶语	匹配义
340	wei8	uei6	为
362	waŋ6	ua:n6	万（一～）

声母对应 147：tsh <> tsh （*tsh） 9（5/6）

同音索引	川黔滇	勉瑶语	匹配义	
466	tshai7	tshiet7	漆	韵！
903	tshen1	tshi:ŋ1	清（数不～）	韵！
1219	tshua1	tsha1	差（质量～）	
394	tshou1	tsho3	唆使（～狗咬人）	调！
413	tshen8	tshun5	寸（一～布）	调！
455	tsho8	tshɔ2	锉（用锉子～）	调！
474	tshŋ8	tshei5	砌	调！

（续表）

同音索引	川黔滇	勉瑶语	匹配义	
68 6	tshen8	tshe:ŋ5	撑开（～窗户）	调！
844	tshe8	tshɛ7	拆（～房子）	调！

声母对应 184：d ⇔ t （*d）7（6/8）

同音索引	川黔滇	勉瑶语	匹配义	
639	duɑ6	tai6	死	
670	deu4	to4	火	韵！
724	dəu4	toŋ4	动（扛不～）	韵！
790	da6	tim6	垫（～稳）+垫	
518	do4	tiu2	条（一～鱼）	调！
519	do4	tau2	只（一～狗）	调！
553	do6	tiu2	枝（一～粉笔）	调！

声母对应 230：ŋdʐ ⇔ b *ŋdʐ 3（1/2）

同音索引	川黔滇	勉瑶语	匹配义	
771	ŋdʐuɑ6	bai6	笋壳叶-壳儿	
1451	ŋdʐe4	bau4	鱼	
1236	ŋdʐu6	but8	鼻涕	调！

声母对应 232：k ⇔ tɕ － 7（5/6）

同音索引	川黔滇	勉瑶语	匹配义	
928	ko1	tɕiem1	金	
1202	ka1	tɕia:i1	街道	
793	kue8	tɕia:i5	贵	调！
923	ko7	tɕiou3	柄（刀～）	调！
948	ki3	tɕia:n1	斤	调！
1117	koŋ2	tɕiop7	蚱蜢	调！
1373	ka3	tɕuo7	油底子-油+油底子-油（动物～）	调！

对比声母对应 250，此套对应中的腭音声母应为后起的借用层次。

声母对应 250: k ◇ k （*k） 10(11)（8/10）

同音索引	川黔滇	勉瑶语	匹配义	
918	ko1	kɔ:m1	烫（水很～）+ 烫水 - 水	
1089	ke3	kau3	路 + 马路 - 马 + 铁路 - 铁	
908	ka1	kuai1	乖（很～）+ 乖	韵！
1108	kaŋ1	kɛ:ŋ1	虫	韵！
1243	kaŋ3	ka:m3	敢	
873	ku3	kut8	担（只一头有东西）	调！
967	keu5	kuon1	关（～在笼子里）	调！
971	kuɑ8	kua:i2	刮（～芋头）	调！
972	kuɑ8	kuet7	刮（～垢）	调！
1083	ku2	kuei3	螺蛳	调！

声母对应 269: ɳtʂh ◇ ʥ *ɳtʂh 3（1/2）

同音索引	川黔滇	勉瑶语	匹配义	
1019	ɳtʂha1	ʥaŋ1	清（～水）	
1020	ɳtʂhai5	ʥie5	怕	韵！
1041	ɳtʂhaŋ3	ʥia:m3	血	韵！

声母对应 290: mbl ◇ b （*mbl） 2(3)（1/2）

同音索引	川黔滇	勉瑶语	匹配义	
1394	mbluɑ4	ba:u4	泡沫	
1394	mbluɑ4	bia:u4	泡沫	
1447	mblai6	biet8	舌头	调！

6.3 苗瑶语两方言的韵母对应及重构

仅有 11 套韵母匹配的例证数超过了随机匹配（99%）的上限，也就是可以确定为非随机的对应。对比 5.3 节的 1 套普遍对应的韵母，数量上大大增加了。如下：

	韵母对应	重构	例证	**99%**	99.9%	核心
37	u ◇ uei	*uei	6	4	5	+
64	uɑ ◇ a:i	(*a:i)	8	7	9	
85	ɑŋ ◇ uŋ	*ɑŋ	14	8	10	+
91	u ◇ ou	(*u)	6	5	6	
107	ua ◇ ai	(*uai)	9	8	9	+
110	o ◇ ɔ:m	(*ɔ:m)	4	3	4	
118	en ◇ ien	(*ien)	5	4	5	
137	oŋ ◇ oŋ	(*oŋ)	7	5	7	
141	ao ◇ un	(*an)	8(10)	7	9	
189	e ◇ au	(*au)	10(11)	8	10	
228	ue ◇ ui	(*ue)	2	1	2	

如果将标准设在99.9%,则要减少9套,只余2套。从韵母对应也可以看到,这两个语言的亲缘关系也处在弱化到随机化的边缘了。

以下是详细例证及分析。

韵母对应 37: u ◇ uei   *uei   6 (4/5)

同音索引	川黔滇	勉瑶语	匹配义	
63	pu5	puei5	**睡** / 躺	
150	tʂu5	tsuei5	臭	
1355	qu1	kuei1	田螺 - 田	
1083	ku2	kuei3	螺蛳	调!
1095	qu2	kuei3	蜗牛	调!
1196	qu7	tsuei2	锤(打一~)	调!

韵母对应 64: uɑ◇ a:i (*a:i) 8 (7/9)

同音索引	川黔滇	勉瑶语	匹配义	
218	muɑ2	ma:i2	有	
219	muɑ4	ma:i4	买	
221	muɑ6	ma:i6	卖	
630	tuɑ2	ta:i2	来(客人~了)	
891	tluɑ3	ka:i3	腰	

(续表)

同音索引	川黔滇	勉瑶语	匹配义	
1240	qua5	ga:i5	叫（公鸡～）	
105	bhua4	wa:i6	损坏	调！
1141	qhua3	ga:i1	干（与"湿"相对）+干柴-柴	调！

韵母对应 85: aŋ <> uŋ *aŋ 14 （8/10）

同音索引	川黔滇	勉瑶语	匹配义	
536	zaŋ8	juŋ6	样（四～菜）	
522	faŋ1	tsuŋ1	把（一～刀）	声！
566	taŋ1	suŋ1	伸（～腰）	声！
787	naŋ6	buŋ6	雨+雨水-水	声！
1067	zaŋ8	juŋ6	让	声
133	tshaŋ5	buŋ3	骨头	调！
401	tṣaŋ8	tsuŋ4	丈（一～布）	调！
415	ṣaŋ3	tshuŋ1	伤（吃～了）	调！
489	ntshaŋ5	buŋ3	骨+骨髓-髓	调！
901	laŋ6	duŋ1	聋	调！
1184	zaŋ2	kuŋ1	龙+虹	调！

韵母对应 91: u <> ou （*u） 6 （5/6）

同音索引	川黔滇	勉瑶语	匹配义	
204	pu8	pou6	部（一～书）	
604	tu3	dou3	打赌	
1268	fu2	hou2	壶	声！
146	fu8	phou5	副（一～对联）	调！
958	dzu6	kou3	股（一～绳子）	调！
1199	gu6	kou5	雇（～工）	调！

6 中远程构拟再议

韵母对应 107: uɑ <> ai （*uai） 9 （8/9）

同音索引	川黔滇	勉瑶语	匹配义	
237	tuɑ5	tai5	杀＋杀（～猪）	
438	ẓuɑ6	pai6	筢子	
639	duɑ6	tai6	死	
1234	quɑ3	gai3	屎	
771	ndzuɑ6	bai6	笋壳叶 - 壳儿	
177	phuɑ5	phai1	劈（从侧面砍）	调！
376	ẓuɑ4	lai2	梨	调！
807	ẓuɑ4	bai1	跛（～足）	调！
1321	ẓuɑ6	fai1	沙土 - 土	调！

韵母对应 110: o <> ɔ:m （*ɔ:m） 4 （3/4）

同音索引	川黔滇	勉瑶语	匹配义	
183	lo1	nɔ:m1	个（碗）＋口（一～井）＋辆（一～车）＋把（一～锁）＋幢＋顶（一～帽子）＋棒（一～玉米）＋只（一～船）＋架（一～飞机）	
918	ko1	kɔ:m1	烫（水很～）＋烫水 - 水	
1029	ʂo3	kɔ:m1	暖和	声！
239	to8	gɔ:m1	衔	调！

韵母对应 118: en <> ien （*ien） 5 （4/5）

同音索引	川黔滇	勉瑶语	匹配义	
206	ntsen3	bien3	翻（船～了）＋翻（～身）	
1056	ẓen4	jien4	瘾	
969	tɕhen1	tshien1	亲（～兄弟）	声！
470	ndzen6	sien5	相信	调！
760	nen1	mien2	人＋好人 - 好（～人）	调！

韵母对应 137: oŋ <> oŋ　(*oŋ)　7（5/7）

同音索引	川黔滇	勉瑶语	匹配义	
246	ntoŋ5	doŋ5	戴（~斗笠）	
398	ʐoŋ5	loŋ5	相好＋好（~人）+好人-人	
594	toŋ2	toŋ2	铜	
460	tsoŋ1	dzoŋ1	鬃	声！
1185	tɕoŋ2	loŋ2	笼子＋鸟笼-鸟	声！
397	ʐoŋ5	foŋ1	宽裕（生活~）	调！
510	thoŋ1	thoŋ3	桶＋水桶-水	调！

韵母对应 141: ɑo <> un　(*an)　8(10)（7/9）

同音索引	川黔滇	勉瑶语	匹配义	
251	mɑo1	mun1	痛（~得很）+肚子痛-肚子	
705	tɑo5	tshun5	穿（~孔）	
289	ɖɦɑo6	kun6	发胖	声！
529	ɖɑo6	kun6	肥＋胖	声！
528	mɑo4	lun5	嫩（菜很~）	调！
662	dhɑo6	tun1	墩子（木头~）	调！
979	tɕhɑo1	tshun5	穿（~针）	调！
1097	nɑo2	dzun5	蛀	调！
1384	tɕɑo5	dun2	团（一~饭）	调！
1385	tɕɑo3	dun2	团（一~饭）	调！

韵母对应 189: e <> au　(*au)　10(11)（8/10）

同音索引	川黔滇	勉瑶语	匹配义	
379	tʂe3	pau3	房屋＋瓦房-瓦＋家里-里（外）	
621	te1	dau1	地（与"天"相对）	
766	mple2	bau2	稻谷＋稻种-种子＋稻叶-叶子	
767	nde6	dau6	下（~蛋）	
829	ʐe4	lau4	窝（鸟~）	
834	le2	lau2	久（来~了）	
1089	ke3	kau3	路＋马路-马＋铁路-铁	

（续表）

同音索引	川黔滇	勉瑶语	匹配义	
1093	qe5	kau5	蛋＋鸭蛋-鸭子＋蛋白-白（～颜色）	
1451	ndʑe4	bau4	**鱼**	
1452	ndʑe4	bau4	**鱼**	声！
1407	ȵde4	ȵau1	抓	调！

韵母对应 228: ue◇ui (*ue) 2 （1/2）

同音索引	川黔滇	勉瑶语	匹配义	
525	hue2	ui2	回（～信）	声！
765	tue1	dui1	堆积	

6.4　中远程重构苗瑶语完全对应表

根据不同的置信水平，得到的对应会随之变化，相应的完全对应语素也会变化。

先来看置信水平 99% 的情况。与普遍对应且完全对应的苗瑶语关系语素相比（只有 1 例，即高阶的'杀'），中远程重构的完全对应苗瑶语关系语素数目大大增加，达 22 例，其中高阶 8 个：睡、杀、好、来、死、路、蛋、鱼，而低阶并没有出现。

同音索引	川黔滇	勉瑶语	匹配义	重构
63	pu5	puei5	睡/躺	*puei5
204	pu8	pou6	部（一～书）	*pu86
218	muɑ2	ma:i2	有	*ma:i2
219	muɑ4	ma:i4	买	*ma:i4
221	muɑ6	ma:i6	卖	*ma:i6
237	tuɑ5	tai5	杀＋杀（～猪）	*tuai5
246	ntoŋ5	doŋ5	戴（～斗笠）	*ntoŋ5
251	mao1	mun1	痛（～得很）＋肚子痛-肚子	*man1
398	zoŋ5	loŋ5	相好＋好（～人）＋好人-人	*zoŋ5
536	zaŋ8	juŋ6	样（四～菜）	*zaŋ86

（续表）

同音索引	川黔滇	勉瑶语	匹配义	重构
594	toŋ2	toŋ2	铜	*toŋ2
630	tuɑ2	ta:i2	来（客人～了）	*ta:i2
639	duɑ6	tai6	死	*duai6
771	ŋdzuɑ6	bai6	笋壳叶 - 壳儿	*ŋdzuai6
829	zȩ4	lau4	窝（鸟～）	*zau4
834	le2	lau2	久（来～了）	*lau2
891	tluɑ3	ka:i3	腰	*kla:i3
918	ko1	kɔ:m1	烫（水很～）+ 烫水 - 水	*kɔ:m1
1056	zen4	jien4	瘾	*zien4
1089	ke3	kau3	路 + 马路 - 马 + 铁路 - 铁	*kau3
1093	qe5	kau5	蛋 + 鸭蛋 - 鸭子 + 蛋白 - 白（～颜色）	*qau5
1355	qu1	kuei1	田螺 - 田	*quei1
1451	ŋdzȩ4	bau4	鱼	*ŋdzau4

注意：语言接触造成的对应 8◇6 的有两例，而原始语的 *7 和 *8 调的例证没有出现；*6 调有 3 例，其中有 1 例是核心词。如果坚持只按照概率计算来确定对应的话，则可能影响到核心词的数量，虽然只有 1 例，但其总数也只有 8 个，1/8 的比例还是影响不小。

如果放宽完全对应的要求，要求声调对应必须遵守，声母对应或者韵母对应必居其一（参见附录三）。声调参照 6.1 节，分两种情况，一种是只按照概率计算的情况，8◇6（*86）算对应，而 6◇6 调不算对应。另一种情况是参考了之前的普遍对应，将 *6 找回，去掉 *86，第一种情况下则有 29 例。高阶 23：睡、杀、好、来、路、蛋、鱼；那、二、满、这、狗、看见、知道、咬、你、都、烧、树、火、血、虱、唱；低阶 6：三、花、母亲、远、怕、虫。

第二种情况下则有 30 例。高阶 25：睡、杀、好、来、死、路、蛋、鱼；那、二、满、这、狗、看见、知道、咬、你、都、烧、树、火、雨、血、虱、唱；低阶 5：三、花、远、怕、虫。

可见，在第一种情况下，低阶会增多（1 例：母亲），而高阶会减少（2 例：死、雨）；第二种情况则反之。这再一次说明参考普遍对应有利于排除借用。（汪锋 2011）

接下来看置信水平 99.9% 时完全对应表的变化情况。

先看声韵调完全对应的情况。

声调仍分两种情况，只按照概率计算的情况，8◇6（*86）算对应，而 6◇6 调不算。另一种情况是参考了之前普遍对应，将 *6 找回，去掉 *86。

第一种情况下有 3 例。其中高阶 **2** 个：睡、鱼；低阶 0 个。另一个为 #829 '窝（鸟～）'。第二种情况下没有任何变化。

再来看声韵调完全对应放松要求：声调对应必须遵守，声母对应或者韵母对应必居其一。仍按照声调的情形分两种情况，第一种情况下，高阶 20：睡、鱼；杀、好、路、蛋、那、二、满、这、看见、知道、咬、你、都、烧、树、血、虱、喝；低阶 4：三、花、**母亲**、怕。

第二种情况下，高阶 21：睡、鱼；杀、好、路、蛋、那、二、满、这、看见、知道、咬、你、都、烧、树、血、虱、喝、雨；低阶 3：三、花、怕。

相比置信水平 99% 的情况，在完全对应的情况，提高置信水平造成关系语素高阶核心从 8 个降低到 2 个。在放宽对应，同时参照普遍对应的情况下，关系语素高阶从 24 降低到 20，低阶关系语素从 5 降低到 3。

6.5 苗瑶语中远程重构检讨

根据 6.4 节的分析，可以进一步讨论 Ostapirat(2018：118) 重构的从一到三的苗瑶语数词。Ostapirat (2018:118) 实质上是从苗瑶语各取一个方言来进行与本章类似的重构，但并没有提供建立对应规则的平行例证。从本章的比较中可以看到，川黔滇苗语和勉瑶语的 '二' '三' 并不能得到完全对应的支持，二者都能得到声调对应和声母对应的支持，而 '一' 并不能得到同样的支持。如下表所示：[①]

川黔滇苗语	勉瑶语[①]	匹配义	声
ʔao1	i1	二	*ʔ-1
pe1	puo1	三	*p-1
ʔi1	jiet8	一	?

[①] 如果换做标敏瑶语的 i1 '一'，似乎声调和声母符合对应规则了，但 '二'（标敏瑶语为 uei1）的情况就得随之发生变化。语音对应涉及系统匹配，如果采取按需换点的情况就会造成整个比较工作的随意性。

Ostapirat (2018:118) 提出了更多的核心词，南亚语和苗瑶语的重构均基于中远程重构。本研究仅从苗瑶语的情况来做分析。

	原始苗瑶语	原始越芒语	原始佤语
'louse'	ntshjeiX	ciʔ	siʔ
'fruit'	pjiəuX	pleʔ	pliʔ
'road'	kləuX	khraʔ	kraʔ
'shoot'	pənX	paŋʔ	pɤŋ
'blood'	ntshjamX	asaːmʔ	hnam
'weep'	ʔnæmX	jaːmʔ, ɲaːmʔ	jam
'hawk'	qlaŋX	klaːŋʔ	klaŋ
'cooked'	sjenX(M)	ciːnʔ	sin
'heavy'	hnjeinX	naŋʔ	(s-jen)
'full'	pu̯eŋX	pɔiŋ (Mo)	phoiɲ (Ks)
'nose'	mbruiH	muːs	mɪs
'name'	mpɔuH	jhmoh (Mk)	mɪs
'horn'	klɛɔŋ	kərəŋ	ʔrɤŋ
'water'	ʔu̯əm	ʔom (Pl)	rʔom
'live, alive'	ʔjəm	ʔim (Pl)	ʔem
'I'	ʔja (Y)	ʔoa (Mo)	ʔɨʔ
'thou'	mu̯ei	màày (Vn)	me (Ks)

上述词表与 6.4 中放宽完全对应后得到的高阶 24 语素相比，只有 5 个是共同的：虱 louse、路 road、血 blood、满 full、你 thou；而另外 12 个的对应支持并不能从本文的比较中得出。另外一个值得注意的问题是：词阶法的原理是"无界有阶"，即重点在于比较高阶和低阶中关系词的相对数量，而 Ostapirat (2018：118) 并没有给出相应的低阶语素。

对比 Wang and Liu (2011:164) 给出的汉 - 苗瑶语关系语素(高阶 11 个，低阶 9 个)，共同的高阶只有 3 个：树、狗、喝（欲）；而低阶只有 1 个：远（迁）。再次印证了在不同的对应基础上，汉语和苗瑶语都倾向于同源关系。

Ostapirat (2018：118) 重提苗瑶语与南亚语有亲缘关系，很有启发性，有可能汉语、苗瑶语和南亚语最终可以证明都是同源的。但从论证的角度看，进一步的研究需要建立南亚语和苗瑶语或者南亚语和汉语之间的语音对应基础，根据概率算法、完全对应和普遍对应等标准来确立语言之间的关系语素。

7 余论

本书基于严格语音对应的数据，通过2个现代瑶语方言和5个现代苗语方言之间的比较，分别重构了原始瑶语和原始苗语，包括其声韵调系统。当然，从结果上看，似乎我们能重构出的声调、声母和韵母的数目不够多，如下是在99%置信水平要求下得到的情况：

	声母	韵母	声调
原始瑶语	39	58	8
原始苗语	16	15	8

王辅世（1994:5）在《苗语古音构拟》中说："我们共选了590多个单音节词和词素进行声母、韵母的比较，声母对应规则共有122条，应是122个声类，由少数代表点补上的声类8个，所以我们找出的声类共有130个。按声类系统来推测，可能有而未发现的声类还有18个。这里只是说可能有，而不是必定有。虽然未发现的不一定有18个，但肯定是有脱漏的，还须进一步努力寻找。韵母对应规则共有30条，应即是30个韵类。现代苗语各方言、次方言的韵母都比较少，我们比较的字数对韵母来说相对地多，所以我们认为苗语韵类漏掉的可能性不大。"

相比较而言，本研究选用的语素大约是王辅世（1994）的两倍，但我们得到的声类和韵类都比其结果少得多。仔细对比，大概各自的要求不一样：1.不论是瑶语还是苗语，我们要求的对应基础是普遍的，也就是在所有比较的方言点都有相应的形式；2.在对应规则上，所谓例外的不规则例证是要剔除出去的，因而有可能造成该对应不成立。而这两点正是本研究理解的"严格"这一概念的具体化。

研究的目的不同，比较的结果就有差异。如果求严，结果可能就是原始音类少；如果求音类全，结果可能是要放宽比较的要求和规则。

如果用苗瑶语七方言的材料，要求普遍对应和完全对应，可以得到原始苗瑶语的声韵调数目就比只用川黔滇苗语和勉瑶语的声韵调数目少得多。

	声母	韵母	声调
原始苗瑶语-7方言	6	2	8
原始苗瑶语-2方言	25	11	8

要实现严格的原则，最好的办法就是在研究实施之前，订好原则，给定范围，让计算机程序自动去执行，一则效率高，二则不会受研究者人为因素的影响调整规则。所有这些设置的根本在于追求一种可重复性，这是科学研究的本质特征之一。我们通过与计算机程序的结合，找出了这些原始音类。当然，在最后处理计算机程序找出的匹配时，我们还动用了语义对等原则等来做最后的确定，这说明我们在设定原则方面还要继续细化和深入。当然，我们不能一味求严，也不能随意放宽，合适的度在哪里？目前看来，在经验的基础上，选择相应的概率计算来辅助判断是必由之路。

我们有一个梦想，让语言比较和重构工作可以完全自动实现：输入词汇表，输出原始语言的重构。

虽然目前离这个梦想还有一段距离，但我们确信已经出发了。

参考文献

中文

陈保亚，1996，《论语言接触与语言联盟》，北京：语文出版社。

陈保亚，1997，对剩余语素提取方法的限制，《汉语学习》第 3 期。

陈保亚，1999a，汉台关系词声母有序对应规则表，《语言学论丛》22：186–225，北京：商务印书馆。

陈保亚，1999b，《20 世纪中国语言学方法论》，济南：山东教育出版社。

陈保亚，2001，从数词词聚有阶分析看汉台核心一致对应关系词的语源性质，第 34 届国际汉藏语会议论文，昆明，2001 年 10 月。

陈保亚，2007a，汉台数词对应及其自然有阶分析，《汉藏语学报》2007 年 01 期。

陈保亚，2007b，语素音形：提取核心语音单位的起点，《语言研究》2007 年 02 期。

陈保亚、何方，2004，汉台核心一致对应语素有阶分析，载丁邦新、孙宏开编《汉藏语同源词研究（三）》，广西民族出版社，南宁。

陈保亚、汪锋，2012，试论重构原始语言的若干原则 —— 以原始彝语的声调及前置声母 *h- 和 *ʔ- 为例，《语言学论丛》45：128–156，北京：商务印书馆。

陈其光，1979，苗瑶语入声的发展，《民族语文》第 1 期：25–30。

陈其光，1984，古苗瑶语鼻闭塞音声母在现代方言中的反映形式的类型，《民族语文》第 5 期。

陈其光，1985，苗瑶语浊声母的演变，《语言研究》第 2 期。

陈其光，1988，苗瑶语鼻音韵尾的演变，《民族语文》第 6 期。

陈其光，1993，苗瑶语前缀，《民族语文》第 1 期，1–9。

陈其光，2001，汉语苗瑶语比较研究，丁邦新、孙宏开主编《汉藏语同源词研究（二）》，南宁：广西民族出版社。

陈其光，2013，《苗瑶语文》，北京：中央民族大学出版社。

邓方贵，1983，现代瑶语浊声母的来源，中央民族学院少数民族语言研究所编著《民族语文研究》15–29 页，成都：四川民族出版社。

邓方贵、盘承乾，1990，从瑶语论证上古汉语复辅音问题，中央民族学院少数民族语言研究所编《汉语与少数民族语关系研究》47–61 页，《中央民族学院学报增刊》。

邓晓华、王士元，2003，苗瑶语族语言亲缘关系的计量研究，《中国语文》第 3 期，253–263。

龚煌城，2006，汉语与苗瑶语同源关系的检讨，《中国语言学集刊》1.1：255–270。

黄布凡（主编）1992《藏缅语族语言词汇》，北京：中央民族学院出版社。

黄　行，1999，苗瑶语方言亲疏关系的计量分析，《民族语文》第 3 期，56–63。

霍凯特，1958，《现代语言学教程》，索振羽 叶蜚声 译，1986，北京：北京大学出版社。

李方桂，1930，广西凌云瑶语，南京：《中央研究院历史语言所研究集刊》第 1 册。

李方桂，1980，《上古音研究》，北京：商务印书馆。

李云兵，2003，苗瑶语声调问题，《语言暨语言学》第 4 期。

李云兵，2018，苗瑶语比较研究，北京：商务印书馆。

刘　文，2015，瑶语方言历史比较研究，北京大学硕士学位论文。

卢治常，1987，海南岛苗族的语言及其系属，《民族语文》第 3 期。

罗常培、傅懋勣，1954，国内少数民族语言文字概况，《中国语文》3 月号。

马学良 主编，2003，《汉藏语概论》第 2 版，北京：民族出版社。

马学良、戴庆厦，1983，语言和民族，《民族研究》，6–14。

毛宗武，1992，《汉瑶词典（勉语）》，成都：四川民族出版社。

毛宗武，2004，《瑶族勉语方言研究》，北京：民族出版社。

毛宗武、周祖瑶，1962，瑶族语言概况，《中国语文》3 月号，141–148。

毛宗武、蒙朝吉、郑宗泽，1982，《瑶族语言简志》，北京：民族出版社。

梅　耶，1925/2008，《历史语言学中的比较方法》，岑麒祥译，北京：科学出版社，1957 年。

蒙朝吉，1983，瑶族布努语 1' 至 4' 调的形成和发展，《民族语文》第 2 期：56–59。

蒙朝吉，2001，《瑶族布努语方言研究》北京：民族出版社。

欧德里古尔，1954/1986，越南语声调的起源，冯蒸 译，袁家骅 校，《民族语文研究情报资料集》第 7 期，中国社会科学院民族研究所语言研究室编印，423–458。

盘承乾，1983，论苗瑶语辅音韵尾的演变问题，中央民族学院少数民族语言研究所 编著《民族语文研究》30–41 页，成都：四川民族出版社。

盘承乾，1986，论勉语方言，载于乔健、谢剑、胡起望 编，1988，《瑶族研究论文集》，北京：民族出版社。

奥古斯特·施莱歇尔（著）1863 姚小平（译），达尔文理论与语言学，《方言》2007 年第 4 期：273–283。

舒化龙，1992，《现代瑶语研究》，南宁：广西民族出版社。

孙宏开、胡增益、黄行 主编，2008，《中国的语言》，北京：商务印书馆。

唐　纳，1986，原始苗瑶语构拟中的问题，载《民族语文研究情报资料集》7。

田口善久，2008，《罗泊河苗语词汇集》，日本：东京外国语大学。

汪　锋，2005，语义创新与方言的亲缘关系，《方言》第 2 期，157–167。

汪　锋，2011，语音对应的两种放宽模式及其后果 —— 以彝白比较为例，《语言学论丛》44：1–39，北京：商务印书馆。

汪　锋，2012，《语言接触与语言比较 —— 以白语为例》，北京：商务印书馆。

汪　锋，2013，《汉藏语言比较的方法与实践 —— 汉、白、彝语比较研究》，北京：北京大学出版社。

汪　锋、刘　文，2014，语音对应与苗瑶语比较研究 —— 从完全对应的角度看，第十四届中国境内语言暨语言学国际研讨会，台北："中央研究院"语言研究所。

王辅世，1980，苗语的声类和韵类，《民族语文》第 2 期：6–22。

王辅世，1985，《苗语简志》，北京：民族出版社。

王辅世，1986，苗瑶语的系属问题初探，《民族语文》第 1 期：1–18。

王辅世，1988，苗语古音构拟问题，《民族语文》第 2 期：1–8。

王辅世，1989，苗语补充调查中的新收获，《民族语文》第 2 期：10–20。

王辅世，1994．《苗语古音构拟》，日本：东京外国语大学亚非语言文化研究所。

王辅世、毛宗武，1995，《苗瑶语古音构拟》，北京：中国社会科学出版社。

徐通锵，1991，《历史语言学》，北京：商务印书馆。

张　琨，1947，苗瑶语声调问题，南京：《中央研究院历史语言研究所集刊》16：93–110。

张　琨，1974，苗瑶语比较研究，《书目季刊》第 9 卷第 3 期：57–73。

张　琨，1992，瑶语入声字，《民族语文》第 3 期：11–18。

中国科学院少数民族语言研究所 主编，1959，《中国少数民族语言简志·苗瑶语族部分》，北京：科学出版社。

中国社会科学院、澳大利亚人文科学院，1987，《中国语言地图集》，香港：香港朗文（远东）有限公司。

中央民族学院苗瑶语研究室 编，1987，《苗瑶语方言词汇集》，北京：中央民族学院出版社。

英文

Aumann, G., and Sidwell, P. 2004. Subgrouping of Mienic languages: some observations. In Eleventh annual meeting of the Southeast Asian linguistics society: SEALS XI.

Baxter, William H. 1992. A handbook of Old Chinese phonology. Berlin: Mouton de Gruyter.

Baxter, William H. 1995. A stronger affinity…than could have been produced by accident: A probabilistic comparison of Old Chinese and Tibeto-Burman.' In W. Wang (ed.) The ancestry of the Chinese language (Journal of Chinese Linguistics Monograph Series 8), pp. 1–39. Hong Kong: The Chinese University Press.

Benedict, P. K. 1942. Thai, Kadai, and Indonesian: A new alignment in Southeastern Asia. American Anthropologist 44.4:576-601.

Benedict, P. K. 1973. Tibeto-Burman tones, with a note on teleo-reconstruction. Acta Orientalia 35:127-38.

Benedict, P. K. 1975. Austro-Tai language and culture with a glossary of roots. New Haven: Human Relations Area Files Press.

Benedict, P. K. 1987. Early MY/TB loan relationships. *Linguistics of the Tibeto-Burman Area* 10.2:12-21.

Blust, Robert. 1980. Austronesian etymologies (I) Oceanic Linguistics 19.1:1-181.

Blust, Robert. 1999 Subgrouping, circularity and extinction: Some issues in Austronesian comparative linguistics. In E. Zeitoun and J-K. Li (eds.) Selected Papers from the Eighth International Conference on Austronesian Linguistics, pp. 31–94. Taipei: Academia Sinica.

Chang, Kun. 1953. On the tone system of the Miao-Yao languages. *Language 29:* 374-378.

Chang, Kun. 1966. A comparative study of the Yao tone system. *Language 42:*

303-310.

Chang, Kun. 1972. The reconstruction of proto-Miao-Yao tones. Bulletin of the Institute of History and Philology. 44(4):541-628.

Chang, Kun. 1976. Proto-Miao initials. Bulletin of the Institute of History and Philology. 47:155-218.

Chen, Baoya and Wang, Feng. 2011. On Several Principles in Reconstructing a Proto-language —With the reconstruction of tone and pre-initial *h- and *?- of Proto-Yi. Journal of Chinese Linguistics 39.2:370-402.

Diffloth, G. 1980 The Wa languages. Linguistics of the Tibeto-Burman Area 5(2): 1–182.

Diffloth, G.1984 The Dvaravati Old Mon language and Nyah Kur. Bangkok: Chulalongkorn University Printing House.

Dixon, R. M. W. and Alexandra Y. Aikhenvald (eds.) 2002. Word: a cross-linguistic typology. Cambridge: Cambridge University Press.

Downer, Gordon B. 1959. Derivation by tone-change in Classical Chinese. Bulletin of the School of Oriental and African Studies 22:258-290.

Downer, Gordon B. 1961. Phonology of the word in Highland Yao. Bulletin of the School of Oriental and African Studies 30:589-599.

Downer, Gordon B. 1967. Tone-change and tone-shift in White Miao. Bulletin of the School of Oriental and African Studies 24:531-541.

Downer, Gordon B. 1971 The further relationships of the Miao-Yao languages. Paper presented at the 4th International Conference on Sino-Tibetan Languages and Linguistics, Indiana University, Bloomington. October 1971.

Downer, Gordon B. 1973. Strata of Chinese loanwords in the Mien dialect of Yao. Asia Major 18.1:1-33.

Downer, Gordon B. 1982. Problems in the reconstruction of Proto-Miao-Yao. Paper presented at the 15th international conference on Sino-Tibetan Languages and Linguistics. Beijing. China.

van Dang, Nghiem, Thai Son Chu, and Hung Luu. 1993. Ethnic minorities in vietnam. Gioi Publsihers.

van Driem. 1997. Sino-Bodic. Bulletin of the School of Oriental and African Studies. 60.3:455-488.

Forrest, R. A. D. 1973[1948]. The Chinese language, third ed. London: Faber and Faber.

Gong, Hwang-cherng. 2002. Collected papers on Sino-Tibetan linguistics. Taipei: Institute of Linguistics (Preparatory Office), Academia Sininica.

Haudricourt, A. G. 1966. The limits and connectiosn of Austroasiatic in the northeast. In Norman H. Zide (ed.) Studies in the comparative Austroasiatic linguistics, 44-56. The Hague: Mouton.

Haudricourt, A. G., and Strecker, D. 1991. Hmong-Mien (Miao-Yao) loans in Chinese. *T'oung Pao* 77(4):335-341.

Haugen, E. 1950. The analysis of linguistic borrowing. Language 26: 210-231.

Heimbach, E. 1979 White Hmong-English dictionary (Linguistics Series IV). Ithaca, N.Y.: Cornell University Southeast Asia Program.

Holman, E. W., S. Wichmann, C. H. Brown, V. Velupillai, A. Muller, and D. Bakker. 2008. Explorations in automated language classification. Folia Linguistica 42(3–4):331–354.

Lehmann, Winfred P., (ed. and transl.) 1967. A Reader in nineteenth-century historical Indo-European linguistics. (Indiana University Studies in the History and Theory of Linguistics.) Bloomington and London: Indiana University Press.

Li, Fang-Kuei. 1937/1973. Languages and dialects. In The Chinese Year Book. Shanghai. Also in Journal of Chinese Linguistics, 1973.1:1-13.

Li, Fang-Kuei. 1977. A Handbook of Comparative Tai. Honolulu: University of Hawaii Press.

Lombard, Sylvia J., and Herbert C. Purnell. 1968. Yao-English dictionary. Ithaca: Southeast Asia Program. Cornell University.

L-Thongkum, Theraphan. 1993. A view on Proto-Mjuenic (Yao). Mon-Khmer Studies 22:163-230.

Ostapirat, Weera. 2005. Kra-Dai and Austronesian: Notes on phonological correspondences and vocabulary distribution. In L. Sagart, R. Blench and A. Sanchez-Mazas (eds.) : 107–131. London: Routledge.

Ostapirat, Weera. 2011. Linguistic interaction in South China: the case of Chinese, Tai and Miao-Yao. Paper presented at *Symposium on historical linguistics in the Asia-Pacific Region and the Position of Japanese*. Osaka: National Museum of Ethnology.

Ostapirat, Weera. 2014. Issues in the reconstruction and affiliation of Proto-Miao-Yao. Paper presented at *The 14th International Symposium on Chinese Languages and Linguistics(IsCLL-14)*. Taipei: Academia Sinica.

Ostapirat, Weera. 2018. Macrophyletic trees of Eastern Asian language Re-examined. Senri Ethnological studies:107-121.

Osthoff, Hermann, and Karl Brugmann, 1878. [1967]. Preface to morphological investigations in the sphere of the Indo-European languages, Vol. I. English translation in Lehmann (1967), pp. 197-209.

Peiros, Ilia. 1998. Comparative linguistics in Southeast Asia. Canberra: Pacific Linguistics.

Premsrirat, S., S. Ungsitipoonporn, and I. Choosri 2008 A dictionary of Chong. Nakhorn Prathom: Mahidol University.

Purnell, H. C. 1970. Toward a reconstruction of proto-Miao-Yao. Phd Dissertation, Cornell University.

Ratliff, Martha. 2010. Hmong-Mien language history. Canberra: Pacific Linguistics.

Sagart, Laurent. 1999. The roots of Old Chinese. Amsterdam and Philadelphia: John Benjamins.

Sagart, Laurent.2003. Sources of Middle Chinese manner types: Old Chinese prenasalized initials in Hmong-Mien and Sino-Tibetan perspective. Language and Linguistics. 4(4) 757-768.

Sagart, Laurent.2005. Sino-Tibetan-Austronesian: an updated and improved argument. In Sagart, Blench, and Sanchez-Mazas(eds), 161-176.

Sagart, Laurent, Roger Blench, and Alicia Sanchez-Mazas (eds). 2005. The peopling of East Asia:putting together archaeology, linguistics and genetics. London: Routledge Curzon.

Shorto, H. 2006 A Mon-Khmer comparative dictionary (Pacific Linguistics 579). Canberra: Australian National Universtiy.

Solnit, David B. 1985. Introduction to the Biao Min language. Cahiers de Linguistique Asie Orientale 14.2:175-191.

Solnit, David B. 1996. Some Evidence From Biao Min on the Initials of Proto-Mienic (Yao) and Proto-Hmong-Mien (Miao-Yao). Linguistics of the Tibeto-Burman Area, 19, 1-18.

Starosta, Stanly. 2005. Proto-East Asian and the origin of dispersal of the languages of East and Southeast Asia and the Pacific. In Sagart, Blench, and Sanchez-Mazas(eds), 182-197.

Strecker, David. 1987. The Hmong-Mien languages. Linguistic of The Tibeto-Burman Area 10:2:1-11.

Strecker, David. 1990. The tones of the Houei Sai dialect of the Mun language. Cahiers de Linguistique Asie Orientale 19.1:5-33.

Swadesh. M. 1952. Lexico-statistic dating of prehistoric ethnic contacts, Proceedings of the American philosophical society 96.4:452-463.

Swadesh. M. 1955. Time depths of American linguistic groupings. American Anthropologist 56.3:361-377.

Taguchi, Yoshihisa. 2012. On the Phylogeny of the Hmong-Mien languages. Paper presented in the Conference in Evolutionary Linguistics 2012. November 9-11,2012, Peking University.

Tadmor, U., M. Haspelmath, and B. Taylor. 2010 Borrowability and the notion of basic vocabulary. Diachronica 27(2): 226–246.

Thongkum, T. L. 1993. A view on Proto—Mjuenic (Yao). Mon-Khmer Studies22:163-230.

Wang Feng. 2006. Comparison of languages in contact: the distillation method and the case of Bai. Language and Linguistics Monograph Series B: Frontiers in Linguistics III. Taipei: Institute of Linguistics, Academia Sinica.

Wang Feng. 2013. Sound correspondence and the comparative study of Miao-Yao languages – From the perspective of pervasiveness of sound correspondence. LFK Society Young Scholars Symposium, University of Washington in Seattle, August 11-13.

Wang Feng and Liu Wen. 2017. Sound correspondence and the comparative study of the Miao-Yao Languages – From the perspective of complete sound correspondence. Bulletin of Chinese Linguistics 10.1:95-119.

Wang, William S-Y. 1969. Competing changes as a cause of residue. *Language*. Vol.45.1:9-25.

Wang, William S-Y.1993.Glottochronology, lexicostatics, and other numerical methods. Encyclopedia of Language and Linguistics, Pergamon Press:345-400.

Wang, William S-Y.1997.A Quantitative study of Zhuang-Dong languages. In memory of Mantaro J. Hashimoto, ed.by Anne O.Yue & Mitsuaki Endo. Tokyo: Uchiyama:81-96.

附录一 原始瑶语完全对应表

序号	勉瑶语	标敏	词义	韵	声	词阶
175	biou2	biau2	漂浮	*iau	*b	2
734	buəŋ4	bɔŋ4	儿媳妇 + 新娘 - 新	*uəŋ	*b	2
59	dɔ:t7	dan7	掉落 + 落（～叶）	(*ɔ:t)	*d	2
1073	ȡie5	ɖa5	怕	(r)a	*dr	2
1314	khɔ:i3	khuai3	海	*ɔ:i	*kh	2
1281	ka:ŋ2	klaŋ2	肠子	*a:ŋ	*kl	2
509	kat7	klan7	笑	*at	*kl	2
1162	kɛ:ŋ1	klɛ1	虫	*ɛ:ŋ	*kl	2
1235	lai6	lai4	锋利	*ai	*l	2
146	lun2	luən2	缝（～衣）	*uən	*l	2
809	n̥ie3	n̥i3	重	*ie	*n̥	2
279	gyaŋ3	kuaŋ3	宽 + 宽敞	*uaŋ	(*Nk)	2
737	ŋ̊iaŋ5	ŋ̊aŋ5	年；岁	*iaŋ	*ŋ̊	2
1411	pɛ:ŋ2	pɛ2	平地 - 地（一块～）	*ɛ:ŋ	*p	2
100	piaŋ2	piaŋ2	花（一朵～） + 花（绣～）	(*iaŋ)	*p	2
344	piou3	piau3	果子 + 茶籽 - 茶	*iau	*p	2
926	pei1	pləi1	四	*ei	(*pl)	2
515	tɔ:i5	tuai5	正确	*ɔ:i	*t	2
669	toŋ5	toŋ5	冻（鱼～）	*oŋ	*t	2
728	biet8	blin4	舌头 + 舌根 - 根（树～） + 舌根 - 根部	*iet	*bl	1
620	da:u3	da3	长 + 长度	*a:u	*d	1
1116	dai5	dai5	飞	*ai	*d	1
592	diaŋ5	diaŋ5	树 + 漆树 - 漆 + 李树 - 李子	*iaŋ	*d	1
1318	hop7	hɔn7	喝	*əp	*h	1
1407	muəŋ5	m̥ɔŋ5	听话 - 话	*uəŋ	*hm	1

（续表）

序号	勉瑶语	标敏	词义	韵	声	词阶
1255	jiet7	in7	一（十以后的～）	*iet	*j	1
915	kie7	kia7	黑色	(r)a	*k	1
1001	kɔn1	kuan1	根（树～）+ 根部	*ɔn	*k	1
1275	ka:ŋ1	klaŋ1	颈子	*a:ŋ	*kl	1
1142	kau5	klau5	蛋 + 鸭蛋 - 鸭子 + 蛋白 - 白（～吃）+ 蛋白 - 白（～颜色）+ 蛋皮 - 皮子 + 蛋皮 - 皮	*au	*kl	1
1128	kɔ:ŋ1	klɔ1	角儿	*ɔ:ŋ	*kl	1
1042	loŋ5	lɔŋ5	好（～人）	*ɔŋ	*l	1
756	mɛ:ŋ1	mɛ1	绿 + 青（～天）+ 青（～一块）+ 绿头苍蝇 - 蝇子 + 绿头苍蝇 - 苍蝇	*ɛ:ŋ	*m	1
771	mien2	min2	人	*ien	*m	1
799	ȵien6	ȵin4	吃	*ien	*ȵ	1
141	pei1	pəi1	知道	*ei	*p	1
62	puəŋ3	pɔŋ3	满	*uəŋ	*p	1
889	pei1	pli1	毛	*i	(*pl)	1
1213	siaŋ1	saŋ1	新	*iaŋ	*s	1
259	ɕim1	ɕiɛn1	树心 + 树心儿 + 放心 - 放下（下垂）+ 放心 - 放（～走）	*i:m	*sʰ	1
612	ta:i2	ta2	来（客人～了）+ 以来（自古～）	*a:i	*t	1
223	tai5	tai5	杀 + 杀（～猪）	*ai	*t	1
624	tai6	tai4	死 + 旱死 - 旱	*ai	*t	1
392	tɕuəŋ3	tɔŋ3	冷	*uəŋ	*tj	1
979	tsie7	ʈa7	认识	(r)a	*tr	1
872	tsau5	tsau5	脚	*au	*ts	1
1398	tsuei4	tsuəi4	坐下 - 下（牛～崽）+ 坐下 - 下（能装～）+ 坐下 - 下（～去）+ 坐下 - 下（由上向下）	*uei	*ts	1
98	bie3	bia3	补助 + 补（～衣服）	(r)a	*b	
1104	bie6	bia4	舔	(r)a	*b	
506	bie6	bia4	步	(r)a	*b	
295	bie7	bia7	糠	(r)a	*b	

（续表）

序号	勉瑶语	标敏	词义	韵	声	词阶
323	ba1	ba1	吧（表商量语气）+ 吧（嘱咐语气）+ 吧（一般催促有请求的语气）	*a	*b	
192	bei2	bəi2	扁	*ei	*b	
1467	bia:u4	bia4	泡沫	*ia:u	*b	
610	bie5	bi5	麻痹（失去知觉）+ 麻（手～）	*ie	*b	
183	bien3	biɛn3	翻（船～了）+ 翻（～身）+ 反脸-脸	*iɛn	*b	
1062	buo5	bu5	告诉	*uo	*b	
1401	bai6	blai4	笋壳叶-壳（蛋～）	*ai	*bl	
780	bau2	blau2	稻谷 + 稻叶-叶子	*au	*bl	
1333	da:i2	da2	天河（即银河）-天	*a:i	*d	
572	da:ŋ1	daŋ1	香	*a:ŋ	*d	
6	dat7	dan7	织（布）	*at	*d	
782	dau6	dau4	下（～蛋）	*au	*d	
779	dɔ:i2	duai2	薯 + 白薯种-种子	*ɔ:i	*d	
593	dɔŋ5	dɔŋ5	戴（～斗笠）	*ɔŋ	*d	
548	di7	di7	踢	*i	*d	
1468	die1	di1	布 + 油布-油 + 布鞋-鞋	*ie	*d	
60	diep7	dan7	滴	(*iep)	*d	
1385	du7	dɔ7	脚趾头-脚 + 脚趾-脚	*uɔ	*d	
127	dʑie6	dˌa4	下（牛～崽）+ 下（能装～）+ 下（～去）+ 下（由上向下）	(r)a	(*dj-)	
619	dʑiaŋ5	dˌaŋ5	秤 + 秤（一把～）	*iaŋ	*dr	
906	dʑa:i2	dʑa2	咸	*a:i	*dʑ	
712	dʑa:n5	dʑan5	散（分散）	*a:n	*dʑ	
738	dʑa:ŋ3	dʑaŋ3	船	*a:ŋ	*dʑ	
838	dʑa:ŋ6	dʑaŋ4	字	*a:ŋ	*dʑ	
964	dʑɔ:i2	dʑuai2	齐（来～了）+ 齐心-心坎 + 齐心-心脏	*ɔ:i	*dʑ	
108	dʑop8	dʑən4	栖息（鸟）	*əp	*dʑ	
411	dʑou1	dʑəu1	租（～房子）	*əu	*dʑ	
277	gyaŋ1	guaŋ1	亮 + 天亮-天	*uaŋ	*g	

（续表）

序号	勉瑶语	标敏	词义	韵	声	词阶
1151	dʑiu3	giau3	剪刀	*iau	*gl	
554	ha:i5	ha5	哪（疑问词）	*a:i	*h	
399	hən5	hən5	恨	*ən	*h	
1317	hou2	həu2	壶	*əu	*h	
1051	hɛ:ŋ2	hiɛ2	行（不～）	*iɛ:ŋ	*h	
1433	hɛ:ŋ2	hiɛ2	檩条-条（一～绳子）	*iɛ:ŋ	*h	
300	hua:ŋ1	huaŋ1	慌张	*ua:ŋ	*h	
1023	hu8	hɔ4	学＋学习	*uo	*h	
325	hyŋ1	huaŋ1	旋转	iuaŋ	*h	
1426	la:p8	ɬan4	腊肉-肉	*a:p	(*hl)	
233	lap8	ɬan4	斗笠	*ap	(*hl)	
786	mie3	m̥ia3	草＋草药-药	(r)a	*hm	
1359	mien3	m̥iɛn3	脚印-脚	*iɛn	*hm	
894	mien3	m̥iɛn3	鬼	*iɛn	*hm	
1408	jia:ŋ1	iɔ1	秧田-田	*ia:ŋ	*j	
18	jiou2	iau2	油＋茶油-茶＋油布-布＋油纸-纸	*iau	*j	
733	jiem1	ian1	住	*iem	*j	
1291	ka:m1	kan1	甜	*a:m	*k	
1293	ka:m3	kan3	敢	*a:m	*k	
1295	kau5	kau5	够	*au	*k	
1448	kɔ:n1	kuan1	舌根-舌头	*ɔ:n	*k	
266	kua1	kua1	瓜＋瓜种-种子	*ua	*k	
1423	kua3	kua3	寡蛋-蛋	*ua	*k	
1282	ku5	kɔ5	告发	*uo	*k	
876	kuei6	kuəi4	跪	*uei	*k	
1020	kui5	kuəi5	生（～火）	*uəi	*k	
1036	kye1	kua1	磨损	(*ye)	*k	
685	kye5	kua5	过（走～了）	(*ye)	*k	
221	khɔ:i1	khuai1	开（个窗眼）	*ɔ:i	*kh	
1194	khou5	khəu5	扣（～钱）	*əu	*kh	

(续表)

序号	勉瑶语	标敏	词义	韵	声	词阶
1414	kia1	ka1	亲家 - 亲（~兄弟）	*ia	*kh	
1185	khuei1	khuəi1	亏（~本）	*uei	*kh	
920	ka:i3	kla3	腰	*a:i	*kl	
866	ka:m2	klan2	燎	*a:m	*kl	
1150	kap7	klan7	剪（~下来）	*ap	*kl	
991	kɔ:ŋ5	klɔ5	木杠	*ɔ:ŋ	*kl	
521	kɛ:ŋ2	klɛ2	门 + 门闩 - 闩（~门）	*ɛ:ŋ	*kl	
524	ku7	klɔ7	六	*uɔ	*kl	
1238	lai1	lai1	菜 + 白菜 - 白（~吃）+ 白菜 - 白（~颜色）+ 酸菜 - 酸	*ai	*l	
346	lai2	lai2	犁	*ai	*l	
1237	laŋ4	laŋ4	村子	*aŋ	*l	
746	lɔ2	lɔ2	锣	*ɔ	*l	
1243	lɔŋ2	lɔŋ2	笼子 + 鸟笼 - 鸟 + 鸡笼 - 鸡	*ɔŋ	*l	
321	lei2	ləi2	离开（~家）- 开（~花）	*ei	*l	
822	lei6	ləi4	利息	*ei	*l	
719	lou2	ləu2	风箱	*əu	*l	
280	lou6	ləu4	显露 + 露（~出来）	*əu	*l	
760	lɛ:ŋ6	lɛ4	双（一~鞋）	*ɛ:ŋ	*l	
818	li:ŋ2	liɛ2	田 + 水田 - 水 + 田地 - 地（一块~）+ 田坎 - 坎儿	*i:ŋ	*l	
892	liou2	liau2	留（~给他）	*iau	*l	
706	liem2	lian2	淋（用水~）	*iem	*l	
1201	luei6	luəi4	懒	*uei	*l	
1341	lui1	luəi1	夹衣 - 夹（~住）	*uəi	*l	
945	ɬie7	ɬia7	铁 + 铁路 - 路	(r)a	*ɬ	
949	ɬa5	ɬa5	月（一个~）+ 半月 - 半（~碗）	*a	*ɬ	
816	ɬa:u1	ɬa1	量（~米）	*a:u	*ɬ	
1212	ɬaŋ1	ɬaŋ1	高	*aŋ	*ɬ	
952	ɬau3	ɬau3	竹子	*au	*ɬ	
345	ɬiaŋ3	ɬaŋ3	李子 + 李树 - 树	*iaŋ	*ɬ	
219	ma4	ma4	马 + 木马 + 马路 - 路	*a	*m	

(续表)

序号	勉瑶语	标敏	词义	韵	声	词阶
203	ma:i2	ma2	有	*a:i	*m	
206	ma:i6	ma4	卖	*a:i	*m	
1061	mən5	mən5	烦闷	*ən	*m	
242	mou4	məu4	亩	*əu	*m	
793	mɛ:ŋ6	mɛ4	命	*ɛ:ŋ	*m	
654	mian2	mian2	舅母	(*ian)	*m	
795	miu2	miau2	瞄	*iau	*m	
232	muo6	mu4	帽子	*uo	*m	
92	m̥ei1	m̥əi1	藤子	*ei	*m̥	
448	m̥ei3	m̥i3	米 + 粘米 - 粘 + 米粉末 - 粉末	*i	*m̥	
226	m̥ien1	m̥in1	脸	*ien	*m̥	
79	na:i3	na3	这 + 本月 - 月 (一个～)	*a:i	*n	
32	na:i6	na4	盘问/询 + 问	*a:i	*n	
1402	na:ŋ1	naŋ1	水蛇 - 水	*a:ŋ	*n	
785	naŋ1	naŋ1	蛇	*aŋ	*n	
854	naŋ3	naŋ3	短 (长～)	*aŋ	*n	
148	noŋ6	nɔŋ4	脓 (化～)	*ɔŋ	*n	
732	n̥a:ŋ5	n̥aŋ5	饭	*a:ŋ	*n̥	
1210	n̥op7	n̥ən7	咳嗽	*əp	*n̥	
1280	gai3	kai3	屎	*ai	(*Nk)	
762	ɲie1	ɲa1	醒	(r)a	*ɲ̥	
121	ɲia:n2	ɲuan2	银子	*ia:n	*ɲ̥	
1287	ŋau1	ŋau1	弯曲	*au	*ŋ	
1387	ŋ6	ŋ4	饿死 - 死	*ɔ	*ŋ	
1427	ɲia2	ŋa2	衙门 - 门 (这～亲事)	*ia	(*ŋj)	
404	ɲia2	ŋa2	芽	*ia	(*ŋj)	
1160	a:p7	an7	鸭子 + 鸭蛋 - 蛋	*a:p	*ø	
978	a:p7	an7	抵押	*a:p	*ø	
1269	ɛ:ŋ3	ɛ3	影子	*ɛ:ŋ	*ø	
1099	i5	i5	亿	*i	*ø	
1080	im1	iɛn1	阉割 + 阉鸡 - 鸡	*i:m	*ø	

(续表)

序号	勉瑶语	标敏	词义	韵	声	词阶
1220	ua4	ua4	画（～图）	*ua	*ø	
316	uei6	uəi4	为	*uei	*ø	
499	ui2	uəi2	回（～信）	*uəi	*ø	
1025	uei3	ui3	姐夫	*ui	*ø	
83	pa2	pa2	耙	*a	*p	
93	pa:i6	pa4	败（打～了）	*a:i	*p	
1394	pa:n1	pan1	轮班-轮（～到）	*a:n	*p	
1017	pai6	pai4	笽子	*ai	*p	
347	pat7	pan7	笔	*at	*p	
38	pei3	pəi3	比	*ei	*p	
180	pou6	pəu4	部（一～书）	*əu	*p	
1436	pɛ7	pɛ7	伯祖父-祖父	(*ɛ)	*p	
90	pɛ7	pɛ7	百	(*ɛ)	*p	
1410	pɛ:ŋ2	pɛ2	均分-分（路）+均分-分+均分-分（与"合"相对）	*ɛ:ŋ	*p	
496	pɛ:ŋ5	pɛ5	把儿+刀把儿-刀子	*ɛ:ŋ	*p	
234	pɛ:ŋ6	pɛ4	病+疾病	*ɛ:ŋ	*p	
637	pei5	pi5	湴	*i	*p	
185	pi:ŋ5	piɛ5	藏（收～）	*i:ŋ	*p	
1174	pie1	pi1	臭虫	*ie	*p	
1119	pɛ:ŋ1	piɛ1	士兵，勇	*iɛ:ŋ	*p	
1111	pien1	pien1	搬（～家）	*iɛn	*p	
104	puəŋ6	pɔŋ4	靠（梯子）	*uəŋ	*p	
80	puo6	pu4	孵	*uo	*p	
1351	pha:i5	pha5	剖开-开（～花）	*a:i	*ph	
1266	pha:n5	phan5	攀	*a:n	*ph	
1417	phei1	phəi1	砖胚子-砖	*ei	*ph	
1024	phou1	phəu1	铺（～床）	*əu	*ph	
1380	phien5	phiɛn5	骗子-子（地支第一位）	*iɛn	*ph	
1249	phuəŋ3	phɔŋ3	捧着（～水）	*uəŋ	*ph	
352	pa1	pla1	五	*a	(*pl)	

(续表)

序号	勉瑶语	标敏	词义	韵	声	词阶
1075	sie3	sa3	舍（～不得）	(r)a	*s	
410	sa1	sa1	发痧 - 发（～芽）	*a	*s	
622	sɔ:ŋ1	sɔ1	霜	*ɔ:ŋ	*s	
579	sei1	səi1	尸体	*ei	*s	
425	sei5	səi5	世	*ei	*s	
55	sop7	sən7	涩	*əp	*s	
674	sou1	səu1	书	*əu	*s	
1096	sui1	suəi1	酸＋酸菜 - 菜	*uəi	*s	
139	suəŋ5	sɔŋ5	被子	*uəŋ	*s	
1086	fie3	çia3	写	(r)a	*sh	
462	fa:n5	san5	伞	*a:n	*sh	
415	fa:u5	sa5	上（～课）＋上（～山）	*a:u	*sh	
477	fɔ3	sɔ3	锁（～门）	*ɔ	*sh	
172	foŋ1	sɔŋ1	松（绳子变～）＋松（～紧）	*ɔŋ	*sh	
932	foŋ1	sɔŋ1	宽裕（生活～）	*ɔŋ	*sh	
1089	fei1	səi1	诗	*ei	*sh	
1091	fei1	səi1	丝（蚕吐～）	*ei	*sh	
1108	fi7	çi7	锡	*i	*sh	
1369	fi:ŋ1	çiɛ1	秤星 - 秤＋秤星 - 秤（一把～）	*i:ŋ	*sh	
761	fi:ŋ3	çie3	苏醒	*i:ŋ	*sh	
1021	fiou1	çiau1	削	*iau	*sh	
464	fiu1	çiau1	火硝＋火药	*iau	*sh	
1480	fiou1	sau1	修（～路）	*jau	*sh	
950	fun1	suən1	孙子	*uən	*sh	
671	ta:m2	tan2	谈（～到这里）	*a:m	*t	
1047	ta:m3	tan3	胆小 - 小	*a:m	*t	
1389	taŋ5	taŋ5	长凳子 - 长＋长凳子 - 长度	*aŋ	*t	
580	taŋ5	taŋ5	断（绳子～了）	*aŋ	*t	
195	tau2	tau2	只（一～狗）	*au	*t	
196	tau2	tau2	裤腰 - 裤子	*au	*t	
1193	tau5	tau5	亲（～咀）	*au	*t	

(续表)

序号	勉瑶语	标敏	词义	韵	声	词阶
505	tɔ5	tɔ5	剁（～肉）	*ɔ	*t	
133	tɔ:i5	tuai5	对（一～猪）	*ɔ:i	*t	
753	tɔ:i5	tuai5	碓杵 + 碓	*ɔ:i	*t	
567	tɔ:n1	tuan1	儿子	*ɔ:n	*t	
568	tɔ:n1	tuan7	崽子 + 小斧头 - 斧头 + 小盖儿 - 盖儿（棺材～）+ 小盖儿 - 盖子 + 小鱼 - 鱼	*ɔ:n	*t	
586	tɔŋ2	tɔŋ2	铜	*ɔŋ	*t	
741	tɔŋ4	tɔŋ4	动（扛不～）	*ɔŋ	*t	
1031	tei2	təi2	蹄子	*ei	*t	
807	tim6	tiɛn4	垫	*i:m	*t	
479	ti:ŋ1	tiɛ1	钉 + 钉子 + 钉鞋 - 鞋	*i:ŋ	*t	
1053	tie3	ti3	值（～钱）	*ie	*t	
668	tun1	tuən1	桥墩 - 桥	*uən	*t	
989	tha:n1	than1	瘫痪	*a:n	*th	
708	tha:n5	than5	炭 + 木炭	*a:n	*th	
691	thɔ1	thɔ1	拖	*ɔ	*th	
718	thɔŋ1	thɔŋ1	通（可以穿过）	*ɔŋ	*th	
503	thei1	thəi1	梯子	*ei	*th	
689	thei5	thəi5	剃	*ei	*th	
1085	tshie1	ṯha1	车子 + 水车 - 水	(r)a	*thr	
727	tshie1	ṯha1	纺（～纱）	(r)a	*thr	
1157	tsha:u3	ṯha3	炒	*a:u	*thr	
1125	tshɔ7	ṯhɔ7	撮（～土）	*ɔ	*thr	
643	tshɔŋ1	ṯhɔŋ1	冲刷（洪水～）	*ɔŋ	*thr	
170	tshɔŋ5	ṯhɔŋ5	炮 + 枪	*ɔŋ	*thr	
1032	tshou5	ṯhəu5	床 + 床铺	*əu	*thr	
842	tshu7	ṯhɔ7	戳（用棍子～）	*uɔ	*thr	
1376	tshun1	ṯhuən1	回春 - 回（～信）	*uən	*thr	
963	tɕie7	ṯa7	只（一～手）+ 只（一～鞋）	(r)a	*tj	
1217	tɕou5	ṯəu5	句（一～话）	*əu	*tj	

(续表)

序号	勉瑶语	标敏	词义	韵	声	词阶
1097	tɕia:n1	ṭuan1	筋	*ia:n	*tj	
971	tɕiep7	ṭan7	紧急	(*iep)	*tj	
956	tɕiou1	ṭau1	菌子	*jau	*tj	
923	tɕiou2	ṭau2	恳求 + 央求	*jau	*tj	
1473	tɕun2	ṭuən2	裙子	*uən	*tj	
85	tsie5	ṭa5	几（询问数字）	(r)a	*tr	
1035	tsie7	ṭa7	织（～网）	(r)a	*tr	
1264	tsa1	ṭa1	渣滓 + 油渣 - 油（动物～）	*a	*tr	
973	tsa2	ṭa2	茶 + 茶油 - 油 + 茶叶 - 叶子	*a	*tr	
986	tsa5	ṭa5	榨（～油）	*a	*tr	
1434	tsa:u5	ṭa5	鸡罩 - 鸡	*a:u	*tr	
1252	tsai2	ṭai2	迟 + 晚稻 - 稻谷	*ai	*tr	
312	tsɔ7	ṭɔ7	捉	*ɔ	*tr	
329	tsɔ:ŋ1	ṭɔ1	装束	*ɔ:ŋ	*tr	
330	tsɔ:ŋ1	ṭɔ1	安装（～板壁）	*ɔ:ŋ	*tr	
676	tsei3	ṭəi3	纸 + 白纸 - 白（～吃）+ 白纸 - 白（～颜色）+ 油纸 - 油	*ei	*tr	
514	tsei4	ṭəi4	是	*ei	*tr	
1327	tsou3	ṭəu3	煮（～饭）	*əu	*tr	
527	tsou6	ṭəu4	筷子	*əu	*tr	
1256	tsuei2	ṭuəi2	锤（打一～）	*uei	*tr	
925	tsuei2	ṭuəi2	捶	*uei	*tr	
1045	tsun1	ṭuən1	砖 + 砖房 - 房屋	*uən	*tr	
670	tsun2	ṭuən2	传播	*uən	*tr	
543	tsun3	ṭuən3	准（对～）	*uən	*tr	
1231	tsuo3	ṭu3	守	*uo	*tr	
398	tsa:m1	tsan1	簪子	*a:m	*ts	
1050	tsa:m3	tsan3	淡	*a:m	*ts	
678	tsa:ŋ2	tsaŋ2	柴 + 生柴 - 生("熟")+ 干柴 - 干（与湿相对）	*a:ŋ	*ts	
1038	tsa:ŋ5	tsaŋ5	甑子	*a:ŋ	*ts	

(续表)

序号	勉瑶语	标敏	词义	韵	声	词阶
1063	tsa:ŋ6	tsaŋ4	瓦匠-瓦+银匠-银子+铁匠-铁	*a:ŋ	*ts	
372	tsoŋ1	tsɔŋ1	钟(～表)	*ɔŋ	*ts	
101	tsou3	tsəu3	坟墓	*əu	*ts	
1057	tsei5	tsi5	梳	*i	*ts	
1321	tsuei5	tsuəi5	臭	*uei	*ts	
457	tsuei5	tsui5	最(～好)	(*ui)	*ts	
1257	tshai1	tshai1	猜	*ai	*tsh	
452	tshou1	tshəu1	粗+土布-布	*əu	*tsh	
1019	tshien1	tshin1	亲(～兄弟)	*ien	*tsh	
380	tshui1	tshuəi1	催(～促)	*uəi	*tsh	
382	tshun5	tshuən5	寸(一～布)	*uən	*tsh	
115	pu3	pu3	宝物	*u	*p	
116	pu3	pu3	保卫+保护	*u	*p	
339	ku5	ku5	老(人～)	*u	*k	1
470	ʥu5	ʥu5	洗(～衣服)	*u	*ʥ	2
599	thu3	thu3	讨(～债)	*u	*th	
642	du1	du1	深	*u	*d	
655	ku1	ku1	远	*u	*k	2
658	tu7	tu7	值得-值(～钱)	*u	*t	
791	tsu7	tu7	穿(～衣服)	*u	*tr	
798	du6	du4	麻	*u	*d	
901	tsu2	tsu2	槽+水槽-水	*u	*ts	
921	ku3	klu3	狗	*u	*kl	1
937	ɬu1	ɬu1	大	*u	*ɬ	1
1008	ʥu7	ʥu7	簸	*u	*dr	
1323	su5	su5	馊	*u	*s	
1462	hu3	hu3	破	*u	*h	

附录二　放宽要求的原始苗语完全对应表

索引	黔东	湘西	川黔滇	滇东北	布努	匹配义	声	韵	阶
48	pa5	pa5	puɑ5	pa7	pai5	百		*ɑ	
147	fha5	sa5	suɑ5	sa5	phai5	糠		*ɑ	
438	na6	nɯ6	nde6	nti6	nte6	下（～蛋）		*aɯ	
25	pi5	bu5	mpe5	ntsi5	mpe5	叫（什么名）		*e	
594	tɕu1	tɕu1	koŋ1	kao1	caŋ1'	针		*eŋ	
91	phaŋ1	phaŋ1	phao1	pho1	phi1'	张（一～席子）		*iaŋ	
265	tiaŋ6	taŋ6	ɖao6	ntɬo6	ʈi6	肥		*iaŋ	
404	niaŋ2	ŋaŋ2	ŋkao2	ŋko2	ɲci2	船		*iaŋ	
611	tɕhaŋ1	tɕhaŋ1	tɕhao1	tɕho1	khi1	穿（～针）		*iaŋ	
635	ɕaŋ5	tɕaŋ5	tʂao5	tʂo5	ɕi5	放（～走）		*iaŋ	
2	i1	ɛ1	ʔa1	ie1	iŋ1	苦（味～）		*iŋ	
753	xhi1	ʂɛ1	ʂa1	sie1	hiŋ1	高		*iŋ	
559	tɕi1	gɯ1	ntɕe1	ntɕi1	ɲce1	菌子		*ɯ	
565	tɕi5	dʑɯ5	ntɕe5	ntɕi5	ɲce5	上（～山）+爬（～树）		*ɯ	
601	tɕhi1	kɯ7	tɕhe1	tɕhi1	che1	扫		*ɯ	
859	va4	zɑ8	zɻ4	vɯ4	ɣu4	尿		*ɯ	
328	ta6	ta6	duɑ6	nta6	to6	死		*ua	1
726	ɕhu3	dʑhi7	tʂhəu3	ɳtʂao3	ntsha3'	头虱		*ui	
301	tɛ5	te5	to5	tu5	tuŋ5	断（绳子～了）		*uŋ	
558	tɕi1	tɕe1	tɕo1	tɕu1	cuŋ1	蒸	*c		
572	tɕɤ2	tɕɤ2	tɕua2	tɕa2	cɤu2	九	*c		
597	tɕu3	tɕɯ7	tɕeu3	tɕoey3	cu3	酒	*c		
334	taŋ4	taŋ8	ɖao4	to4	ti4	等待	*d		
361	tu4	tɤ8	deu4	toey4	tu4	柴	*d	*eu	
499	la2	lɯ2	le2	li2	le2	久（来～了）	*l	*aɯ	

(续表)

索引	黔东	湘西	川黔滇	滇东北	布努	匹配义	声	韵	阶
483	lɛ1	le1	lo1	lu1	luŋ1'	个(碗)+把(一～锁)+幢+顶(一～帽子)+道(一～门)	*l	*uŋ	
551	l̥hə5	l̥ho5	ɬəu5	ɬao5	ɬʉu5	铁	*l̥h		
805	l̥hɛ1	l̥hɤ1	ɬu1	ɬy1	ɬau1	髓	*l̥h		
104	mɛ2	me2	muɑ2	ma2	moŋ2	有	*m		
118	moŋ1	moŋ1	mao1	mo1	muŋ1	痛(～得很)	*m		
120	moŋ4	moŋ8	mao4	mo4	moŋ4	细	*m		
42	pa5	ba5	mpuɑ5	mpa5	mpai5	猪油-油(动物～)	*mp	*ɑ	
426	nei8	ne8	na7	nai7	niŋ7	挤(～脓)	*n		
402	nian1	ɲi1	ɲao1	ɲio1	ɲi1	住	*ɲ		
406	nian6	ɲɛ6	ɲa6	nie6	ɲiŋ6	偷窃	*ɲ		
327	ta5	dɯ5	nte5	nti5	nte5	烤(～火)	*nt	*ɯ	
307	tə5	du5	ntoŋ5	ntao5	ntaŋ5	戴(～斗笠)	*nt	*eŋ	
988	tu3	dɤ7	nteu3	ntoey3	ntu3	纸	*nt	*eu	
911	to1	dei1	ntəu1	ntao1	nta1	布	*nt	*oi	
436	na2	nɯ2	mple2	ntɬi2	ntɬe2	稻谷	*ntɬ	*ɯ	
31	pə2	pi2	pəu2	pao2	pa2	还(债)	*p		
46	qei1	qa1	qa1	qai1	ka1'	鸡冠-冠子	*q		
810	qa3	qa7	quɑ3	qa3	ko3	屎	*q	*uɑ	
815	qa5	qa5	quɑ5	qa5	ko5	叫(公鸡～)	*q	*uɑ	
830	qhaŋ3	qhu7	qhao3	qho3	khi3	洞儿	*qh		
829	qha5	qha5	qhuɑ5	qha5	khai5	客人	*qh	*ɑ	
301	tɛ5	te5	to5	tu5	tuŋ5	断(绳子～了)	*t		
339	tɔ1	tɔ1	to1	to1	to1	深	*t		
961	tei1	tɛ1	ta1	tie1	tɤŋ1	裙子	*t		
987	to5	to5	tau5	tao5	tau5	得到	*t		
326	ta5	tɯ5	te5	ti5	te5	霜	*t	*ɯ	
985	ta1	tɯ1	te1	ti1	te1	答(～话)	*t	*ɯ	
175	l̥en2	qwa2	tluɑ2	tɬa2	tɬai2'	桃子	*ql		

附录二　放宽要求的原始苗语完全对应表　285

（续表）

索引	黔东	湘西	川黔滇	滇东北	布努	匹配义	声	韵	阶
535	l̥aŋ3	qwen7	tloŋ3	tɬau3	tɬɤŋ3	老鹰	*ql		
533	l̥a3	qwa7	tlua3	tɬa3	tɬo3	腰	*ql	*ua	
778	ɣa6	za̩6	zua6	za6	ɣai6	梳子	*z̩	*a	
781	ɣo1	ze̩i1	ze̩u1	zao1	ɣa1	菜	*z̩	*oi	
784	ɣoŋ2	zo̩ŋ2	za̩ŋ2	zau2	ɣoŋ2	龙	*z̩	*oŋ	
683	zi8	za̩8	za8	zai8	ja8	舔	*z̩		
135	faŋ2	qwen2	tlaŋ2	vau2	kwen2	黄		*aŋ	1
127	m̥hi3	ɕɛ7	na3	n̥ie3	m̥iŋ3	牙齿 + 锯齿 - 锯子		*iŋ	1
754	xhi1	ɕɛ1	tʂha1	tʂhie1	ɕiŋ1	新		*iŋ	1
22	pi4	tɯ8	dfie4	ti4	pe4	手		*ɯ	1
592	tɕoŋ2	tɕoŋ2	tɕaŋ2	tɕaɯ1	coŋ2	根（树～）		*oŋ	1
812	ɕhu3	ɕi7	tʂhəu3	tʂhao3	ɕa3	灰		*ui	
360	tu4	tɤ8	deu4	toey4	tu4	火	*d	*eu	
450	noŋ2	noŋ2	nua2	nao2	nau2	吃	*n		1
451	noŋ3	nen7	na3	ni3	nau3	这	*n		1
435	nə6	nu6	noŋ6	nao6	naŋ6	鸟	*n	*eŋ	
452	noŋ6	noŋ6	naŋ6	nau6	noŋ6	雨	*n	*oŋ	1
324	ta3	dɯ7	nte3	nti3	nte3	长	*nt	*aɯ	
305	tə5	du5	ntoŋ5	ntao5	ntaŋ5	树 + 树叶 - 叶子	*nt	*eŋ	
434	nə2	nu2	mploŋ2	ntɬao2	ntɬaŋ2'	叶子 + 树叶 - 树	*ntɬ	*eŋ	
24	pi5	pɤ5	pu5	py5	pau5	睡 / 躺	*p		1
330	ta7	tei7	ti7	ti7	tu7	*翅膀*	*t		
899	ta5	ta5	tua5	ta5	to5	杀	*t	*ua	1
44	l̥a3	qwɯ7	tle3	tɬa3	tɬe3	狗	*ql		1
540	l̥u1	qwɤ1	tlen2	tɬoey1	tɬu1	白纸 - 纸	*tɬ		1
625	ɣu5	zu5	zoŋ5	zao5	ɣaŋ5	好（～人）	*z̩	*eŋ	1
698	zaŋ5	zi5	zaŋ5	zau5	jɤŋ5	飞	*z̩		1
136	faŋ3	qwen7	tlaŋ3	fau3	kwen3	宽		*aŋ	2
19	pi1	pu1	pe1	tsi1	pe1	三		*e	2
181	tsa1	pɹa1	tʂl̩1	pɯ1	tsu1	五		*ɯ	2

（续表）

索引	黔东	湘西	川黔滇	滇东北	布努	匹配义	声	韵	阶
537	l̥o1	pɹei1	pləu1	tɬao1	tɬa1	四		*oi	2
493	lɛ3	le7	lo5	lu3	luŋ3	短（长～）		*uŋ	2
30	pɛ5	be5	mpo5	mpu5	mpuŋ5	雪	*mp	*uŋ	2
405	niaŋ4	nɛ8	na4	nie4	ɲɤŋ4	薄	*ɲ		2
861	pɛ2	pe2	poŋ1	pao1	pu2	掉	*p		2
52	paŋ2	pen2	paŋ2	pau2	pen2	花（一朵～）	*p	**aŋ**	**2**
20	pi1	pɯ1	pe1	pi1	pe1	我们/咱们	*p	*ɯ	
316	tɑ1	tɑ1	tuɑ1	tɑ1	tai1	厚	*t	*ɑ	2

以下是按同义归一合并处理的例子。其中 #41 '猪'和"猪油"中的'猪'只是在布努语中有差异，但这个 5' 的调在其他地方从来没有出现过，可能是排印错误。至于 #437 '稻'在'稻种'中为 2' 调，之前已经讨论过。#987 在川黔滇苗语中韵母有变异，根据韵母对应也无法判明，就取了 au 韵母。

同音索引	黔东	湘西	川黔滇	滇东北	布努	匹配义	声	韵	词阶
41	pa5	ba5	mpuɑ5	mpa5	mpai5'	猪	*mp	*ɑ	
437	na2	nɯ2	mple2	ntɬi2	ntɬe2'	稻种-种子	*ntɬ	*aɯ	
987	to5	to5	təu5	tao5	tau5	得到	*t		

附录三　中远程重构的原始苗瑶语关系语素

同音索引	川黔滇	勉瑶语	匹配义	
8	nto7	dat7	织（布）	*nt
21	ha8	hɔ:i6	危害/伤害	*h
45	noŋ6	na:i6	考问+盘问/询+问+追问	*n
54	pe1	puo1	三	*p
57	pi3	pei3	比	*p
58	tsa2	tsin2	钱（花～）+钱（一～二分）+钱纸-纸	*ts
63	pu5	puei5	睡/躺	*puei
68	pen3	puon3	本	*p
75	pa3	pa:i3	摆设	*p
76	po3	puəŋ3	满	*p
80	fai1	pun1	分（路）+分+分（与"合"相对）	*pj
89	nɑ3	na:i3	这	*n
97	pai2	pa:i2	牌（赌具）	*p
103	tle3	ku3	狗	*kl
111	pai8	pa:i6	败（打～了）	*p
114	pɑŋ2	piaŋ2	花（一朵～）	*p
134	ɲa2	ɲia:n2	银锭+银子	*ɲ
150	tʂu5	tsuei5	臭	*uei
152	hen3	hen3	很（～好）	*h
156	po8	puot8	看见/发现	*p
157	pəu1	pei1	知道	*p
161	ntsʅ3	biɛ3	添补（补充的意思）+补（～衣服）	*ʔ
162	ntsʅ3	biɛ3	补（～补锅）	*ʔ
171	phe1	phin1	篇	*ph

(续表)

同音索引	川黔滇	勉瑶语	匹配义	
183	lo1	nɔːm1	个（碗）+口（一～井）+辆（一～车）+把（一～锁）+幢+顶（一～帽子）+棒（一～玉米）+只（一～船）+架（一～飞机）	*ɔːm
190	phao1	phaːn1	床（一～被子）	*ph
204	pu8	pou6	部（一～书）	*pu
206	ntsen3	bien3	翻（船～了）+翻（～身）	*ʔ
206	ntsen3	bien3	翻（船～了）+翻（～身）	*ien
218	muɑ2	maːi2	有	*maːi
219	muɑ4	maːi4	买	*maːi
221	muɑ6	maːi6	卖	*maːi
223	zɿ6	luei6	窝（一～猪）	*ʐ
225	na8	ma6	母亲	*nm
236	nen4	ma4	马+马路-路	*nm
237	tuɑ5	tai5	杀+杀（～猪）	*tuai
240	to8	tap8	咬（猫～老鼠）	*t
243	mɑo8	min6	麦子	*m
246	ntoŋ5	doŋ5	戴（～斗笠）	*ntoŋ
247	ho8	hɔ6	适合	*h
248	mɑo8	muo6	帽子	*m
251	mɑo1	mun1	痛（～得很）+肚子痛-肚子	*man
252	ne2	muei2	你	*nm
275	ʂaŋ2	sei5	尝（～～咸淡）	*ʂ
278	fen1	puon1	分（一～钟）	*pj
279	fen1	pun1	分（一～钱）	*pj
282	li4	lei4	理睬+理睬（多用于否定）	*l
288	fuɑ8	paːt8	罚	*pj
289	dʑiɑo6	kun6	发胖	*an
290	zɑo4	laŋ4	村子	*ʐ
303	foŋ1	puəŋ1	封（一～信）	*pj
328	huaŋ1	huaːŋ1	荒芜	*h

(续表)

同音索引	川黔滇	勉瑶语	匹配义	
379	tʂe3	pau3	房屋 + 瓦房 - 瓦 + 家里 - 里（外）	*au
398	ʐoŋ5	loŋ5	相好 + 好（～人）+ 好人 - 人	*ʐoŋ
426	tsai7	tsip7	承接 + 迎接	*ts
432	təu1	tu1	都	*t
438	ʐuɑ6	pai6	筢子	*uai
450	tai8	tɔ:i6	代（一～人）	*t
460	tsoŋ1	ɟzoŋ1	鬃	*oŋ
466	tshai7	tshiet7	漆	*tsh
490	soŋ5	fuŋ5	送（～客人）	*sh
522	faŋ1	tsuŋ1	把（一～刀）	*ɑŋ
523	tsɿ5	tsai5	祭（～桥）+ 祭（～鬼）	*ts
525	hue2	ui2	回（～信）	*ue
529	ɖɑo6	kun6	肥 + 胖	*an
536	ʐaŋ8	juŋ6	样（四～菜）	*ʐɑŋ
541	fau3	puo3	烧（～柴）	*pj
560	pei8	pui6	倍（两～）	*p
566	taŋ1	suŋ1	伸（～腰）	*ɑŋ
571	ten1	taŋ1	灯	*t
580	to1	tɔ:n1	儿子 + 父子 - 父亲	*t
582	nto1	dɔ:n1	潮湿	*nt
588	to5	taŋ5	断（绳子～了）	*t
594	toŋ2	toŋ2	铜	*toŋ
604	tu3	dou3	打赌	*u
605	ntoŋ5	diaŋ5	树	*nt
617	tau8	top8	豆子	*t
621	te1	dau1	地（与"天"相对）	*au
627	la2	li:ŋ2	田 + 田地 - 地（一块～）+ 田坎 - 坎儿	*l
630	tuɑ2	ta:i2	来（客人～了）	*ta:i
636	nte3	da:u3	长 + 长度	*nt
639	duɑ6	tai6	死	*duai
650	teu3	ta3	斗（一～米）	*t

(续表)

同音索引	川黔滇	勉瑶语	匹配义	
655	tle1	ku1	远	*kl
670	deu4	to4	火	*d
691	nti5	dun5	脱(蛇~皮)	*nt
705	tao5	tshun5	穿(~孔)	*an
724	dəu4	toŋ4	动(扛不~)	*d
743	le8	la8	勒(~紧)	*l
759	ntsua8	bia:t8	扇子	*ʔ
765	tue1	dui1	堆积	*ue
766	mple2	bau2	稻谷+稻种-种子+稻叶-叶子	*au
767	nde6	dau6	下(~蛋)	*au
771	ŋdʐua6	bai6	笋壳叶-壳儿	*ŋdʐuai
774	naŋ1	naŋ1	蛇	*n
787	naŋ6	buŋ6	雨+雨水-水	*aŋ
790	da6	tim6	垫(~稳))+垫	*d
802	li4	lei4	里(路)+里(一~路)	*l
829	ʐe4	lau4	窝(鸟~)	*ʐau
832	la8	la:i6	诬赖	*l
834	le2	lau2	久(来~了)	*lau
891	tlua3	ka:i3	腰	*kla:i
894	seu1	fiou1	修(~路)	*sh
903	tshen1	tshi:ŋ1	清(数不~)	*tsh
908	ka1	kuai1	乖(很~)+乖	*k
918	ko1	kɔ:m1	烫(水很~)+烫水-水	*kɔ:m
928	ko1	tɕiem1	金	-
969	tɕhen1	tshien1	亲(~兄弟)	*ien
1019	ntʂha1	ɖaŋ1	清(~水)	*ntʂh
1020	ntʂhai5	ɖie5	怕	*ntʂh
1021	nua8	maŋ6	看+看,瞧	*nm
1022	ʂe3	sie3	舍(~不得)	*ʂ
1025	ʂɿ1	si1	把(~孩子尿)	*ʂ
1029	ʂo3	kɔ:m1	暖和	*ɔ:m

（续表）

同音索引	川黔滇	勉瑶语	匹配义	
1041	ntʂhaŋ3	dzia:m3	血	*ntʂh
1048	zo1	jia:ŋ1	秧田 - 田	*ʐ
1056	zen4	jien4	瘾	*zien
1067	zɑŋ8	juŋ6	让	*ɑŋ
1077	qai1	tɕai1	鸡肫子 - 肫子	-
1078	qai1	kai1	鸡蛋 - 蛋	*q
1079	qai1	tɕiai1	鸡笼 - 笼子	-
1089	ke3	kau3	路 + 马路 - 马 + 铁路 - 铁	*kau
1093	qe5	kau5	蛋 + 鸭蛋 - 鸭子 + 蛋白 - 白（~颜色）	*qau
1108	kaŋ1	kɛ:ŋ1	虫	*k
1113	to3	tam3	虱	*t
1131	lai2	lai2	犁	*l
1155	li6	lou6	过滤	*l
1159	ʂue1	sa1	稀（种~了）	*ʂ
1169	me8	ma:t8	墨	*m
1180	zəu1	lai1	菜 + 白菜 - 白（~颜色）+ 酸菜 - 酸	*ʐ
1185	tɕoŋ2	loŋ2	笼子 + 鸟笼 - 鸟	*oŋ
1192	mɑŋ8	man6	慢 + 慢慢 - 慢	*m
1202	ka1	tɕia:i1	街道	-
1217	sa1	fɔ:i1	鳃	*sh
1219	tshua1	tsha1	差（质量~）	*tsh
1234	qua3	gai3	屎	*uai
1235	pəu7	puot7	屁（放~）	*p
1240	qua5	ga:i5	叫（公鸡~）	*a:i
1243	kaŋ3	ka:m3	敢	*k
1262	qua5	tɕia5	嫁	-
1268	fu2	hou2	壶	*u
1269	heu7	hop7	喝	*h
1272	hai8	hɔ:i6	害（~人）	*h
1277	ho8	hɔ:p8	盒（一~火柴）	*h
1295	ten8	tiŋ6	一定（表示坚决）- 一	*t

（续表）

同音索引	川黔滇	勉瑶语	匹配义	
1296	ten8	ti:ŋ6	一定 - 一	*t
1297	na6	ma6	父母 - 父亲	*nm
1298	muɑ4	ma4	马灯 - 灯	*m
1299	luaŋ8	lun6	乱搓 - 搓	*l
1331	ȵoŋ4	ȵiem4	生柴 - 柴	*ȵ
1335	qa1	tɕiai1	鸡冠 - 冠子	-
1355	qu1	kuei1	田螺 - 田	*quei
1394	mbluɑ4	ba:u4	泡沫	*mbl
1394	mbluɑ4	bia:u4	泡沫	*mbl
1396	ntəu1	die1	布	*nt
1396	ntəu1	de1	布	*nt
1397	ntau1	die1	布	*nt
1397	ntau1	de1	布	*nt
1398	nto1	die1	布	*nt
1398	nto1	de1	布	*nt
1450	ȵa3	ȵiem3	哭	*ȵ
1451	ndʐe4	bau4	**鱼**	*ndʐau
1452	ndʐe4	bau4	鱼	*au